# A MOTIVAÇÃO DAS DECISÕES PENAIS
## A Partir da Teoria Garantista

S318m   Scheid, Carlos Eduardo
        A motivação das decisões penais a partir da teoria garantista / Carlos
    Eduardo Scheid. – Porto Alegre: Livraria do Advogado Editora, 2009.
        178 p.;  23 cm.
        ISBN  978-85-7348-591-2

        1. Processo penal. 2. Direitos e garantias individuais.  I. Título.

                                    CDU – 343.1

        Índices para catálogo sistemático:
        Direitos e garantias individuais              342.7
        Processo penal                                343.1


(Bibliotecária responsável: Marta Roberto,  CRB-10/652)

Carlos Eduardo Scheid

# A MOTIVAÇÃO DAS DECISÕES PENAIS
## A Partir da Teoria Garantista

livraria
DO ADVOGADO
editora

Porto Alegre, 2009

© Carlos Eduardo Scheid, 2009

*Capa, projeto gráfico e diagramação*
Livraria do Advogado Editora

*Revisão*
Rosane Marques Borba

*Direitos desta edição reservados por*
**Livraria do Advogado Editora Ltda.**
Rua Riachuelo, 1338
90010-273 Porto Alegre RS
Fone/fax: 0800-51-7522
editora@livrariadoadvogado.com.br
www.doadvogado.com.br

Impresso no Brasil / Printed in Brazil

*À Daniele Scheid, luz da minha vida, por estar, sempre e incondicionalmente, ao meu lado, fazendo dos meus sonhos os seus, o que demonstra uma extrema bondade e um verdadeiro amor. Dani, tu és uma grande mulher, e eu não seria nada sem ti. Amo-te!*

*Ao Fernando e à Coráli, por serem, na autêntica essência da palavra, pais. Amo vocês!*

**Agradecimentos**

Ao Professor-Doutor André Leonardo Copetti Santos, pela dedicada, cuidadosa e sempre pertinente orientação, sem a qual, é bom que se diga, essa dissertação não seria possível, Professor, sinceramente, muito obrigado!

Aos Professores do Programa de Pós-Graduação em Direito da Universidade do Vale do Rio dos Sinos, em especial ao Professor-Pós-Doutor Lenio Luiz Streck, pelo conjunto de ensinamentos ministrados nas aulas de Mestrado, os quais foram cruciais para que eu pudesse interpretar e aplicar o Direito com olhos mais críticos, partindo de uma (re)leitura hermenêutica, constitucional e garantista do processo penal, por meio da qual se tornou possível embasar essa dissertação longe das armadilhas criadas pelo dogmatismo reinante.

Ao Professor-Doutor André Luís Callegari, pelo constante estímulo acadêmico no andar do meu curso de Mestrado, apresentando-se-me como um exemplo a ser seguido na luta por um Direito Penal de dimensão mais humana.

Ao Professor-Doutor Ney Fayet Júnior e ao Professor Ney Fayet, pela inicial e importante projeção que me proporcionaram na advocacia criminal.

Aos meus alunos da Graduação do Curso de Ciências Jurídicas e Sociais da Universidade do Vale do Rio dos Sinos, pelas importantes contribuições que me alcançam na nossa produtiva convivência em sala de aula.

# Prefácio

Dentro da perspectiva do Estado Democrático de Direito, especialmente no que tange ao processo criminal, o tema da motivação das decisões penais merece um destaque singular.

Na época ora vivenciada, os olhos voltam-se, inquestionavelmente, à atuação do Poder Judiciário, que, a partir das conquistas sociais e individuais escritas no texto da Constituição Federal de 1988, passou a dirimir os mais diversos tipos de tensões sociais. Obviamente esse fenômeno não seria diferente em se tratando do Direito Penal. Todas as medidas legislativas penais de cunho populista acabam, cedo ou tarde, batendo às portas dos Fóruns e Tribunais. São os Juízes, portanto, os destinatários das tormentosas discussões jurídicas (e sociais), envolvendo o fenômeno que se costuma denominar de expansão do Direito Penal.

Aí coloca-se a relevância do tema proposto pelo autor. É a motivação inclusa nas decisões penais que evidencia a forma pela qual o Poder Judiciário enfrenta essa questão, como, apenas para citar, quando analisa o uso desenfreado de medidas processuais cautelares e a validade de normas que retratam verdadeiro *direito penal do inimigo*. Diariamente, os juízes têm sua legitimidade avaliada, caso a caso, aos olhos das partes, dos órgãos jurisdicionais superiores e da própria sociedade, que lhes delegou a tarefa de solucionar conflitos, separando os culpados dos inocentes.

Em todos os sentidos, o assunto estudado é pertinente e atual, reclamando, por esses aspectos, a publicação, pela Livraria do Advogado Editora, do livro intitulado *A motivação das decisões penais a partir da teoria garantista*, de autoria do advogado e professor *Carlos Eduardo Scheid*.

Trata-se de dissertação defendida em banca examinadora de encerramento do Mestrado em Direito da Universidade do Vale do Rio dos Sinos (UNISINOS), quando tive a oportunidade de avaliá-la juntamente com os ilustres Professores-Doutores *André Leonardo Copetti Santos* e *Nereu Giacomolli*, dando-a como aprovada de forma unânime com o grau máximo (distinção).

Com efeito, cumpre-se anotar que, em seu aspecto formal, o trabalho está composto de uma introdução e três capítulos, concatenados de maneira adequada à proposta, partindo de uma leitura da teoria garantista e o seu modelo no processo penal com base em Ferrajoli. No segundo momento, aborda-se a jurisdição penal sob a ótica garantista, e os temas destacados são os sistemas processuais acusatório, misto e inquisitório, culminando com o estudo da motivação e a sua importância no Estado Democrático de Direito. O terceiro capítulo destina-se à análise da motivação das decisões penais no Judiciário brasileiro, momento em que o autor aborda as questões da motivação do recebimento da denúncia, da decretação da prisão preventiva e da dosimetria da pena, questionando a motivação válida à luz do artigo 93, IX, da Constituição Federal.

Pode-se perceber que o trabalho evidencia a profunda pesquisa realizada pelo autor, o qual apresentou seriedade, prudente reflexão sobre aspectos atuais do processo penal brasileiro e clareza nos seus escritos. O autor é advogado militante na área criminal, sendo perceptível, no seu livro, algumas das angústias que o acompanham no exercício da profissão, quando, por exemplo, reflete sobre as citadas decisões judiciais. Ainda, o autor desenvolve atividades acadêmicas como Professor de Processo Penal na Graduação da Universidade do Vale do Rio dos Sinos (UNISINOS) e como aluno do curso de Doutorado em Direito nessa mesma Instituição.

Sinto-me, por todo o exposto, honrado ao apresentar essa obra ao público, estando certo de que a sua edição alcançará o merecido sucesso.

*Prof. Dr. André Luís Callegari*
Coordenador Executivo do Curso de Direito
da Universidade do Vale do Rio dos Sinos
(UNISINOS).

# Sumário

Introdução ................................................................. 13

**1. A teoria garantista e o seu modelo de processo penal** ........................ 17

1.1. O princípio da secularização e a teoria garantista ............................. 17

1.1.1. O implemento da secularização: o aparecer do modelo de
Direito Processual Penal Garantista ...................................... 17

1.1.1.1. A escola clássica de Direito Penal ................................. 29

1.1.1.2. As declarações de direitos e a consolidação do garantismo clássico ...... 33

1.1.2. A motivação das decisões judiciais na doutrina ilustrada:
a supremacia da lei e a responsabilidade política dos juízes .................. 40

1.1.3. O princípio da motivação das decisões judiciais na legislação brasileira ........ 42

1.2. O fundamento da teoria garantista: os corolários da separação
iluminista entre o direito e a moral ........................................ 44

1.2.1. A separação iluminista entre o direito e a moral ........................... 44

1.2.1.1. O formalismo jurídico ......................................... 45

1.2.1.2. O utilitarismo jurídico ......................................... 47

1.2.2. O princípio da estrita legalidade ....................................... 50

1.2.3. O modelo de Direito Penal minimalista .................................. 51

1.2.4. O papel do juiz no Estado Democrático de Direito ......................... 59

1.2.5. Os juízos de vigência e de validade das normas ........................... 65

1.2.6. O garantismo e o Estado de Direito: o modelo de democracia substancial ........ 68

**2. A jurisdição penal sob a ótica garantista** ................................... 73

2.1. Enfoque garantista sobre a jurisdição: a instrumentalidade garantista do
processo penal e os sistemas processuais .................................... 73

2.1.1. A instrumentalidade garantista do Processo Penal .......................... 73

2.1.2. Os sistemas processuais: acusatório, inquisitório e o "misto" ................. 78

2.1.2.1. O sistema acusatório .......................................... 79

2.1.2.2. O sistema inquisitório ......................................... 83

2.1.2.3. O sistema "misto": a falácia do modelo bifásico no Brasil .............. 87

2.2. O controle externo e o controle interno da atividade jurisdicional:
a motivação como garantia processual e garantia política ....................... 90

2.2.1. A publicidade: a transparência no exercício do poder ....................... 90

2.2.2. A (estreita) relação entre a publicidade e a motivação ...................... 92

2.2.3. A importância da motivação no Estado Democrático de Direito ............... 93

2.2.3.1. A motivação como garantia processual . . . . . . . . . . . . . . . . . . . . . . . . . 102
2.2.3.2. A motivação como garantia política . . . . . . . . . . . . . . . . . . . . . . . . . . 105
2.3. A motivação de direito e a motivação de fato . . . . . . . . . . . . . . . . . . . . . . . . . . . . . 107
2.3.1. Decisão, motivação, fundamentação e justificação . . . . . . . . . . . . . . . . . . . 107
2.3.2. A estrutura normativa da motivação . . . . . . . . . . . . . . . . . . . . . . . . . . . . . . . . 108
2.3.3. A motivação de direito e a motivação de fato . . . . . . . . . . . . . . . . . . . . . . . . 109
2.3.3.1. A motivação de direito . . . . . . . . . . . . . . . . . . . . . . . . . . . . . . . . . . . 110
2.3.3.1.1. A aplicação do direito: os *easy cases* e os *hard cases* . . . . . . . . . 111
2.3.3.1.2. A interpretação/aplicação do direito a partir da hermenêutica filosófica: a incorreta distinção entre *easy cases* e *hard cases* . . 117
2.3.3.1.3. A verdade processual de direito de Ferrajoli . . . . . . . . . . . . . . . 123
2.3.4. A motivação de fato . . . . . . . . . . . . . . . . . . . . . . . . . . . . . . . . . . . . . . . . . . 127
2.3.4.1. A valoração conjunta das provas . . . . . . . . . . . . . . . . . . . . . . . . . . . . 134
2.3.4.1.1. O modelo dedutivo de Carnelutti . . . . . . . . . . . . . . . . . . . . . . . 134
2.3.4.1.2. A abdução . . . . . . . . . . . . . . . . . . . . . . . . . . . . . . . . . . . . . . . 136
2.3.4.1.3. A verdade processual fática de Ferrajoli . . . . . . . . . . . . . . . . . . 136

**3. A motivação das decisões penais no Judiciário brasileiro** . . . . . . . . . . . . . . . . . . . . . 139
3.1. Os vícios da motivação que obstruem a efetivação das garantias processual e política . . 139
3.1.1. A ausência de motivação . . . . . . . . . . . . . . . . . . . . . . . . . . . . . . . . . . . . . . . 139
3.1.2. A motivação incompleta . . . . . . . . . . . . . . . . . . . . . . . . . . . . . . . . . . . . . . . 140
3.1.3. A motivação não-dialética . . . . . . . . . . . . . . . . . . . . . . . . . . . . . . . . . . . . . 141
3.1.4. A motivação contraditória . . . . . . . . . . . . . . . . . . . . . . . . . . . . . . . . . . . . . 143
3.1.5. A motivação implícita . . . . . . . . . . . . . . . . . . . . . . . . . . . . . . . . . . . . . . . . 144
3.1.6. A motivação *per relationem* . . . . . . . . . . . . . . . . . . . . . . . . . . . . . . . . . . . 147
3.1.7. A falta de correspondência com os dados inclusos nos autos . . . . . . . . . . . . . . 149
3.1.8. A sanção constitucional de nulidade . . . . . . . . . . . . . . . . . . . . . . . . . . . . . . 149
3.2. Alguns aspectos pontuais sobre a motivação das decisões penais . . . . . . . . . . . . . . . . 150
3.2.1. O recebimento da denúncia ou queixa . . . . . . . . . . . . . . . . . . . . . . . . . . . . . 150
3.2.2. A decretação da prisão preventiva . . . . . . . . . . . . . . . . . . . . . . . . . . . . . . . 152
3.2.3. A dosimetria da pena criminal . . . . . . . . . . . . . . . . . . . . . . . . . . . . . . . . . . 156
3.3. Como alcançar uma motivação válida à luz do Artigo 93, inciso IX, da Constituição Federal? . . . . . . . . . . . . . . . . . . . . . . . . . . . . . . . . . . . . . . . . . . 159

Considerações finais . . . . . . . . . . . . . . . . . . . . . . . . . . . . . . . . . . . . . . . . . . . . . . . . 163

Referências . . . . . . . . . . . . . . . . . . . . . . . . . . . . . . . . . . . . . . . . . . . . . . . . . . . . . . . 171

# Introdução

Nos dias correntes, verifica-se que as novas formas de violação aos bens jurídico-penais acarretaram um processo de inflação legislativa, o qual ampliou, significativamente, as possibilidades de incriminação das condutas humanas, ocorrendo, dessa arte, a perda dos limites substanciais entre ilícitos administrativos e penais. Comportamentos não-geradores de lesão ou de perigo concreto de lesão a quaisquer bens jurídico-penais são criminalizados. Há, ainda, uma enxurrada de normas penais em branco, as quais trazem imprecisão quanto ao (real) conteúdo das ações humanas que devem ser dignas de censura penal. Sob todos os títulos, existem debates e incertezas sobre as limitações do alcance das normas incriminadoras, assim como acerca da esfera de atuação do Direito Penal e, por conseqüência, dos interesses que ele deve proteger. No campo do processo penal, medidas cautelares (como a prisão preventiva e o seqüestro de bens, apenas para citar) parecem revestir-se com o manto da compulsoriedade. Em muitos casos, a prisão, ao invés de uma exceção, parece se colocar como regra. A nossa situação, portanto, não deixa de guardar semelhanças com a vivenciada na pré-modernidade.

A fim de se perfilhar pela corrente da racionalidade/civilidade em detrimento da irracionalidade/barbárie, deve-se realçar, dentro desse cenário, a posição do juiz no processo criminal de cunho acusatório, levantando-se em prol da direção de colocá-lo como garantidor das liberdades individuais e dos direitos sociais e coletivos. Ao se enfocar o papel do magistrado na sistemática acusatória (e, de efeito, na perspectiva de um Estado democrático de direito), pode-se perceber, facilmente, que a legitimidade do Poder Judiciário se encontra, às inteiras, vinculada à presença de decisões embasadas em motivações válidas sob a ótica constitucional.

É possível, a partir do exposto, se frisar que a legitimidade do juiz é material, estando condicionada à qualidade da sua intervenção, que deve, sempre, estar de acordo com a Constituição Federal de 1988. Não se cuida a legitimidade de uma característica que o acompanha eternamente. Trata-se, em verdade, de um resultado aferível *ex post*, isto é, por intermédio do estudo do seu discurso justificativo.

O tema da motivação das decisões penais, desse modo, está em destaque, ou, ao menos, pensa-se que ele deveria estar. Ele é, de fato, relevante, indicando-se, por isso, o seu estudo. Isso porque é, na motivação judicial, que as outras garantias constitucionais vão se realizar, sendo ela, nessa linha, indispensável para o controle (das partes e da sociedade) sobre o desenvolvimento da atividade judiciária. A motivação, juntamente com a publicidade dos atos processuais, apresenta-se como verdadeira garantia das garantias, isto é, como uma garantia de segundo nível, que dá vida às demais. É, por meio da motivação, que se pode aferir se as decisões são racionais, se possuem respaldos em elementos de provas angariados aos autos processuais, se foram influenciadas pelos argumentos e pelas atividades desenvolvidas pelas partes (acusação e defesa), se estão, enfim, em conformidade com o modelo de processo acusatório eleito constitucionalmente.

Eis aí, em rápidos escritos, o gérmen dessa dissertação, a qual, no seu curso, visará, com base em um modelo de processo penal acusatório e de índole garantista, e em conformidade com o Estado democrático de direito, a buscar respostas no sentido de clarear a validez da motivação exigida pelo artigo 93, inciso IX, da Constituição Federal de 1988.

Nesse desiderato, é de rigor se realçar, desde logo, a imperiosidade de se assentar a independência do Poder Judiciário para se garantir a sua imparcialidade e, de efeito, a igualdade entre os cidadãos. Indubitavelmente, a independência dos juízes é essencial para que eventuais influências de outros órgãos do Estado e de setores sociais não contaminem as motivações das decisões lançadas pelos magistrados, inquinando as suas validades.

Igualmente, não se mostra correto aceitar que o magistrado tenha poderes instrutórios, o que é marca típica do sistema processual inquisitivo, ou seja, antigarantista. A ação penal, a partir da Constituição Federal de 1988, deve estar fundada em base acusatória, sendo mister que a sua marcha se projete à luz do devido processo legal, com o que se afastam os poderes instrutórios dos juízes, para que eles não estiolem a participação da defesa e também da acusação no curso do processo. A motivação somente será válida, portanto, caso as partes tenham a possibilidade de influenciar a decisão da causa. Por ser uma garantia das garantias, a validez da motivação, aqui, é encontrada pelo fato de ela observar a ampla defesa e o contraditório constitucional.

Na base disso, pode-se perceber que o valor fundamental da motivação é ser uma garantia cognoscitiva, vinculando o juiz à prova acerca da matéria fática impulsionadora da hipótese acusatória, bem como à estrita legalidade no que pese à matéria de direito.

Em síntese, a presente dissertação lança-se a estudar a motivação das decisões judiciais, apresentando, à guisa de referencial teórico, o garantismo de Luigi Ferrajoli, o qual se justifica na medida em que estabeleceu um modelo (ideal) de garantias ao cidadão réu em processo criminal, fixando, à base da razão, limites ao exercício do poder estatal penal.

Com essa opção, procura-se desenvolver um posicionamento crítico/questionador do processo penal e do papel do juiz na legislação processual-penal brasileira, culminando com a análise das decisões judiciais, nas quais há, por intermédio do discurso justificativo, a demonstração às partes e à sociedade do respeito (ou desrespeito) aos direitos e garantias processuais do imputado. Nesse desiderato, buscar-se-á, na marcha do trabalho, estudar o marco teórico fundamental da teoria garantista, vale indicar, a separação entre o direito e a moral, remontando, para isso, ao período das luzes (com a passagem do Medievo ao Estado moderno), quando se consagraram os direitos fundamentais, alicerçando importante frente de combate ao modelo processual inquisitivo e irracional (também denominado de antigarantista).

Assim, abordar-se-á, no primeiro capítulo, os traços fundamentais da teoria garantista e do seu modelo processual, realçando-se, para tanto, a importância do implemento da secularização para o direito e processo penal. Nessa perspectiva, serão trabalhados os postulados básicos da Escola Clássica de Direito Penal, assim como a importância das declarações de direitos para a consolidação do garantismo em seu modelo clássico. De quebra, com o fortalecimento das concepções do iluminismo penal, anotar-se-á que o dever de motivar as decisões judiciais surgiu como um mecanismo de controle social sobre um poder que deixou de ser pessoal (isto é, do juiz ou do rei), para se tornar, em realidade, uma delegação da própria sociedade. É de se registrar, ademais, que, no fechamento desse capítulo, serão enfocados o princípio da estrita legalidade, o minimalismo penal e o papel do juiz no Estado democrático de direito, com especial ênfase sobre os juízos de vigência e de validade das normas e o modelo de democracia substancial.

No segundo capítulo, procurar-se-á enfocar, de modo mais restrito, a jurisdição penal na ótica garantista, trazendo-se ao estudo o caráter instrumental do processo penal, no sentido de ser ele o principal meio por intermédio do qual a pena se vai aplicar. Ainda na instrumentalidade, ver-se-á o valor do processo como um mecanismo de garantia dos direitos e liberdades individuais, a fim de que a sanção não seja gestada à ilharga das garantias constitucionais, evitando-se, assim, que ela se constitua em um ato de arbitrariedade. Em seguimento, serão trabalhados os sistemas processuais (acusatório, inquisitório e "misto"), momento em que será destacado o fato de o poder do juiz sobre a gestão da prova ser a principal característica do modelo inquisitivo, ou seja, de uma sistemática processual antigarantista e autoritária. Realizadas essas anotações, adentrar-se-á no estudo das bases de uma motivação garantista, realçando-se o papel e a importância da garantia (expressa no inciso IX do artigo 93 da Constituição Federal) no Estado democrático de direito. Ao ensejo desse tópico, se trará uma análise acerca da motivação de direito e da motivação de fato, trabalhando-se, ainda que de relance, com alguns entendimentos acerca da aplicação do direito e da valoração das provas.

No terceiro capítulo, serão colocados ao estudo os vícios da motivação que obstruem a efetivação das garantias processual e política da motivação. Em segui-

A MOTIVAÇÃO DAS DECISÕES PENAIS

da, serão trabalhadas as decisões judiciais de recebimento da denúncia ou queixa, de decretação da prisão preventiva e da parte da sentença em que se realiza a dosimetria da pena criminal, quando, então, serão trazidas discussões sobre pontos abordados nos capítulos anteriores, principalmente no que tange ao princípio da secularização e à sujeição do magistrado à Constituição Federal de 1988. À guisa de fechamento da presente dissertação, enfocar-se-ão alguns aspectos por meio dos quais se entende que se poderá construir uma motivação constitucionalmente válida.

Por fim, informa-se que o fio condutor da obra é o método fenomenológico, na medida em que, ao longo da dissertação, se procurou observar as formas de manifestação do Poder Judiciário, colacionando-se decisões coletivas e monocráticas sobre os pontos abordados, oportunidade em que se buscou analisar a validade constitucional desses provimentos judiciais. Esclarece-se, por relevante, que se pesquisou em bibliografias especializadas sobre o tema, angariando-se, ainda, alguns julgados dos Tribunais do país.

# 1. A teoria garantista e o seu modelo de processo penal

## 1.1. O PRINCÍPIO DA SECULARIZAÇÃO E A TEORIA GARANTISTA

### 1.1.1. O Implemento da Secularização: O Aparecer do Modelo de Direito Processual Penal Garantista

Certamente, as instituições estatais desenvolveram-se de modo muito diferente nas diversas comunidades primitivas.[1] Nos primeiros passos evolutivos dessas instituições, no mundo ocidental, destacam-se, em linhas básicas, estas características: *(i)* inicialmente, denotavam-se as ausências de um poder centralizado, de instituições determinadas e independentes de pessoas, de órgãos de jurisdição próprios e de normas de validade geral[2] (máxime porque "a regulamentação que vertebra socialmente uma comunidade primitiva se expressa em forma de relatos míticos que se transmitem de geração em geração",[3] havendo uma "moralidade positiva"[4] ao invés de um direito posto nos moldes como nós

---

[1] "As formas de organização social das comunidades primitivas são o aspecto relevante para o que aqui interessa (não o aspecto tecnológico). Os meios de produção são, nelas, os utensílios de caça ou pesca, em se tratando de caçadores, coletores ou pescadores, e o gado e a terra em se tratando de sociedades agrícolas ou pecuárias. Um princípio socioorganizador relevante é que nestas comunidades os meios de produção necessários para obter o sustento diário não estão atribuídos aos indivíduos senão que permanecem adstritos à comunidade como um tal. Dito de outro modo: só se tem acesso aos meios de produção em função de pertencer à comunidade. Examinadas as coisas mais de perto, não se pode dizer que a comunidade se interponha entre seus membros e os meios de produção, mas, ao contrário, se interpõem entre estes e os indivíduos que não são membros dela. No interior da comunidade, o acesso aos meios de produção e de vida é direto e imediato" (CAPELLA, Juan Ramón. *Fruto proibido:* uma aproximação histórico-teórica ao estudo do Direito e do Estado. Traduzido por: Gresiela Nunes da Rosa e Lédio Rosa de Andrade. Porto Alegre: Livraria do Advogado, 2002, p. 37).

[2] Conforme: FLEINER-GERSTER, Thomas. *Teoria geral do Estado.* Traduzido por: Marlene Holzhausen. São Paulo: Martins Fontes, 2006, p. 26.

[3] CAPELLA, Juan Ramón. Op. cit., p. 38.

[4] Segundo Capella, "chamar-se-á moralidade positiva ou normas de uso social o conjunto de normas cuja força para ordenar a vida comunitária é fundamentalmente ideológica, do tipo tabu, descrita. Este mecanismo cultural de regimentação social, que organiza socialmente às comunidades primitivas, é anterior ao direito e mais simples que este" (CAPELLA, Juan Ramón. Op. cit., p. 40).

o concebemos hoje[5]); *(ii)* em face disso, os problemas da vida comunitária eram solucionados no âmbito familiar,[6] com a aplicação de eventuais sanções por parte de toda a comunidade, a qual isolava o transgressor, dando-lhe as costas e negando-lhe o pão e o sal;[7] *(iii)* logo depois – com o início da divisão do trabalho e com o gérmen de um desenvolvimento econômico – surgiu o forte sentimento de pertencer a um grupo, aparecendo, assim, as instituições suprafamiliares (criadas por meio de formas democráticas ou, ao menos, oligárquicas de autodeterminação), nas quais os representantes autorizados pelos grupos ou pela tribo elegiam um líder, a quem desejavam prestar obediência; *(iv)* desse chefe da tribo, rei ou príncipe esperava-se uma liderança fundada no interesse de toda a comunidade, a fim de que se fortalecesse a idéia individual de pertencer a um mesmo grupo; *(v)* sendo assim, o líder era escolhido em virtude de possuir uma especial habilidade, capacidade, sabedoria ou força, devendo se incumbir, ainda, do ônus de formar um exército próprio para campanhas e conquistas, com o que obrigaria a comunidade a uma obediência absoluta.[8]

Na base desses fatores é que se estabeleceram condições para a propulsão de um sistema de dominação feudal e patriarcal, no qual o senhor feudal procurava fundar sua dominação no alegado fato de ter recebido o seu poder de Deus, o que, seguindo essa linha de concepção, o tornava intocável.[9] Diante dessa condição, o senhor feudal pretendia alcançar seus privilégios à sua família (através da introdução da sucessão hereditária) e aos seus seguidores, distribuindo terras aos seus protegidos, os quais, em seu nome, controlavam o povo e o ajudavam a arrecadar os impostos indispensáveis ao custeio e manutenção do exército.[10] Como se observa, estavam formados, pois, os alicerces sobre as quais o feudalismo foi se desenvolver até a sua dissolução com o surgimento do Estado moderno.

---

[5] Ainda de acordo com Capella, "nas comunidades primitivas, dotadas unicamente de moralidade positiva, um artifício social muito elementar, a inexistência do que nós chamamos "direito" se explica pela ausência de conflituosidade social. Os conflitos que surgem em seu seio, internamente, se dão só entre indivíduos isolados, ou entre algum destes e a comunidade como tal; mas ficam excluídos os conflitos estruturais entre gupos pertencentes à mesma sociedade, que poriam em perigo a subsistência da comunidade como tal. O modo de produção da comunidade primitiva não origina conflitos deste tipo. O acesso aos meios de produção e de vida está garantido pela pertença à comunidade. A distribuição das tarefas e do produto sociais se realiza, para dizê-lo de um modo mais intuitivo, como no interior de uma família. Não há uma autoridade jurídico-política encarregada de ordenar, vigiar e castigar. Existe, em suma, alguma autoridade técnica; a dos adultos depositários de certo saber médico, agrícola, etc., saber que nunca pode privatizar-se excessivamente, pelos demais, posto que nestes tipos de comunidade esse produto do fazer social que é a cultura resulta absolutamente indispensável para a sobrevivência" (CAPELLA, Juan Ramón. Op. cit., p. 40).

[6] Conforme: FLEINER-GERSTER, Thomas. *Teoria geral do Estado*. Traduzido por: Marlene Holzhausen. São Paulo: Martins Fontes, 2006, p. 26. Completa Capella que: "as normas pelas quais um ser humano pertence a uma comunidade e não a outra, ou chega a não pertencer a nenhuma, são, pois, decisivas (quem não pertence a uma comunidade não come). Estas normas definem fundamentalmente uma organização de tipo, digamos, familiar. Toda a comunidade aparece unida por vínculos de parentesco que se remontam a um totem ou antepassado comum, real ou fantasioso" (Conforme: CAPELLA, Juan Ramón. *Fruto proibido*: uma aproximação histórico-teórica ao estudo do Direito e do Estado. Traduzido por: Gresiela Nunes da Rosa e Lédio Rosa de Andrade. Porto Alegre: Livraria do Advogado, 2002, p. 37/38).

[7] Conforme: CAPELLA, Juan Ramón. Op. cit., p. 39.

[8] Conforme: FLEINER-GERSTER, Thomas. Op. cit., p. 25/27.

[9] Idem, Op. cit., p. 27.

[10] Idem, ibidem.

Sobre a sucessão do Medievo pelo Estado moderno, é de se ver que desponta a imprecisão de qualquer data capaz de especificar esse lapso, de modo que é impossível delimitar "a passagem do feudalismo para o capitalismo, onde começa a surgir o Estado Moderno em sua primeira versão, o absolutista".[11] Registre-se que a concepção de Estado (como poder institucionalizado) é posterior ao Medievo, uma vez que surgiu "como decorrência/exigência das relações que se formaram a partir do novo modo de produção – o capitalismo – então emergente".[12] Não se pode olvidar, entretanto, que já existiam, no interior da ordem feudal, relações de intercâmbio mercantil,[13] ocorrendo processos de produção projetados também ao mercado (e não apenas ao autoconsumo e à tributação feudal), o que gerava inovação social.[14] Em razão disso, coexistiram, na sociedade feudal, dois tipos de relações pouco amoldáveis, os quais são descritos por Capella nestes termos:

> uma ordem de relações feudais, fixadoras, na qual as pessoas tinham distintos estatutos (ou conjuntos de obrigações dos demais para com elas) segundo sua posição de classe – com produção para o autoconsumo e tributo em espécie; e uma ordem de relações de capitalismo mercantil, na qual as pessoas valiam em função do que pudessem comprar com independência de sua origem social – com produção para o intercâmbio.[15]

Com efeito, nota-se que "durante séculos coexistiram na Europa ocidental e central dois modos econômicos de produção diferentes: um feudalismo que se dissolvia lentamente e um capitalismo mercantil crescente que ia a caminho da indústria",[16] o qual, de efeito, teve seu apogeu com o surgimento da grande indústria, ou seja, com a (primeira) revolução industrial, quando, então, o sistema de produção representou um capitalismo tecnicamente afiançado.[17]

Não obstante tais fatores, tem de se observar a ocorrência desta linha evolutiva no que pese ao aparecimento do Estado moderno: os reinos (constituídos depois da desagregação do Império Romano do Ocidente[18]) deram lugar a algumas

---

[11] VOLKMER, Antonio Carlos. *Elementos para uma crítica do Estado*. Porto Alegre: Fabris, 1990, p. 22.

[12] Idem, p. 23.

[13] Deve-se anotar que, "no mundo feudal, quase todas as atividades produtivas tinham por finalidade direta acima de tudo a própria manutenção de quem as realizava, ainda que não só isso. Os atos de intercâmbio – de coisa por coisa, de coisa por ação, e mais raramente de coisa ou ação por dinheiro – não eram desconhecidos mas distanciavam-se infinitamente de serem comuns e generalizados. O mercado, obviamente, não é natural (salvo que chamássemos estupidamente mercado a toda forma de colaboração entre seres humanos, como fazem alguns apologetas da economia de mercado; haveria então um mercado do parentesco ou um mercado da solidariedade neste absurdo sentido)". (CAPELLA, Juan Ramón. *Fruto proibido*: uma aproximação histórico-teórica ao estudo do Direito e do Estado. Trad. Gresiela Nunes da Rosa e Lédio Rosa de Andrade. Porto Alegre: Livraria do Advogado, 2002, p. 93.)

[14] Idem, p. 89.

[15] Idem, ibidem.

[16] Idem, p. 95.

[17] Idem, p. 95/96.

[18] Capella assevera que a queda do Império romano representou o naufrágio civilizatório, porque "a desagregação do Império romano do Ocidente não foi um mero acontecimento da história política: significou uma autêntica catástrofe civilizatória, o naufrágio do modo de viver das populações do que agora chamamos Europa, embasado em uma cultura com capacitações notáveis. Ainda hoje são visíveis na península ibérica os restos das

unidades maiores e mais estáveis (como, apenas para citar, a Florença dos Médici, a unidade política de Castilha e Aragão, os reinos da Inglaterra e da França) até se chegar às modernas monarquias absolutistas.[19]

Nessa época de reinos e unidades maiores e mais estáveis, ou seja, no período anterior ao Estado absolutista, percebe-se que a ordem estatal era marcada pela "tirania, pela exploração, pela estagnação de castas estanques, a desesperança e a fome para a maior parte do povo".[20] Sem dúvida, o Medievo e o feudalismo representaram um modelo de dominação da Igreja Católica[21] e dos senhores feudais,[22] existindo a fixação de uma sociedade de estamentos, na qual era impossível ascender de uma classe social para outra. Como os direitos e deveres das pessoas dependiam das suas respectivas posições nas classes sociais estanques, modificar a ordem estamental estabelecida importava perturbar a unidade orgânica da própria sociedade,[23] na qual, é bom frisar-se, "o senhor feudal detinha, em uma só e indiferenciada peça, o poder econômico, o político, o militar, o jurídico e o ideológico sobre seus servos e vassalos".[24]

No andar da história, o rompimento com esse modelo pré-moderno concretizou-se através das passagens de relação de poder (autoridade, administração da justiça...), até então nas mãos do senhor feudal, para a esfera pública (o Estado centralizado),[25] surgindo, então, o Estado absolutista. Isso se tornou realidade, sobremaneira, em virtude das pressões internas e também das lançadas pelo ambiente internacional, as quais conduziram a uma racionalização da estrutura organizacional do governo, preenchendo a incapacidade do rei feudal de enfrentar as novas exigências diplomáticas, militares e financeiras.[26]

---

gigantescas obras públicas da colônia romana. O naufrágio supôs uma cisão histórica; uma regressão. A vida urbana, as comunicações, o comércio, a saúde e as condições de vida, a agricultura e as técnicas, a produção e em geral o saber e a cultura (sobretudo depois do incêndio da Biblioteca de Alexandria, depósito do saber greco-romano e oriental) vieram abaixo. As populações do continente se viram açoitadas pela fome, a escassez, as epidemias, o isolamento, a ignorância e a violência" (Idem, p. 82) .

[19] Idem, p. 89.

[20] MOREIRA, Alexandre Mussoi. *A transformação do Estado*: neoliberalismo, globalização e conceitos jurídicos. Porto Alegre: Livraria do Advogado, 2002, p.26.

[21] Conforme: SANTOS, Rogério Dultra dos. A institucionalização da dogmática jurídico-canônica medieval. In: WOLKMER, Antonio Carlos. *Fundamentos de história do direito.* 2.ed. Belo Horizonte: Del Rey, 2002, p. 221.

[22] Lembra Fleiner-Gerster que "os habitantes de uma região eram protegidos pelo senhor do respectivo território, ao qual, em contrapartida, deviam obediência. O poder original do chefe de família se expande, assim, para a grande aliança. E, se a dependência dos vassalos era grande em relação ao seu senhor feudal, este freqüentemente procurava reforçar essa dependência, por exemplo, aumentando os impostos, com a finalidade de consolidar a sua dominação" (Conforme: FLEINER-GERSTER, Thomas. *Teoria geral do Estado.* Traduzido por: Marlene Holzhausen. São Paulo: Martins Fontes, 2006, p. 40.)

[23] Conforme: PERRY, Marvin *et al. Civilização Ocidental*: uma história concisa. Traduzido por: W. Dutra. São Paulo: Martins Fontes, 1985, p.190.

[24] CAPELLA, Juan Ramón. *Fruto proibido*: uma aproximação histórico-teórica ao estudo do Direito e do Estado. Trad. Gresiela Nunes da Rosa e Lédio Rosa de Andrade. Porto Alegre: Livraria do Advogado, 2002, p. 84.

[25] Conforme: STRECK, Lenio Luiz; BOLZAN DE MORAIS, José Luis. *Ciência política e teoria geral do Estado.* 5.ed. Porto Alegre: Livraria do Advogado, 2006, p. 43.

[26] Conforme: MATTEUCCI, Nicola. *Organización del poder y libertad.* Traduzido por: Francisco Javier Roig e Manuel Martínez Neira. Madri: Trotta, 1998, p. 30.

Dessa arte – com o surgimento do Estado absoluto, precisamente porque ele nasceu como resposta ao problema da paz interna e internacional[27] –, "se diferencian más claramente las que para nosotros hoy son funciones tradicionales de gobierno".[28] Inquestionavelmente, eis aí a primeira forma de Estado moderno, uma vez que apresentou as seguintes características: o território e o povo (elementos materiais); o governo, o poder e a autoridade (elementos formais).[29]

Muito embora se traduza como evidente evolução do Medievo, o Estado absoluto personificava o Estado na figura do Rei,[30] o qual detinha o poder divino (absoluto e perpétuo[31]) para governar.[32] Como o rei era o representante de Deus, inexistia qualquer vínculo limitativo de sua autoridade,[33] sendo ele o único protagonista da política[34] e, ao mesmo tempo, juiz e legislador supremo, regulando a organização social.[35] De qualquer modo, o relevante é que, "en resumen, el Estado absoluto puede ser definido como el monopólio de la fuerza que actúa sobre tres planos: jurídico, político, sociológico".[36] Tem-se como correto que o acúmulo das funções (políticas, jurídicas e sociológicas) encampava uma verdadeira veneração à figura do rei. Nesse norte, veja-se, por exemplo, que a grandiosidade do culto à autoridade real francesa de Luís XIV não encontrou paralelo igual em nenhuma outra parte da Europa ocidental.[37]

Foi na época moderna (séculos XVI, XVII e XVIII) que a Inquisição medieval[38] alcançou o seu auge. Em 4 de julho de 1542, por intermédio da bula *Licet*

---

[27] Conforme: MATTEUCCI, Nicola. *Organización del poder y libertad*. Traduzido por: Francisco Javier Roig e Manuel Martínez Neira. Madri: Trotta, 1998, p. 32.

[28] Idem, ibidem.

[29] Conforme: STRECK, Lenio Luiz; BOLZAN DE MORAIS, José Luis. *Ciência política e teoria geral do Estado*. 5.ed. Porto Alegre: Livraria do Advogado, 2006, p. 39.

[30] Idem, p. 45.

[31] Conforme: BOLZAN DE MORAIS, José Luis. Revisitando o Estado! Da crise conceitual à crise institucional (constitucional). In: *Anuário do Programa de Pós-Graduação em Direito Mestrado e Doutorado*. São Leopoldo: Unisinos, 2000, p. 72.

[32] Conforme: STRECK, Lenio Luiz; BOLZAN DE MORAIS, José Luis. Op. cit., p. 45.

[33] Idem, ibidem.

[34] Conforme: MATTEUCCI, Nicola. Op. cit., p. 29.

[35] Conforme: FLEINER-GERSTER, Thomas. *Teoria geral do Estado*. Traduzido por: Marlene Holzhausen. São Paulo: Martins Fontes, 2006, p.43/44.

[36] MATTEUCCI, Nicola. Op. cit., p. 33.

[37] Conforme: ANDERSON, Perry. *Linhagens do Estado Absolutista*. Traduzido por: João Roberto Martins Filho. 3.ed. São Paulo: Brasiliense, 1995, p. 85.

[38] "Foi no período da baixa Idade Média (séculos XII e XIII) que o poder eclesiástico atingiu o seu apogeu; os reis recebiam o seu poder da Igreja, que os sagrava e podia excomungá-los. Nesse período é que teve início a Inquisição, criada para combater toda e qualquer forma de contestação aos dogmas da Igreja católica. Recebeu essa denominação devido ao processo per *inquisitionem* utilizado pelas cruzadas religiosas no combate às heresias. O termo *heresia* englobava qualquer atividade ou manifestação contrária ao que havia sido definido pela Igreja em matéria de fé. Dessa forma, na qualificação de hereges encontravam-se os mouros, os judeus, os cátaros e albigenses no sul da França, bem como os supostos praticantes de bruxaria" (NASPOLINI, Samyra Haydêe. Aspectos históricos, políticos e legais da inquisição. In: WOLKMER, Antonio Carlos. *Fundamentos de história do direito*. 2.ed. Belo Horizonte: Del Rey, 2002, p. 241). Oportunamente, lembra Boff, ademais, que: "A Inquisição propriamente surgiu quando em 1232 o imperador Frederico II lançou editos de perseguição aos

---

A MOTIVAÇÃO DAS DECISÕES PENAIS

*ab initio*, a Inquisição romana foi objeto de uma verdadeira refundação, por intermédio da qual se direcionou contra a "heresia protestante", a fim de resguardar a pureza da fé.[39] Com isso, o papa formulou a Congregação do Santo Ofício, em que seis cardeais tinham plenos poderes para a instrução e a conclusão de processos de heresia,[40] "mesmo na ausência dos bispos competentes, reservando para si a decisão final sobre o recurso dos processos de primeira instância".[41] Importante se assinalar, ainda, que esses cardeais detinham a possibilidade de delegar seus poderes a religiosos ou a clérigos formados em teologia ou em direito canônico.[42] Sobre essa matéria, vislumbra-se que:

> a novidade dessa bula consistia na criação de um organismo coletivo centralizado, que passava a exercer um controle sistemático sobre a vasta rede de inquisidores locais. Esse organismo devia se encarregar, sob a presidência do papa, das nomeações de novos inquisidores e da supervisão de todos os processos, afirmando com o tempo o seu poder de tribunal de última instância e o seu poder jurisdicional sobre os próprios prelados da Igreja.[43]

Também o acirramento da Inquisição medieval teve como objetivo estancar as rebeliões e desordens que amedrontavam a nobreza, a qual, por sua vez, se encontrava ligada umbilicalmente com a Igreja Católica. Pode-se, a partir daí, verificar que a Inquisição, em sua visão moderna, apresentou uma dimensão política,[44] na medida em que, além de punir os praticantes de outras religiões, serviu para perseguir as pessoas que se rebelavam contra os senhores do poder.[45] A intolerância, nessa perspectiva, era uma das principais características do modelo jurídico-político encampado pela aproximação entre o Estado moderno e a Igreja

---

hereges em todo o Império pelo receio de divisões internas. O Papa Gregório IX, temendo as ambições político-religiosas do imperador, reivindicou para si essa tarefa e instituiu inquisidores papais. Estes foram recrutados entre os membros da ordem dos dominicanos (a partir de 1233), seja por sua rigorosa formação teológica (eram tomistas), seja também pelo fato de serem mendicantes e por isso presumivelmente desapegados de interesses mundanos. A partir de então se foi criando uma prática de controle severo das doutrinas, legitimadas com sucessivos documentos pontifícios como a bula de Inocêncio IV (*Ad extirpanda*) de 1252, que permitia a tortura nos acusados para quebrar-lhes a resistência. Até que em 1542 o Papa Paulo III estatuiu a Sagrada Congregação da Inquisição Romana e Universal ou Santo Ofício como corte suprema de resolução de todas as questões ligadas à fé e à moral" (BOFF, Leonardo. Inquisição: um espírito que continua a existir. In: EYMERICH, Nicolau. *Manual dos Inquisidores*. Rio de Janeiro: Rosa dos Ventos, 1993, p.13/14).

[39] Conforme: BETHENCOURT, Francisco. *História das Inquisições*: Portugal, Espanha e Itália séculos XV-XIX. São Paulo: Companhia das Letras, 2000, p.27.

[40] Idem, ibidem.

[41] Idem, ibidem.

[42] Idem, ibidem.

[43] Idem, ibidem.

[44] Em realidade, essa dimensão política pode ser vista desde o momento em que o cristianismo se transformou em religião oficial do Império Romano, como assevera Boff: "quando o cristianismo se transformou em religião oficial do Império, a questão virou política. O cristianismo era considerado o fator principal de coesão e união política. Os representantes das novas doutrinas eram tidos por hereges. A punição era a excomunhão, o confisco dos bens, o banimento e mesmo a condenação à morte" (BOFF, Leonardo. Inquisição: um espírito que continua a existir. In: EYMERICH, Nicolau. *Manual dos Inquisidores*. Rio de Janeiro: Rosa dos Ventos, 1993, p. 13.)

[45] Conforme: NASPOLINI, Samyra Haydêe. Aspectos históricos, políticos e legais da inquisição. In: WOLKMER, Antonio Carlos. *Fundamentos de história do direito*. 2.ed. Belo Horizonte: Del Rey, 2002, p. 242.

Católica.[46] Com isso, "estabeleceu-se uma estrutura ampla e onipresente de poder que não admitia a existência do 'outro', do diverso, que era determinado pelo adjetivo herético".[47]

Nesse cenário, a origem do Estado restou explicada em termos de criação divina. O Estado era desejado por Deus[48] e, como função atribuída por Ele, tinha o dever de se colocar como um instrumento para a expressão social do homem. Nesse passo, o Estado surgiu subordinado à Igreja Católica. Não se podia negar que o Estado tinha uma esfera autônoma de funções legítimas. Entretanto, devia ficar claro que, como há aspectos da vida humana vinculados ao fim sobrenatural do homem, o Estado não podia impor obstáculos frustrantes da vida espiritual humana. Nessa senda, incumbia ao soberano reconhecer que o destino do homem se voltava na direção da conquista da fruição de Deus, com o que o Estado tinha de prover o alcance desse destino. Dentro desse prisma, o legislador encontrava sua autoridade (para criar as leis) a partir de Deus, o qual era a fonte de toda e qualquer autoridade.[49]

É nessa base que surgiu uma concepção ontológica de delito, a qual restou corporificada a partir da "coligação entre as noções de direito e moral, perfazendo uma estrutura híbrida de ilícito parcialmente civil (terreno) e parcialmente ecle-siástico, cuja ofensa manifesta-se simultaneamente contra Deus e o Príncipe".[50] Sucedeu uma união entre o direito e a moral; e, ao invés de um direito penal do fato, desenvolveu-se um direito punitivo do autor.[51]

Desse modo, o estudo do sistema penal "não recairia sobre fato (pré)deter-minado pela lei penal válida mas, ao contrário, seria dirigida à personalidade da pessoa classificada como perversa, perigosa, herética. A conduta imoral ou anti-social e o resultado produzido seriam frutos da exteriorização da maldade do au-

---

[46] Conforme: CARVALHO, Salo de. *Pena e Garantias*. 2.ed. Rio de Janeiro: Lumen Juris, 2003, p. 14.

[47] CARVALHO, Salo de. Da reconstrução do modelo jurídico inquisitorial. In: WOLKMER, Antonio Carlos. *Fundamentos de história do direito*. 2.ed. Belo Horizonte: Del Rey, 2002, p. 258.

[48] Descrevem Le Goff e Schmitt que "se há uma noção que resume toda a concepção de mundo dos homens da Idade Média, é a de Deus. Não há idéia mais englobante, mais universal, que essa. Deus compreende, ou melhor, excede todo o campo concebível da experiência, tudo o que é observável na natureza, incluindo os homens, tudo o que é pensável, a começar pela própria idéia de Deus. Ele é todo-poderoso, eterno, onipresente. Escapa ao entendimento e a todas as tentativas de figuração. Tais são os dados fundamentais da crença em Deus" (LE GOFF, Jacques; SCHMITT, Jean-Claude. *Dicionário Temático do Ocidente Medieval*. v.I. Traduzido por: Hilário Franco Júnior. São Paulo: Edusc, 2002, p. 301).

[49] Conforme: MORRISON, Wayne. *Filosofia do direito*: dos gregos ao pós-modernismo. Traduzido por: Jefferson Luiz Camargo. São Paulo: Martins Fontes, 2006, p. 83/84.

[50] CARVALHO, Salo de. *Pena e Garantias*. 2.ed. Rio de Janeiro: Lumen Juris, 2003, p. 15.

[51] "Ainda que não haja um critério unitário acerca do que é o direito penal de autor, podemos dizer que, ao menos em sua manifestação extrema, é uma corrupção do direito penal em que não se proíbe o ato em si, mas o ato como manifestação de uma "forma de ser" do autor, esta sim considerada verdadeiramente delitiva. O ato teria valor de sintoma de uma personalidade; o proibido e reprovável ou perigoso seria a personalidade e não o ato. Dentro desta concepção não se condena tanto o furto como o "ser ladrão", não se condena tanto o homicídio como o ser homicida, o estupro como o ser delinqüente sexual etc". (ZAFFARONI, Eugenio Raúl; PIERANGELI, José Henrique. *Manual de Direito Penal Brasileiro*. 2.ed. São Paulo: Revista dos Tribunais, 1999, p. 118).

tor".[52] Em face da fusão entre o direito e a moral, produziram-se punições[53] contra todas as pessoas que se recusavam a repetir o discurso da verdade lançado pelo binômio Igreja/Estado.[54] Puniu-se, assim, o "outro", o perverso, o herege.[55]

Dentro desse quadro histórico, o Tribunal do Santo Ofício da Inquisição conduziu a julgamento um número indeterminável de pessoas que sofreram temerários e obscuros processos, nos quais as acusações eram anônimas e (muitas vezes) desconhecidas do próprio réu. Isso sem falar que a confissão era o único meio de prova "confiável", servindo a tortura, assim, como um hábil instrumento à aparição da "verdade".[56] Sob todos os títulos, a gravidade da situação saltava aos olhos em virtude das próprias "condições do processo, com a falta de publicidade, a ausência de defesa e os meios inquisitoriais com que se procurava estabelecer a culpabilidade. Praticamente, o acusado caminhava sempre para a condenação: arrancava-se dele, por meio da tortura, a confissão, mesmo de fatos que não cometera".[57]

Relevante é que, nesse Tribunal, o juiz deixou de ser um árbitro imparcial que presidia um conflito a ser resolvido pelo sobrenatural (nos julgamentos das ordálias). Em verdade, os magistrados assumiam a investigação dos crimes, tendo poder de gestão sobre a prova. Enterrou-se, destarte, a sistemática acusatória do século XIII, para, em seu lugar, nascer um processo por inquérito, muito mais eficiente no combate aos crimes de heresia,[58] sendo, aliás, considerado infalível.[59] Isso porque as garantias do imputado restaram minimizadas pela identidade entre

---

[52] CARVALHO, Salo de. Op. cit.

[53] Conforme Bethencourt, "os delitos religiosos e morais sob jurisdição inquisitorial são praticamente os mesmos em todos os tribunais, observando-se, contudo, algumas variações: é o caso da sodomia, perseguida pelo 'Santo Ofício' em Aragão, em Portugal e nos Estados italianos, mas não em Castela, onde a jurisdição foi conservada pelos tribunais civis. A prática, sobretudo, podia ser bastante diferente: a celebração da missa por um indivíduo não ordenado, por exemplo, era objeto de uma sentença mais severa na península Itálica do que na Espanha. Além disso, os delitos de jurisdição mista, como a feitiçaria e a bigamia, não podiam ser julgados pela Inquisição sem fortes presunções de heresia – no primeiro caso, estava em questão a fronteira entre a superstição e a adoração do demônio (entendida como renegação de Deus, pecado capital contra o primeiro mandamento); no segundo caso, estava em questão não apenas a violação do sacramento do matrimônio, mas também o desprezo pelos sacramentos da igreja. Em outros domínios, a definição de heterodoxia revelava-se difícil, como no caso da distinção entre a blasfêmia provocada pela cólera momentânea (em situações de jogo, por exemplo) e as proposições heréticas que contestavam a virgindade de Maria, a divindade de Cristo ou a capacidade de intervenção dos santos. Finalmente, verificou-se um alargamento da jurisdição inquisitorial a novos delitos, como a solicitação dos fiéis pelo padre no ato de confissão (final do século XVI) ou o molinismo (final do século XVII)" (BETHENCOURT, Francisco. *História das Inquisições*: Portugal, Espanha e Itália séculos XV-XIX. São Paulo: Companhia das Letras, 2000, p. 30/31).

[54] Conforme: CARVALHO, Salo de. *Pena e Garantias*. 2.ed. Rio de Janeiro: Lumen Juris, 2003, p. 15/16.

[55] Idem, ibidem.

[56] Idem. Da reconstrução do modelo jurídico inquisitorial. In: WOLKMER, Antonio Carlos. *Fundamentos de história do direito*. 2.ed. Belo Horizonte: Del Rey, 2002, p. 256.

[57] BRUNO, Aníbal. *Direito Penal*. Tomo 1. 3.ed. Rio de Janeiro: Forense, 1967, p. 76.

[58] Conforme: CARVALHO, Salo de. Da reconstrução do modelo jurídico inquisitorial. In: WOLKMER, Antonio Carlos. *Fundamentos de história do direito*. 2.ed. Belo Horizonte: Del Rey, 2002, p. 246/247/248.

[59] Explica Carvalho que "o processo inquisitivo é infalível, visto ser o resultado previamente determinado pelo próprio juiz. A sentença é potestativa e plena, e, na maioria das vezes, não admite recurso, pois, se sua legitimidade é divina, não pode haver contradita, ou seja, o ato é insuscetível de erro. Dessa forma, o Juiz-acusador

juiz e acusador, assim como pela marcha do procedimento em sigilo,[60] tendo a defesa apenas a função de agilizar a condenação, e, nesse quadro, "o papel do advogado é fazer o réu confessar logo e se arrepender, além de pedir a pena para o crime cometido".[61]

De toda a sorte, é certo que o Estado absoluto marcou o primeiro passo do Estado moderno, sendo, logo em seguida, substituído pelo Estado liberal-burguês, o qual foi impulsionado pela Revolução Francesa, período no qual eclodiram os ideais contratualistas de Rousseau[62] e Locke,[63] com anseios gerais pelo estabelecimento de uma Constituição.[64] Nessa época de transição, surgiram grandes descobertas científicas que abalaram os fundamentos culturais da cristandade. Cuida-se do período denominado Iluminismo, no qual o cientificismo e a razão foram, paulatinamente, substituindo a crença absoluta na origem divina das coisas.[65]

A razão,[66] enfim, começou a imperar, tendo-se à frente um processo de secularização da ciência e do direito,[67] que culminou com o advento da Revolução Francesa. O indivíduo, finalmente, passou a ocupar um lugar central, conquistando, de vez, a sua autonomia.[68] Também se estiolou o modelo inquisitivo consagrado pelo Estado absolutista, na medida em que ocorreu a separação entre a cultura eclesiástica e as doutrinas filosóficas, com especial ênfase no que tange à divisão entre a moral do clero e o modo de produção da ciência.[69] Assim, "o rompimento com a tradição inquisitorial de suplícios e expiações determinou a vitória da racio-

---

formula uma hipótese e realiza a verificação" (CARVALHO, Salo de. *Pena e Garantias*. 2.ed. Rio de Janeiro: Lumen Juris, 2003, p. 21).

[60] Conforme: CARVALHO, Salo de. *Pena e Garantias*. 2.ed. Rio de Janeiro: Lumen Juris, 2003, p. 21.

[61] BOFF, Leonardo. Inquisição: um espírito que continua a existir. In: EYMERICH, Nicolau. *Manual dos Inquisidores*. Rio de Janeiro: Rosa dos Ventos, 1993, p. 19.

[62] Conforme: ROUSSEAU, Jean Jacques. *El contrato social*. Traduzido por: Enrique López Castellón. Madri: Edimat.

[63] Conforme: LOCKE, John. *Ensayo sobre el gobierno civil*. Traduzido por: Amando Lazaro Ros. Madri: Aguilar, 1976.

[64] "A doutrina do contrato social tornou-se um importante componente teórico para os revolucionários de então. A reivindicação de uma Constituição embasava-se exatamente na tese de que o contrato social encontra sua explicação na Constituição" (STRECK, Lenio Luiz; BOLZAN DE MORAIS, José Luis. *Ciência política e teoria geral do Estado*. 5.ed. Porto Alegre: Livraria do Advogado, 2006, p. 55).

[65] Conforme: DUSSEL, Enrico. *Caminhos para a libertação latino-americana*. v.II. São Paulo: Paulinas, 1984, p. 209/226.

[66] Para Falcon, "o movimento mental das 'Luzes' repousa no pressuposto do avanço constante, historicamente necessário, de uma racionalidade que pouco a pouco 'ilumina' as sombras do erro e da ignorância. A razão iluminista apresenta-se aos seus adeptos como um instrumental crítico que se dirige a cada indivíduo naquilo que possui de mais íntimo e essencial – sua consciência racional de ser humano. Mais que convencer ou persuadir, com argumentos racionais, trata-se de trazer à tona, em cada um, essa capacidade ou essa essência racional, comum a todos: pensar por si mesmo, 'sair da menoridade para a maioridade', tal é a palavra de ordem" (FALCON, Francisco José Calazans. *Iluminismo*. 3.ed. São Paulo: Ática, 1991, p. 37).

[67] Conforme: DUSSEL, Enrico. Op. cit.

[68] Conforme: BORNHEIM, Gerd. Natureza do Estado moderno. In: NOVAES, Adauto (org.). *A crise do estado-nação*. Rio de Janeiro: Civilização Brasileira, 2003, p. 210.

[69] Conforme: CARVALHO, Salo de; CARVALHO, Amilton Bueno de. *Aplicação da pena e garantismo*. 3.ed. Rio de Janeiro: Lumen Juris, 2004, p. 5.

nalidade e do humanismo, advogados pelos filósofos das luzes sobre um período que transpõe as simples linguagens metafóricas e que é, reconhecidamente, de obscuridade e trevas".[70]

Tem-se como certo, nessa perspectiva, que a segunda versão do Estado moderno se originou na Revolução Francesa,[71] na qual se sustentou que o bem-estar dos indivíduos seria viável, tão-somente, caso ocorresse a mínima intervenção do Estado.[72] Naquele momento histórico é que surgiu, portanto, o verdadeiro alicerce do Estado liberal, qual seja, a institucionalização do controle do poder estatal (em prol de satisfazer os interesses de uma classe determinada, vale indicar, a burguesia[73]). É de se ver, nesse aspecto, que:

> as batalhas do liberalismo engajadas desde o século XVII não eram torneios contra moinhos de vento: tratava-se de derrubar um sistema social fundado sobre a dominação e a exploração das massas rurais presas ao solo por uma aristocracia fundiária hereditária, sistema que reservava ao comércio uma posição lateral e subordinada, proibindo por conseqüência qualquer mercado que não fosse setorial e fortemente controlado.[74]

Na virada do século XVII, os burgueses não mais se contentavam em ter o poder econômico. Em verdade, a burguesia queria tomar para si o poder político que, até então, era privilégio da aristocracia. O palco ideal desse golpe de cena foi a França, que, no final dos anos mil e setecentos, atravessou uma crise social e institucional.[75]

Como alternativa para superar esse momento difícil, o Rei francês concordou, em 08 de agosto de 1788, na convocação dos Estados Gerais, cujas votações eram realizadas por ordem e não por cabeça. Diante disso, Sieyès denunciou que duzentos mil privilegiados franceses eram representados pelas duas ordens (no-

---

[70] CARVALHO, Salo de. Da reconstrução do modelo jurídico inquisitorial. In: WOLKMER, Antonio Carlos. *Fundamentos de história do direito.* 2.ed. Belo Horizonte: Del Rey, 2002, p. 255.

[71] Nesse sentido, veja-se que Hobsbawn destacou: "em primeiro lugar, ela se deu no mais populoso e poderoso Estado da Europa (não considerando a Rússia). Em 1789, cerca de um em cada cinco europeus era francês. Em segundo lugar, ela foi, diferentemente de todas as revoluções que a precederam e a seguiram, uma revolução social de massa, e incomensuravelmente mais radical do que qualquer levante comparável. Não é um fato meramente acidental que os revolucionários americanos e os jacobinos britânicos que emigraram para a França devido a suas simpatias políticas tenham sido vistos como moderados na França. Tom Paine era um extremista na Grã-Bretanha e na América; mas em Paris ele estava entre os mais moderados dos girondinos. Resultaram das revoluções americanas, grosseiramente falando, países que continuaram a ser o que eram, somente sem o controle político dos britânicos, espanhóis ou portugueses. O resultado da Revolução Francesa foi que a era de Balzac substituiu a de Mme. Dubarry" (HOBSBAWN, Eric. *A era das revoluções*: Europa 1789-1848. Rio de Janeiro: Paz e Terra, 1996, p. 72/73).

[72] Conforme: BASTOS, Celso Ribeiro. *Curso de teoria política do Estado e ciência política.* São Paulo: Saraiva, 1986, p. 68.

[73] Conforme: COPETTI, André. "Os direitos humanos como fundamento epistemológico das reformas penais no Estado Democrático de Direito". In: COPETTI, André. *Criminalidade moderna e reformas penais*: estudos em homenagem ao Prof. Luiz Luisi. Porto Alegre: Livraria do Advogado, 2001, p. 100.

[74] LE GOFF, Jacques; SCHMITT, Jean-Claude. *Dicionário Temático do Ocidente Medieval.* v. I. Traduzido por: Hilário Franco Júnior. São Paulo: Edusc, 2002, p. 440.

[75] Conforme: STRECK, Lenio Luiz; BOLZAN DE MORAIS, José Luis. *Ciência Política e Teoria Geral do Estado.* 5.ed. Porto Alegre: Livraria do Advogado, 2006, p. 51/53.

breza e clero), contra o Terceiro Estado, que representava de vinte e cinco a vinte e seis milhões de pessoas. Com efeito, o Rei Luís XVI, em 27 de dezembro de 1788, autorizou a duplicação do número de representantes do Terceiro Estado, nos Estados Gerais, convocados para o dia primeiro de maio de 1789. Em face disso, a burguesia obteve o dobro de representantes, isto é, 600 membros contra 300 da nobreza e 300 do clero. Os Estados Gerais restaram instalados em 5 de maio de 1789, repondo, no quadro da conturbada ação política, ao lado do clero e da nobreza, um Terceiro Estado reforçado e prenhe de reivindicações. O clero e a nobreza queriam sessões separadas e as votações por Estado, o que lhes assegurava sempre dois votos. O Terceiro Estado, por sua vez, pretendia sessões conjuntas e votação nominal, o que lhes garantiria a metade dos votos, sem contar possíveis adesões.[76]

Diante de tais dificuldades, os Estados Gerais estiolaram-se, eclodindo diversos fatos revolucionários. Em 17 de junho de 1789, o Terceiro Estado declarou-se (por proposta de Sieyès,[77] exposta em Assembléia Nacional) representante da nação; ainda, aboliu o direito de veto às suas decisões. Em seguida, a Assembléia Nacional, constrangida pelo impacto da insurreição popular, declarou-se Assembléia Constituinte. Alguns dias depois, ocorreu a queda da Bastilha.[78]

Foi no período da Revolução Francesa, destarte, que o termo *Constituição*[79] começou a assumir o significado de Carta Constitucional, que traça as linhas da

---

[76] Conforme: STRECK, Lenio Luiz; BOLZAN DE MORAIS, José Luis. *Ciência Política e Teoria Geral do Estado*. 5.ed. Porto Alegre: Livraria do Advogado, 2006, p. 51/53.

[77] Realce-se que, muito embora o pensamento eleitoral de Sieyès representasse um avanço importante para a época, a sua teoria de elegibilidade era censitária, uma vez que só votavam ou se elegiam aqueles que tivessem determinada renda e contribuíssem com determinados valores em tributos. (Conforme: BASTOS, Aurélio Wander. In: Sieyès, Emmanuel Joseph. *"A Constituinte Burguesa: Qu' est-ce que le Tiers État?"* Traduzido por: Norma Azeredo. Rio de Janeiro: Líber Júris, 1986, p. 47).

[78] Conforme: STRECK, Lenio Luiz; BOLZAN DE MORAIS, José Luis, Op. cit, p.54.

[79] Conceitualmente, "Constituição significa constituir alguma coisa; é fazer um pacto, um contrato, no qual toda a sociedade é co-produtora. Desse modo, violar a Constituição ou deixar de cumpri-la é descumprir essa constituição do contrato social. Isto porque a Constituição – em especial a que estabelece o Estado Democrático de Direito, oriundo de um processo constituinte originário, após a ruptura com o regime não-constitucional autoritário –, no contexto de que o contrato social é a metáfora na qual se fundou a racionalidade social e política da modernidade, vem a ser a explicitação desse contrato social" (STRECK, Lenio Luiz. *Hermenêutica Jurídica e(m) Crise*: uma exploração hermenêutica da construção do Direito. Porto Alegre: Livraria do Advogado, 1999, p. 214/215). Vale destacar-se, ademais, que a relevância da Constituição pode ser sentida na medida em que ela "estatui limitações explícitas ao governo nacional e aos estados individualmente e institucionaliza a separação dos poderes de tal maneira que um controla o outro (checks and balances dos americanos), e o Judiciário aparece como salvaguarda para eventuais rupturas, em particular através do *judicial review*. Mais do que isso, é importante salientar que o constitucionalismo e a teorização jurídico-normativista que posteriormente lhe serviu de suporte ideológico, identificando ordenamento jurídico e Estado, ofereceram esses dispositivos formais consolidando a idéia de Estado Democrático de Direito como um dos conceitos políticos fundamentais do mundo moderno. Trata-se de um Estado resultante de um determinado padrão histórico de relacionamento entre o sistema político e a sociedade civil, institucionalizando por meio de um ordenamento jurídico-constitucional desenvolvido e consolidado em torno de um conceito de poder público em que se diferenciam a esfera pública e o setor privado, os atos de império e os atos de gestão, o sistema político-institucional e o sistema econômico, o plano político-partidário e o plano político-administrativo, os interesses individuais e o interesse coletivo" (Conforme: STRECK, Lenio Luiz. *Jurisdição Constitucional e Hermenêutica*: uma nova crítica do Direito. Porto Alegre: Livraria do advogado, 2002, p. 95).

organização do Estado e estabelece os princípios de delimitação do poder e tutela dos direitos dos cidadãos.[80] Vê-se que a dita Revolução extirpou, além de direitos e privilégios caracterizadores do antigo regime, o direito de o monarca fazer as leis, o que implementou uma nova ordem jurídica, sendo o jusnaturalismo, enfim, positivado. Dentro dessa nova perspectiva, o papel da lei restou reforçado, não se admitindo qualquer distorção de seu texto. Aliás, impende-se anotar que esse processo foi registrado por Luisi, nos seguintes moldes:

> Quando ao som das candentes estrofes da Marselhês, os revolucionários franceses de 1789 tomaram o poder, o ideário jurídico dos iluministas passou à sua positivação dando contornos novos ao Estado, e implementando uma inédita ordem jurídica. Um dos postulados básicos do iluminismo foi o direito natural, de cunho exclusivamente racional. E com as revoluções de fins do século XVIII se iniciou, através das Declarações de Direitos, das Constituições, e da Codificação, um processo de positivação do jusnaturalismo dos enciclopedistas. Como consectário desse processo, a lei, por ser a positivação do direito natural, passou a assumir um papel relevante e fundamental. A exigência de certeza da lei e sua correta aplicação, de moldes a inviabilizar qualquer distorção da sua letra, ou do querido pelo legislador, se tornou um dogma inviolável.[81]

Desse modo, o Estado foi fundado em bases racionais e em princípios justos. Em síntese, foi constituído. Para realizar essa tarefa, recorreu-se a um sujeito constituinte, que foi concebido como a nação inteira, então representada por uma Assembléia constituinte.[82] Concretizada a Constituição francesa de 1791, a vontade geral tomou forma com a assembléia de representantes, de modo que o poder, nas constituições aparecidas a partir daí, sempre restou fundado por baixo, pois não há representação sem uma eleição.[83]

Certamente, todos os fatores, antes abordados, implementaram uma limitação e divisão da autoridade estatal, ocorrendo, por via própria de conseqüência, a consolidação das conquistas liberais, como, por exemplo, liberdades, direitos humanos, ordem legal, governo representativo, legitimação da mobilidade social [...].[84]

Doutro lado, cumpre observar-se que a união de todos esses dados históricos conduziu a outra importante conquista: a secularização, que é a separação entre a justiça divina e a justiça humana, sendo esta última fixada em bases estritamente racionais, bem como o entendimento de que o poder do governante se encontra no povo, e não fundado em qualquer aspecto divino.

---

[80] Conforme: BASTOS, Aurélio Wander. In: Sieyès, Emmanuel Joseph. *A Constituinte Burguesa:* Qu' est-ce que le Tiers État? Traduzido por: Norma Azeredo. Rio de Janeiro: Líber Júris, 1986, p. 208/209.

[81] LUISI, Luiz. *Os princípios constitucionais penais.* 2.ed. Porto Alegre: Sergio Antonio Fabris, 2003, p. 310/311.

[82] Conforme: BASTOS, Aurélio Wander. Op. cit., p.211.

[83] Conforme: DUSO, Giuseppe. Revolução e constituição do poder. In: DUSO, Giuseppe (org.). *O Poder – História da Filosofia Política Moderna.* Traduzido por: A. Ciacchi, L. Silva e G. Tosi. Petrópolis: Vozes, 2005, p. 212/213.

[84] Conforme: STRECK, Lenio Luiz; BOLZAN DE MORAIS, José Luis. *Ciência Política e Teoria Geral do Estado.* 5.ed. Porto Alegre: Livraria do Advogado, 2006, p. 56.

Iniciou-se, assim, um grande processo de secularização da própria política, sendo relativizado o fundamento religioso da obrigação política. A moderna razão, em tal passo, começou a entrar em conflito com a irracionalidade da concepção medieval de que o rei era o ministro de Deus na Terra. Houve, por conseqüência, um processo de racionalização do Estado, no qual o contratualismo e o iusnaturalismo tiveram importante papel.[85]

A par disso, o conceito de crime "no há de tener en adelante relación alguna con la falta moral o religiosa",[86] sendo considerado "la ruptura con la ley, ley civil explícitamente establecida en el seno de una sociedad por el dado legislativo del poder político".[87] Como corolário disso, nota-se que "o complexo de idéias nascidas a partir do modelo contratualista do iluminismo funda a estrutura do direito penal moderno, da política criminal contemporânea e da atual criminologia, estruturando os pressupostos científicos e ideológicos conformadores do saber ocidental sobre a criminalidade, transnacionalizados historicamente desde o centro à periferia".[88] Nesse cenário, percebe-se também a necessidade de que o constitucionalismo moderno estivesse, desde o seu começo, "investido del problema de la tolerancia religiosa, que con el tiempo se convertirá en el de la libertad religiosa; y la libertad religiosa es la madre de todas las libertades".[89]

Vale se advertir, derradeiramente, que as teorias humanistas e racionalistas (trazidas pela renovação intelectual do Iluminismo penal) solidificaram uma estrutura principiológica em matérias penal e processual penal, impondo princípios (como, tão-somente para registrar: a reserva legal, taxatividade, retroatividade, separação tripartite dos Poderes do Estado, intervenção mínima, pessoalidade, individualização e proporcionalidade das penas, bem como o devido processo legal e a igualdade perante a lei) que visavam a garantir a construção da cidadania tutelada por um poder autônomo, racional, independente e imparcial.[90]

### 1.1.1.1. A Escola Clássica de Direito Penal

Por outro lado, é de se gizar que os movimentos humanitários (derivados da época das luzes) também encamparam o surgimento das Escolas Penais, entre as quais se mostra valioso destacar a Escola Clássica, porquanto tem origem no interregno da transição entre o Estado absolutista e o Estado liberal de direi-

---

[85] Conforme: MATTEUCCI, Nicola. *Organización del poder y libertad*. Traduzido por: Francisco Javier Roig e Manuel Martínez Neira. Madri: Trotta, 1998, p. 35/37.

[86] FOUCAULT, Michel. *La verdad y las formas jurídicas*. 5.ed. Traduzido por: Enrique Lynch. Barcelona: Gedisa, 1998, p. 92.

[87] Idem, ibidem.

[88] CARVALHO, Salo de. *Pena e Garantias*. 2.ed. Rio de Janeiro: Lumen Juris, 2003, p. 5.

[89] MATTEUCCI, Nicola. *Organización del poder y libertad*. Traduzido por: Francisco Javier Roig e Manuel Martínez Neira. Madri: Trotta, 1998, p. 37.

[90] Conforme: CARVALHO, Salo de. Da reconstrução do modelo jurídico inquisitorial. In: WOLKMER, Antonio Carlos. *Fundamentos de história do direito*. 2.ed. Belo Horizonte: Del Rey, 2002, p. 270.

to.[91] Observa-se, nessa linha, que a "Escuela Clásica fue la reacción contra la barbarie y la injusticia que el Derecho Penal representaba, procuró la humanización por meio del respeto a la ley, del reconocimiento a las garantías individuales y de la limitación al poder absoluto del Estado".[92] Assim, "a escola clássica caracteriza-se por ter projectado sobre o problema do crime os ideais filosóficos e o *ethos* político do humanismo racionalista".[93] Constituiu-se, em última análise, no início de uma nova ciência,[94] na qual avultaram dois princípios basilares: o primeiro, de que o principal objetivo do direito penal e da sua ciência é prevenir os abusos por parte das autoridades; e o segundo, de que o crime não é uma entidade de fato, mas, em realidade, uma entidade de direito.[95] Para uma melhor compreensão, essa Escola pode ser dividida em duas fases distintas, a saber: *(i)* uma primeira filosófica e *(ii)* uma segunda jurídica.[96]

*(i)* Inquestionavelmente, a Escola Clássica coloca-se como um movimento humanitário concebido em oposição ao pensamento jurídico-penal do Medievo, sendo as idéias filosófico-penais de Beccaria, com a apresentação da obra *Dei delitti e delle pene*, o seu ponto de partida.[97]

---

[91] De fato, "a Escola clássica se originou no marco histórico do Iluminismo e de uma transformação estrutural da sociedade e do estado, inserindo-se, em seus momentos fundacionais, na transição da ordem feudal e o Estado absolutista (o 'Antigo regime') para a ordem capitalista e o Estado de Direito liberal na Europa, e se desenvolveu ao longo do processo de consolidação desta nova ordem" (ANDRADE, Vera Regina Pereira de. *A ilusão de segurança jurídica*: do controle da violência à violência do controle penal. Porto Alegre: Livraria do Advogado, 1997, p. 45/46).

[92] RODRÍGUEZ MANZANERA, Luis. *Criminología*. México: Porrúa, 1999, p. 235.

[93] FIGUEIREDO DIAS, Jorge de; COSTA ANDRADE, Manuel da. *Criminologia*. 2.ed. Coimbra: Coimbra, 1997, p. 7.

[94] "A Escola Clássica é tributária do método racionalista, lógico-abstrato ou dedutivo de análise do seu objeto, o qual condiciona, associado aos seus demais pressupostos, a sua produção jusfilosófica. Sendo a concepção racionalista de Ciência orientada por uma concepção mecanicista do universo (como um conjunto de leis naturais absolutas e predeterminadas) o seu método cumpre, conseqüentemente, a função de investigação racional e sistemática daquelas leis ou princípios e, portanto, de revelação do próprio objeto; ou seja, da origem natural e predeterminada do Direito Penal" (ANDRADE, Vera Regina Pereira de. *A ilusão de segurança jurídica*: do controle da violência à violência do controle penal. Porto Alegre: Livraria do Advogado, 1997, p. 47/48).

[95] Conforme: FIGUEIREDO DIAS, Jorge de; COSTA ANDRADE, Manuel da. Op. cit., p. 8/9.

[96] Essas fases serão trabalhadas a partir dos escritos lançados sobre Cesare Beccaria e Francesco Carrara, bem como tendo-se por norte as obras *Dos delitos e das penas* e *Programa del curso de Derecho Criminal dictado en la Real Universidad de Pisa*. Isso porque, segundo ANDRADE: a obra *Dos Delitos e das Penas* de Beccaria (1764) constitui o marco mais autorizado do início da Escola e a expressão mais fidedigna do seu primeiro período; da mesma forma que a obra *Programa do Curso de Direito Criminal* de Carrara (1859) constitui o marco mais autorizado da culminação daquele segundo período e do pleno desenvolvimento da própria Escola Clássica" (ANDRADE, Vera Regina Pereira de. Op. cit., p. 46).

[97] Sobre Beccaria, SODRÉ assinala: "na história da ciência do direito penal o ano de 1764 marca uma época notável, assinala uma fase brilhante com o aparecimento da obra de valor imorredouro, intitulada *Dei delitti e delle pene*, que ainda hoje não é tão-somente o monumento que imortalizou o nome do célebre pensador que a concebeu, senão também, e incontestavelmente, um verdadeiro padrão de glória nacional, do qual a Itália, muito legitimamente, pode ensoberbecer-se" (SODRÉ, Miniz. *As três escolas penais*. Rio de Janeiro: Freitas Bastos, 1955, p. 34/35). Completa Carvalho, outrossim, que: "O pensamento jurídico-penal do maior representante da 'Escola Clássica', Cesare de Beccaria, não nasce de forma afoita ou desvinculada de um imaginário sobre o direito penal. Beccaria, laureado em direito no ano de 1758 pela Universidade de Pavia, foi, e aqui se expressa toda a sua qualidade, o maior divulgador das idéias penais dos 'reformadores lombardos', coletivo de jovens idealistas que se autoproclamavam *Accademia dei Pugni*. Faziam parte desse seleto grupo milanês, dentre outros,

A toda evidência, nota-se que essa obra correspondeu aos anseios gerais acerca das iniqüidades oriundas da Justiça penal na Idade Média e séculos seguintes, ao buscar a afirmação da dignidade do indivíduo e seu direito em face do Estado, pretendendo findar a presença de um direito punitivo incerto, cruel e arbitrário, que era característico daquele período.[98] Com isso, pode-se registrar que a obra de Beccaria se projeta além da crítica ao antigo regime, sobretudo porque visa, fundamentalmente, a estabelecer um plano de construção para o implemento de um novo modelo jurídico-penal.[99] É a partir desse ideal, então, que a Escola Clássica "empreenderá uma vigorosa racionalização do poder punitivo em nome, precisamente, da necessidade de garantir o indivíduo contra toda intervenção estatal arbitrária. Daí por que a denominação de 'garantismo' seja talvez a que melhor espelhe o seu projeto racionalizador".[100] Correto está Faria Costa, desse modo, ao afirmar que a obra de Beccaria "pode ser vista como o Manifesto do garantismo, ou seja: como manifesto das garantias, em direito e processo penais, do cidadão nas suas relações com o Estado detentor do *ius puniendi*".[101]

De um ponto de vista mais específico, verifica-se que a visão do Direito penal como um instrumento de limitação do Estado se deve ao fato de que Beccaria aderiu às idéias liberais, advogando em prol de que os delitos e as penas deveriam ser determinados pelo princípio da legalidade. Sustentou, ainda, que as penas fossem proporcionais ao dano causado, sendo abolidas, assim, as sanções cruéis e a pena de morte.[102] Para ele, o *ius puniendi* se fundamentaria no ato de alienação de parte da liberdade individual ao Estado em troca da segurança,[103] resultando do contrato social as bases de legitimação das penas. Como resumiu Lyra,

> Beccaria pugnou, sob o absolutismo, por um Direito Penal leigo, preventivo, com bases e limites, pela prévia legalidade de crime e pena, pela publicidade, regularidade, rapidez e lealdade do processo e do julgamento, pela pureza e certeza da prova, pelo direito de asilo, pela proporcionalidade entre crime e pena, pela abolição da prisão preventiva, da pena de morte, da tortura, da infâmia, do banimento, do uso de por a cabeça a prêmio, do "suplício da incerteza", pela aplicação moderada da pena somente em caso de necessidade, impondo-se sempre a menor, segundo as circunstâncias – necessária, útil, justa.[104]

---

Giuseppe Visconti di Saliceto, Luigi Lambertenghi, Antonio Menafoglio, Alfonso Longo, Giovan battista Biffi, Pietro Secchi-Comnemo (*'il signore filosofiche'*), a bela Antonia Belgioioso e, logicamente, Cesare de Beccaria e os irmãos Alessandro e Pietro Verri" (CARVALHO, Salo de. *Pena e Garantias*. 2.ed. Rio de Janeiro: Lumen Juris, 2003, p. 44/45).

[98] Conforme: BRUNO, Aníbal. *Direito Penal*. Tomo 1. 3.ed. Rio de Janeiro: Forense, 1967, p. 80/81.

[99] Conforme: CARVALHO, Salo de. Op. cit., p. 47.

[100] ANDRADE, Vera Regina Pereira de. *A ilusão de segurança jurídica*: do controle da violência à violência do controle penal. Porto Alegre: Livraria do Advogado, 1997, p. 47.

[101] FARIA COSTA, José de. Ler Beccaria hoje. In: *Boletim da Faculdade de Direito*. v.LXXIV. Coimbra: Coimbra, 1998, p. 91/92.

[102] Conforme: ZAFFARONI, Eugenio Raúl; PIERANGELI, José Henrique. *Manual de Direito Penal Brasileiro*. 2.ed. São Paulo: Revista dos Tribunais, 1999, p. 271.

[103] Conforme: CARVALHO, Salo de. *Pena e Garantias*. 2.ed. Rio de Janeiro: Lumen Juris, 2003, p. 45.

[104] LYRA, Roberto. *Novo Direito Penal*. v.1. Rio de Janeiro: Borsoi, 1971, p. 37.

Foi com o Marquês de Beccaria, evidentemente, que as concepções iluministas e liberais passaram ao campo do Direito Penal, o qual deveria ser certo e exato, sendo as suas leis claras e precisas a tal ponto que seria defeso ao juiz interpretá-las. Para Beccaria, os magistrados deveriam aplicar as leis nos seus termos estritos, não se colocando possível qualquer espécie de interpretação: "nada é mais perigoso do que o axioma comum de que é necessário consultar o espírito da lei".[105] Ao se valer dessa regra, pretendeu, em essência, obliterar os arbítrios da Justiça Penal da época.[106] Ademais, a "Lei geral e assim formalizada (única fonte do Direito Penal), seguida da sentença como silogismo perfeito (neutralidade judicial) geram a necessária igualdade e certeza jurídica que a segurança (da liberdade e propriedade dos cidadãos) demanda".[107] Isso porque, conforme Beccaria:

> Quando um código de leis fixas, que devem ser observadas à risca, não deixa ao juiz outra incumbência senão a de examinar os atos dos cidadãos e de julgá-los conformes ou não à lei escrita; quando a norma do justo e do injusto, que deve conduzir os atos tanto do cidadão ignorante como o do filósofo, não é uma questão de controvérsia, mas de fato, então os súditos não estão sujeitos às pequenas tiranias de muitos, tanto mais cruéis quanto o menor a distância entre quem sofre e quem faz sofrer, mais fatais do que as tiranias de um só, porque somente o despotismo de um pode corrigir o despotismo de muitos e a crueldade de um déspota é proporcional não è força, mas aos obstáculos. Desse forma, os cidadãos adquirem aquela segurança de si, que é justa por ser o objetivo pelo qual os homens vivem em sociedade e é útil por habilitá-los a calcular exatamente os inconvenientes de um delito.[108]

*(ii)* Malgrado os aspectos humanitários – e sobremaneira pertinentes – trazidos por Beccaria, tem-se como certo, no entanto, que Francesco Carrara foi o maior escritor clássico, na medida em que, com seu *Programma di Diritto Criminale*, conduziu o Direito Penal à sua verdadeira essência jurídica. Inquestionavelmente, sua grande contribuição foi ter definido o delito como um ente jurídico e não como um simples acontecimento fático.[109]

A par disso, o delito passou a ser a infração da lei do Estado, promulgada para proteger a segurança dos cidadãos, resultante de um ato externo do homem, positivo ou negativo, moralmente imputável e politicamente danoso.[110]

Com efeito, tornando-se o crime, com Carrara, uma entidade jurídica na qual não importava a índole ou a natureza do criminoso,[111] frisou-se que "o delito, e não a personalidade do delinqüente, é que deve servir de verdadeira medida para

---

[105] BECCARIA, Cesare. *Dos delitos e das penas*. Traduzido por: Lúcia Guidicini e Alessandro Berti Contessa. São Paulo: Martins Fontes, 1991, p. 48.

[106] Conforme: BRUNO, Aníbal. *Direito Penal*. Tomo 1. 3.ed. Rio de Janeiro: Forense, 1967, p. 81.

[107] ANDRADE, Vera Regina Pereira de. *A ilusão de segurança jurídica*: do controle da violência à violência do controle penal. Porto Alegre: Livraria do Advogado, 1997, p. 51.

[108] Nesse sentido: BECCARIA, Cesare. Op. cit., p. 50.

[109] Conforme: RODRÍGUEZ MANZANERA, Luis. *Criminología*. México: Porrúa, 1999, p. 236.

[110] Conforme: CARRARA, Francesco. *Programa del curso de derecho criminal dictado en la Real Universidad de Pisa*. Buenos Aires: Depalma, 1944, p. 41.

[111] SODRÉ, Miniz. *As três escolas penais*. Rio de Janeiro: Freitas Bastos, 1955, p. 164.

a penalidade".[112] Tal linha de concepção, aliás, já podia ser vista com a proporcionalidade das penas advogada por Beccaria.

Obviamente, a importância histórica da obra de Carrara reside no fato de "haver posto a base lógica para uma construção jurídica coerente do sistema penal",[113] por intermédio da qual se situaram os pontos de partida para toda a doutrina penal posterior.[114]

### 1.1.1.2. As declarações de direitos e a consolidação do garantismo clássico

Os postulados do iluminismo e do liberalismo, que foram abordados por Beccaria no primeiro momento da Escola Clássica, restaram recepcionados pelas Declarações de Direitos americana e francesa. Cumpre salientar-se, nessa perspectiva, que a história dos direitos fundamentais[115] se encontra, em certa medida, interligada com a história da limitação de poder.[116] Nesse contexto, a doutrina jusnaturalista[117] mereceu importante destaque. Inclusive, verifica-se que existia, até mesmo na Idade Média, a idéia de postulados suprapositivos destinados a limitar e orientar o exercício do poder.[118] Entretanto, foi a partir do século XVI (e, sobretudo, séculos XVII e XVIII) que a doutrina chegou ao seu apogeu, sendo inequívoco que as teorias contratualistas serviram como molas propulsoras dessa expansão. Durante esse interregno, presenciou-se, ainda, um processo de laicização do direito, o qual se desenvolveu à luz das concepções jusracionalistas do iluminismo[119]

---

[112] SODRÉ, Miniz. *As três escolas penais.* Rio de Janeiro: Freitas Bastos, 1955, p. 164.

[113] BARATTA, Alessandro. *Criminologia crítica e crítica do direito penal.* Traduzido por: Juarez Cirino dos Santos. 2.ed. Rio de Janeiro: Freitas Bastos, 1999, p. 35/36.

[114] Conforme: ANDRADE, Vera Regina Pereira de. *A ilusão de segurança jurídica*: do controle da violência à violência do controle penal. Porto Alegre: Livraria do Advogado, 1997, p. 55.

[115] Registre-se que Ferrajoli propõe "una definición teórica, puramente formal o estructural, de derechos fundamentales: son derechos fundamentales todos aquellos derechos subjetivos que corresponden universalmente a todos los seres humanos en cuanto dotados del status de personas, de ciudadanos o personas con capacidad de obrar; entendiendo por derecho subjetivo cualquier expectativa positiva (de prestaciones) o negativa (de no sufrir lesiones) adscrita a un sujeto por una norma jurídica; y por status la condición de un sujeto por una norma jurídica; y por status la condición de un sujeto, prevista asimismo por una norma jurídica positiva, como presupuesto de su idoneidad para ser titular de situaciones jurídicas y/o autor de los actos que son ejercicio de éstas" (FERRAJOLI, Luigi. *Derechos y garantías: la ley del más débil.* 4.ed. Madrid: Editorial Trotta, 2002, p. 37).

[116] Conforme: SARLET, Ingo Wolfgang. *A eficácia dos direitos fundamentais.* 6.ed. Porto Alegre: Livraria do Advogado, 2006, p. 43.

[117] Vê-se, no particular de que se cuida, que "la justificación iusnaturalista de los derechos fundamentales del hombre se deriva directamente de la creencia en el Derecho natural y, por tanto, de la defensa del iusnaturalismo como teoria que fundamenta y explica la existência del derecho natural. [...] todas las fundamentaciones iusnaturalistas de los derechos humanos se caracterizan básicamente por estos dos rasgos: la distinción entre Derecho natural y derecho positivo, y la superioridad del Derecho natural sobre el derecho positivo. Do de que el Derecho natural consiste en un ordenamiento universal deducido de la propia naturaleza humana, de ahí se derivan derechos naturales como derechos que ostenta la persona como reflejo subjetivo de un orden normativo natural, es decir, la fundamentación de esos derechos se encuentra en el Derecho natural, no en el Derecho positivo. Pero, además, esos derechos naturales son anteriores y superiores al Derecho positivo y, por tanto, inalienables" (FERNANDEZ, Eusebio. *Teoria de la justicia y derechos humanos.* Madri: Debate, 1987, p. 86/87).

[118] Conforme: SARLET, Ingo Wolfgang. Op. cit., p. 45/46.

[119] Idem, p. 46.

A MOTIVAÇÃO DAS DECISÕES PENAIS

que marcaram o Estado liberal.[120] John Locke foi o primeiro a reconhecer que os direitos naturais e inalienáveis do homem (vida, liberdade, propriedade e resistência) eram oponíveis aos detentores do poder.[121] Para o escopo dessa dissertação (que, desde o início, se estruturou à base da perspectiva garantista do processo penal), é a sua leitura do contrato social, portanto, que mais importa, pois se cuida da primeira e mais completa formulação do Estado liberal,[122] trazendo à baila, pela primeira vez, o direito de resistência do indivíduo em face da usurpação do poder. Por esse prisma, é de rigor se registrar, em rápidas linhas, algumas considerações sobre as concepções de Locke, a fim de que se possa compreender como, segundo sua doutrina, os direitos naturais foram conservados na sociedade civil, constituindo-se em limites ao exercício do poder estatal. Vejamos:

Locke entendia que o "estado de natureza"[123] era um estado de perfeita liberdade, de completa independência de qualquer vontade alheia e completa igualdade. Em síntese, todos eram titulares do direito natural à vida, à liberdade e a tudo que se buscava com o trabalho.[124] Doutro lado (tendo todos os homens as mesmas faculdades e os mesmos poderes), cada um possuía também o poder de julgar e castigar, sendo, igualmente, legislador e juiz. O inconveniente do estado de natureza, destarte, consistia no fato de que os homens eram juízes de suas próprias causas. Como os homens não são apenas racionais, mas também passionais, o estado de natureza era potencialmente um estado de guerra.[125] É que, quando o indivíduo exercia seu poder executivo, ele, na busca por ter jurisdição sobre o outro, entrava em conflito com as demais pessoas, o que acabava guiando, mais cedo ou mais tarde, ao estado de guerra.[126]

Obviamente, as condições impostas pelo estado de natureza obrigaram o homem a fugir dessa perigosa situação, visando à garantia de seus próprios direitos naturais, por meio de uma lei estabelecida, fixa e conhecida, de um juiz conhecido

---

[120] Para Copetti, o Estado Liberal de Direito, entre outros dados, restou caracterizado por ser um Estado "jusracionalisticamente entendido, com o afastamento das idéias transpessoais do Estado como instituição ou ordem divina, para se considerar apenas a existência de uma coisa pública destinada a satisfazer os interesses dos indivíduos, o que mais tarde revelou-se como sendo os interesses de uma determinada classe: a burguesia" (COPETTI, André. Os direitos humanos como fundamento epistemológico das reformas penais no Estado democrático de direito. In: *Criminalidade Moderna e Reformas Penais*: estudos em homenagem ao Professor Luiz Luisi. Porto Alegre: Livraria do Advogado, 2001, p. 100).

[121] Conforme: SARLET, Ingo Wolfgang. Op. cit., p. 47/48.

[122] Conforme: CARVALHO, Salo de. *Pena e Garantias*. 2.ed. Rio de Janeiro: Lumen Juris, 2003, p. 28.

[123] É importante se ter em mente que o estado da natureza, como apontam Streck e Bolzan de Morais, aparece como "mera hipótese lógica negativa, ou seja, sem ocorrência real" (STRECK, Lenio Luiz; BOLZAN DE MORAIS, José Luiz. *Ciência Política e Teoria Geral do Estado*. 3.ed. Porto Alegre: Livraria do Advogado, 2003, p. 30).

[124] Conforme: LOCKE, John. *Ensayo sobre el Gobierno Civil*. Traduzido por: Amando Lazaro Ros. Madri: Aguilar, 1969, p. 5/13.

[125] Conforme: MATTEUCCI, Nicola. *Organización del poder y libertad*. Traduzido por: Francisco Javier Roig e Manuel Martínez Neira. Madri: Trotta, 1998, p. 134.

[126] Conforme: MERLO, Maurizio. Poder Natural, Propriedade e Poder Político em John Locke. In: DUSO, Giuseppe (org.). *O Poder – História da Filosofia Política Moderna*. Traduzido por: A. Ciacchi, L. Silva e G. Tosi. Petrópolis: Vozes, 2005, p.161.

e imparcial, que decidisse com base na lei estabelecida, e de um poder que executasse a sentença. Eis aí, sumariamente, o motivo pelo qual emergiu a reclamação da necessidade de existir, na sociedade civil, um corpo político com três Poderes – isto é: Legislativo, Judiciário e Executivo[127] – capazes de desempenhar as funções acima indicadas.[128] Somente era possível sair desse estado da natureza por meio de um pacto que tivesse como finalidade um acordo recíproco, para estabelecer uma única comunidade e formar um único corpo político, no qual estivessem garantidos os direitos naturais do indivíduo.[129] Tal pacto de consentimento visou à preservação dos direitos já existentes no estado de natureza, evitando-se a generalização do conflito.[130] Nesse cenário, as leis naturais é que deveriam normatizar o pacto, com o objetivo de preservar a vida, a liberdade e a propriedade, reprimindo violações a esses direitos naturais. Diversamente de Hobbes, Locke, portanto, acreditou que o pacto social não obrigava os indivíduos a abrirem mão de seus direitos naturais em favor dos governantes.[131] O homem renunciou à liberdade e à igualdade naturais no contrato, cedendo ao governo político o próprio poder de defender a propriedade (concebida como a vida, a liberdade e os bens), na medida

---

[127] É certo que a constituição de um corpo político único pressuporia a aceitação tácita do princípio da maioria. Diante de uma inevitável variedade de opiniões e do contraste de interesses que delas se derivassem, somente a decisão por maioria permitia à sociedade como um só corpo, sob pena de sua inevitável dissolução (Conforme: MERLO, Maurizio. Op. cit., p.163). O problema central, portanto, era o de colocação do poder supremo. O consentimento da maioria podia ser dado diretamente ou por intermédio de seus representantes, de modo que o princípio da maioria fundou a representação. No pacto, expressou-se uma única vontade, a qual coincidia com a instituição do Poder Legislativo, a ponto de o Legislativo se identificar com a sociedade (Conforme: MERLO, Maurizio. Op. cit., p. 165). É a legislatura que deveria deter a supremacia, já que era a responsável exclusiva perante a comunidade como um todo, da qual se tornou representante (Conforme: RUSSELL, Bertrand. *História do Pensamento Ocidental* – a aventura das idéias dos pré-socráticos a Wittgenstein. Traduzido por: L. Alves e A. Rebello. 6.ed. Rio de Janeiro: Ediouro, 2002, p. 311). Por isso, o elemento essencial da constituição de Locke era a confiança, da qual emanava a tensão existente entre a assembléia originária e essa necessidade de se confiar o poder necessário a uma ou mais pessoas. Até o momento em que a sociedade não colocou o Poder Legislativo nas mãos de uma ou mais pessoas, na confiança de ser por elas governada por meio de leis declaradas, a existência dos indivíduos, assim como no Estado de Natureza, era incerta. Esse poder supremo representou a unidade de forças de todos e de cada um no legislador. O poder do Legislativo era supremo exatamente porque fundado na convicção de que ao povo cabia um poder supremo de afastar ou alterar o legislativo, quando este agisse contrariamente ao encargo que lhe foi confiado. Já o Poder Executivo possuía um caráter de permanência no exercício contínuo da força da sociedade política, ou seja, sua função própria era a de intervir, valendo-se de suas prerrogativas para corrigir as imperfeições produzidas pelo tempo no sistema da representação. No entanto, ainda que Locke insistisse na necessidade de um magistrado superior e neutro, não se tratava de um Poder Judiciário autônomo, no seu sentido moderno. É fundamental em sua teoria o princípio de que as pessoas que possuíam o poder de legislar não devessem possuir o poder de executar as leis, pois, caso contrário, dar-se-ia ensejo a que os legisladores interpretassem a lei em seu próprio benefício, de modo a construir um interesse totalmente distinto e separado do interesse dos cidadãos. Assim, a instância judicial era a faculdade de julgar estão representadas conjuntamente pelo Poder Legislativo e pelo Poder Executivo, na medida em que ambos se moviam na esfera de seu princípio constitutivo, que era o de julgar segundo leis fixas e estabelecidas (Conforme: MERLO, Maurizio. Op. cit., p. 167/169).

[128] Conforme: MATTEUCCI, Nicola. *Organización del poder y libertad*. Traduzido por: Francisco Javier Roig e Manuel Martínez Neira. Madri: Trotta, 1998, p. 135.

[129] Idem, ibidem.

[130] Conforme: STRECK, Lenio Luiz; BOLZAN DE MORAIS, José Luis. *Ciência Política e Teoria Geral do Estado*. 3.ed. Porto Alegre: Livraria do Advogado, 2003, p. 35.

[131] Conforme: GHIGGI, Gomercindo; OLIVEIRA, Avelino da Rosa. *O Conceito de Disciplina em John Locke*. Porto Alegre: EDIPUCRS, 1995, p. 30.

em que se instituiu um poder político com o dever de governar segundo leis fixas e estabelecidas, com um juiz imparcial.[132] Uma vez fixada a sociedade política, com o consenso de todos os indivíduos, entrou em vigor a regra da maioria, isto é, a maioria passou a ter o direito de deliberar e de decidir por todo o corpo político.[133] Dessa forma, o motivo primordial subjacente ao contrato social, segundo Locke, era a proteção da propriedade. Sujeitando-se a esse acordo, os homens perderam o direito de agir como únicos defensores das suas próprias causas, direito este que foi transferido para o governo.[134] É fácil se perceber, assim, que a passagem do estado da natureza ao estado civil representou a transferência do poder privado para o poder público, sepultando o velho paradigma medieval, tendo o indivíduo, nessa nova etapa, seus direitos tutelados pela legalidade.[135]

Em Locke, portanto, encontra-se o cerne do pensamento liberal, que é controle do Executivo pelo Legislativo e o controle do governo pela sociedade, admitindo-se o direito de resistência.[136] O povo era, assim, o juiz em última instância, porque se constituía no mandante, enquanto o Legislativo e o Executivo eram os mandatários, os quais, por essa razão, não podiam se situar fora do estabelecido pela lei.[137] Para Locke, incumbia à lei reconhecer, positivamente, os direitos existentes no estado da natureza, os quais, logo em seqüência, foram consagrados pelas Declarações de Direitos americana e francesa; e, mais além, restaram positivados nas Constituições de vários países, com o que deixaram de ser simples "esperanças, aspirações, ideais, impulsos, ou, até por vezes, mera retórica política".[138]

Realizadas essas considerações iniciais, que se seguiram, fundamentalmente, com o desiderato de evidenciar a origem do entendimento segundo o qual os direitos fundamentais são mecanismos de proteção do indivíduo contra o poder estatal desmedido, mostra-se necessário desenvolver algumas notas sobre a recepção dos ideais jusnaturalistas no Direito positivo, com especial enfoque no que pese às Declarações americana e francesa, as quais reconheceram direitos (naturais, inalienáveis, invioláveis e imprescritíveis) para todas as pessoas, e não apenas a uma casta medieval.[139] Ainda nesse instante preliminar, impende-se consignar:

---

[132] Conforme: MATTEUCCI, Nicola. *Organización del poder y libertad*. Traduzido por: Francisco Javier Roig e Manuel Martínez Neira. Madri: Trotta, 1998, p. 135.

[133] Conforme: STRECK, Lenio Luiz; BOLZAN DE MORAIS, José Luis. Op. cit., p. 35.

[134] Conforme: RUSSELL, Bertrand. *História do pensamento ocidental – a aventura das idéias dos pré-socráticos a Wittgenstein*. Traduzido por: L. Alves e A. Rebello. 6.ed. Rio de Janeiro: Ediouro, 2002, p. 311.

[135] Conforme: CARVALHO, Salo de. *Pena e Garantias*. 2.ed. Rio de Janeiro: Lumen Juris, 2003, p. 31/32.

[136] Conforme:STRECK, Lenio Luiz; BOLZAN DE MORAIS, José Luis. Op. cit., p. 36.

[137] Conforme: MATTEUCCI, Nicola. *Organización del poder y libertad*. Traduzido por: Francisco Javier Roig e Manuel Martínez Neira. Madri: Trotta, 1998, p. 139.

[138] CANOTILHO, J. J. Gomes. *Direito Constitucional e teoria da Constituição*. 7.ed. Coimbra: Almedina, 2003, p. 377.

[139] Conforme: SARLET, Ingo Wolfgang. *A eficácia dos direitos fundamentais*. 6.ed. Porto Alegre: Livraria do Advogado, 2006, p.49/52. Também Sarlet recorda que: "É na Inglaterra da Idade Média, mais especificamente no século XIII, que encontramos o principal documento referido por todos que se dedicam ao estudo da evolução dos direitos humanos. Trata-se da *Magna Charta Libertatum*, pacto firmado em 1215 pelo Rei João Sem-Terra e

(...) o constitucionalismo moderno, nascido das revoluções americana e francesa do século XVIII, representa o momento único e ímpar da convergência entre o pensamento jusnaturalista e a necessidade de positivação do direito, pressupondo um rol de interesses indisponíveis para a vida digna do ser humano, os quais, como o espírito em busca de um corpo, vagaram pela História até encontrarem os documentos escritos originados nos marcos revolucionários.[140]

A Declaração de Direitos do Povo da Virgínia (1776) incorporou os direitos antes reconhecidos pelas declarações inglesas do século XVII; entretanto, apresentou uma sensível diferença, na medida em que alcançou ares de universalidade e de supremacia aos direitos naturais, que, a partir de então, deveriam ser observados por todos os poderes públicos.[141] Frise-se que os direitos consagrados nessa Declaração "correspondem ao homem enquanto ser humano e como tais anteriores e superiores ao próprio Estado, não são concessões, mas limitações ao poder público estabelecidos pela soberania popular".[142] No campo dos direitos e garantias processuais, a Declaração de Virgínia estabeleceu que:

(...) toda investigação criminal dava ao homem o direito de averiguar a causa e a natureza da acusação, de ser acareado com os acusadores e testemunhas, que a livre produção da prova era ao lado de um julgamento rápido por um tribunal imparcial composto de doze homens de sua comunidade, sem o que não pode ser considerado culpado e que ninguém poderia ser compelido a declarar contra si próprio, nem ser privado da liberdade a não ser conforme as leis do país ou por julgamento de seus pares.[143]

Ao assim dispor, a Declaração de Direitos americana apresentou enunciados que influenciaram as constituições de outros Estados norte-americanos, espraiando, ainda, suas concepções na Declaração de Independência dos Estados Unidos e na Declaração Francesa de Direitos,[144] bem como desempenhando "um papel capital no desencadeamento das insurreições que conduziram as colônias espanholas e portuguesas da América do Sul à independência",[145] o que se lhe alcança o *status* de ser um dos marcos do moderno direito constitucional.[146]

Em resumo, a insurreição de 1776 "constitui ao mesmo tempo um modelo e um exemplo na luta contra uma sujeição ilegítima, travada em nome da igualdade natural, da liberdade de empresa e, para cada um, do direito de usufruir sua pro-

---

pelos bispos e barões ingleses. Este documento, inobstante tenha apenas servido para garantir aos nobres ingleses alguns privilégios feudais, alijando, em princípio, a população do acesso aos 'direitos' consagrados no pacto, serviu como ponto de referência para alguns direitos e liberdades civis clássicos, tais como o *habeas corpus*, o devido processo legal e a garantia da propriedade" (SARLET, Ingo Wolfgang. Op. cit., p. 49).

[140] PRADO, Geraldo. *Sistema acusatório*. 2.ed. Rio de Janeiro: Lumen Juris, 2001, p. 11.

[141] Conforme: SARLET, Ingo Wolfgang. Op. cit., p. 52.

[142] BUSSI, Nilton. Os antecedentes da Declaração dos direitos de 1789 e sua evolução. In: *Revista da Faculdade de Direito da Universidade Federal do Paraná*. n.24. Curitiba: Universidade Federal do Paraná, 1987-1988, p. 141.

[143] Idem, ibidem. p. 137.

[144] Idem, ibidem.

[145] CHÂTELET, François; DUHAMEL, Oliver; PISIER-KOUCHNER, Évelyne. *História das idéias políticas*. Traduzido por: Carlos Nelson Coutinho. Rio de Janeiro: Jorge Zahar, 1985, p. 88.

[146] Conforme: BUSSI, Nilton. Op. cit., p. 137.

priedade e os frutos do seu trabalho, assim como, para a coletividade, de escolher as instituições e os magistrados que lhe convenham".[147] A partir desse exemplo, pode-se perceber a positivação do Princípio da Limitação Punitiva (que foi elaborado pela Escola Clássica), pois a Constituição dos Estados Unidos da América do ano de 1787, em sua emenda XIV, assentou: "Nenhum Estado poderá fazer ou executar leis restringindo os privilégios ou as imunidades dos cidadãos dos Estados Unidos, nem poderá privar qualquer pessoa de sua vida, liberdade ou bens sem processo legal [...]".

De outro giro, a Declaração dos Direitos do Homem e do Cidadão (proclamada pela Assembléia Nacional francesa em agosto de 1789) representou, indubitavelmente, "um daqueles momentos decisivos, pelo menos simbolicamente, que assinalam o fim de uma época e o início de outra, e, portanto, indicam uma virada na história do gênero humano",[148] que sobreviveu a um período obscuro e autoritário, adentrando, a passos firmes, numa era marcada pelas luzes da razão, com o povo podendo decidir o seu próprio futuro, a salvo da tirania derivada do abuso do poder capitaneado pelo antigo regime.

Por esse prisma, é de rigor se registrar que essa Declaração, em essência, trouxe direitos que devem ser interpretados como "a antítese de um abuso do poder",[149] o que se lhe encampa um caráter às claras garantista. Mormente porque seus ideais se projetaram para toda humanidade,[150] de tal sorte que a Revolução Francesa, por cerca de dois séculos, se colocou como o "modelo ideal para todos os que combateram pela própria emancipação e pela libertação do próprio povo".[151] Tanto isso é verdade que a fórmula do primeiro artigo da Declaração – "'os homens nascem e permanecem livres e iguais em direitos' – foi retomada quase literalmente pelo art. 1. Da Declaração Universal dos Direitos do Homem: 'Todos os seres humanos nascem livres e iguais em dignidade e direitos'".[152] Isso demonstra a difusão da idéia segundo a qual os homens são iguais e possuem idênticos direitos, sendo que, à base desses direitos, se deve organizar a convivência política. Calha referir-se, ademais, que a Declaração Francesa se colocou, na realidade, como uma premissa à formação de uma sociedade política específica com o seu poder. Estava presente, na própria Declaração, o elemento do poder, pois o direito fundamental da liberdade encontrava-se no apoio da proclamação da lei e de uma força pública única capaz de garantir os direitos.[153]

---

[147] CHÂTELET, François; DUHAMEL, Oliver; PISIER-KOUCHNER, Évelyne. Op. cit., p. 88.

[148] BOBBIO, Norberto. *A era dos direitos*. Rio de Janeiro: Campus, 2002, p. 85.

[149] Idem, p. 98.

[150] Conforme: BONAVIDES, Paulo. *Curso de direito constitucional*. 7.ed. 2. tiragem. São Paulo: Malheiros, 1998, p. 516.

[151] BOBBIO, Norberto. Op. cit., p. 92.

[152] Idem. Op. cit., p. 93.

[153] Conforme: DUSO, Giuseppe. "Revolução e constituição do poder". In: DUSO, Giuseppe (org.). *O Poder – História da Filosofia Política Moderna*. Traduzido por: A. Ciacchi, L. Silva e G. Tosi. Petrópolis: Vozes, 2005, p. 208-209.

A Declaração Francesa apresenta dezessete artigos, sendo que, em vários deles, se mostra possível identificar os Princípios do Garantismo Penal Clássico. Por exemplo, veja-se que o Princípio da Igualdade está claramente reconhecido no texto incluso no artigo 1º: "Os homens nascem e permanecem livres e iguais em direitos. As distinções sociais só podem estar fundamentadas na utilidade comum"; e, no artigo 6º, também se verificam disposições no sentido do reconhecimento da igualdade entre os cidadãos:

> A lei é a expressão da vontade geral. Todos os cidadãos têm o direito de participar pessoalmente ou por meio de seus representantes em sua formação. Deve ser a mesma para todos, tanto quando protege como quando castiga. Todos os cidadãos, ao serem iguais perante a lei, são igualmente admitidos a todas as dignidades, postos e empregos públicos, segundo sua capacidade e sem outra distinção de suas virtudes e seus talentos.

Ainda, o Princípio da Legalidade pode ser visto nos seguintes artigos: 3º: "O princípio de toda soberania reside essencialmente na nação. Nenhum órgão, nenhum indivíduo pode exercer uma autoridade que não emane dela expressamente"; 5º: "[...] ninguém pode fazer nada que a Lei não determine"; 7º: "Nenhum homem pode ser acusado, encarcerado nem detido a não ser nos casos determinados pela Lei [...]". Frise-se que o artigo 7º, como visto pela sua redação, representa ainda uma concepção de devido processo legal. No artigo 16, exsurge a figura da Constituição, a qual se coloca deveras importante em virtude de que são assegurados, nessa Carta, os direitos mínimos formadores do Garantismo Penal: "Toda sociedade em que não estiver assegurada a garantia dos direitos, nem determinada a separação dos poderes não tem Constituição". Igualmente, importa observar-se o artigo 8º, no qual se podem perceber os Princípios da Proporcionalidade das Penas e da Intervenção Mínima: "A Lei não deve estabelecer mais do que penas estritas e evidentemente necessárias, e ninguém pode ser castigado a não ser em virtude de uma Lei estabelecida e promulgada anteriormente ao delito, e legalmente aplicada". O Princípio da Presunção de Inocência encontra previsão no artigo 9º: "Todo homem presume-se inocente enquanto não houve sido declarado culpado; por isso, se se considerar indispensável detê-lo, todo o rigor que não seria necessário para a segurança de sua pessoa deve ser severamente reprimido pela Lei".

Na concepção de Edelman, a Declaração Francesa apresentou a organização da liberdade como objetivo principal – e isso muito antes de organizar a sobrevivência – porque, ao proceder assim, se estava visando a realizar a natureza humana.[154] Daí que a lei, nesse cenário, se apresentou – segundo o referido autor – como um "instrumento de libertação do homem, ou mais precisamente, como instrumento revelador da liberdade".[155]

---

[154] Conforme: EDELMAN, Bernard. Universalidade e direitos do homem: rumo à consciência européia. In: DELMAS-MARTY, Mireille (org). *Processo Penal e Direitos do Homem*. Traduzido por: Fernando de Freitas Franco. São Paulo: Manole, 2004, p. 128.

[155] Idem, ibidem.

Evidencia-se, ao fim, que a contribuição francesa "foi decisiva para o processo de constitucionalização e reconhecimento de diretos e liberdades fundamentais nas Constituições do século XIX",[156] uma vez que "se irradicou pela Europa toda, marcando profundamente as linhas mestras do direito constitucional que viria a ser editado dali para frente".[157]

### 1.1.2. A motivação das decisões judiciais na doutrina ilustrada: a supremacia da lei e a responsabilidade política dos juízes

Nesse quadrante, vale-se anotar que o implemento da obrigação de os juízes motivarem as suas decisões se deve, fundamentalmente, às concepções iluministas sobre o Estado, o direito e a administração da justiça, as quais representaram uma reação contra o antigo regime, sobretudo no que pese às características do ordenamento jurídico e da organização judiciária do período pré-revolucionário.[158]

Em linhas gerais, os vícios do regime absolutista francês, que favoreciam o exercício arbitrário do poder pela magistratura, eram estes: *(i)* o ordenamento monárquico francês apresentava diversos centros de produção de normas, o que gerava incerteza sobre o direito a ser aplicado em cada situação, facilitando, assim, a arbitrariedade judicial; *(ii)* havia inúmeros órgãos com capacidade para julgar, inexistindo qualquer espécie de regra distintiva acerca de suas competências; *(iii)* afora isso, o rei poderia, a qualquer momento, avocar a atribuição de julgar determinados casos, independentemente se eles tivessem sido iniciados em outros órgãos; e *(iv)* a magistratura francesa possuía prerrogativas que inviabilizavam qualquer espécie de controle disciplinar, uma vez que os juízes eram os proprietários de seus ofícios.[159]

A partir desse cenário, a doutrina jurídica iluminista procurou definir – além de questões voltadas à estrutura interna do processo ou ao controle burocrático acerca da atuação dos juízes – a certeza do direito e o papel político da magistratura na incumbência de aplicá-lo aos casos levados a julgamento. Dentro desse prisma, a motivação exsurgiu como um mecanismo por intermédio do qual a sociedade restou capaz de controlar um poder que não era pessoal (ou seja, do juiz ou do rei), mas, em verdade, uma delegação da própria sociedade. A motivação, nesse caminho, seria um verdadeiro direito natural,[160] o qual deveria ser conserva-

---

[156] SARLET, Ingo Wolfgang. *A eficácia dos direitos fundamentais*. 6.ed. Porto Alegre: Livraria do Advogado, 2006, p. 53.

[157] BUSSI, Nilton. Os antecedentes da Declaração dos direitos de 1789 e sua evolução. In: *Revista da Faculdade de Direito da Universidade Federal do Paraná*. n.24. Curitiba: Universidade Federal do Paraná, 1987-1988, p. 145.

[158] Conforme: GOMES FILHO, Antonio Magalhães. *A motivação das decisões penais*. São Paulo: Revista dos Tribunais, 2001, p. 59-60.

[159] Idem, ibidem, p. 60.

[160] Idem, ibidem, p. 61.

do no "'pacto de consentimento' que se estabelece [...] para preservar e consolidar os direitos já existentes no estado da natureza".[161]

De mais a mais, verifica-se que a idéia de controle sobre o discurso judicial se fez presente em virtude da concepção iluminista da supremacia do Poder Legislativo. Por primeiro, porque o Poder Legislativo era o único exercido diretamente por representantes do povo, sendo a lei, nesse quadro, a expressão da vontade popular soberana. Por segundo, porquanto a lei (geral e certa) representava, acima de tudo, a garantia dos direitos individuais.[162] Tendo em vista essas considerações, os juízes deveriam seguir tão-somente a letra da lei,[163] sendo seres inanimados e incapazes de analisar a disposição lançada pelo legislador. Em síntese, os magistrados eram, pois, apenas a *bouche qui prononce les paroles de la loi*. É que "os juízes não recebiam as leis como uma tradição doméstica ou como um testamento, mas da sociedade viva ou do soberano que é o representante da sociedade, como depositário legítimo do resultado actual da vontade colectiva".[164] Nessa linha, torna-se fácil perceber a existência de uma:

> (...) íntima relação entre o dever de motivar e a concepção de supremacia da lei legada pelo iluminismo: se a lei constitui expressão da vontade popular soberana, nada mais consentâneo com isso que o dever que tem o juiz de demonstrar à opinião pública, à sociedade, enfim, que suas decisões estão apoiadas nos textos legais.[165]

De toda a sorte, deve-se ter presente que "el modelo ilustrado de la perfecta correspondencia entre previsiones legales y hechos concretos y del juicio como aplicación mecánica de la ley es una ingenuidad filosófica viciada de realismo metafísico".[166]

Também à conta da supremacia da lei se pode creditar a existência de omissão quanto à previsão para a motivação dos fatos nos textos legislativos franceses, os quais preferiram exigir, em um primeiro momento, apenas a indicação da qualificação do crime e a simples constatação dos fatos encontrados à base do processo. Em realidade, a previsão normativa para uma motivação com visos de discurso justificativo somente passou a existir com o aparecimento da lei de organização judiciária de 16-24 de agosto de 1790,[167] que regulava, em seu art. 15, que todos os julgamentos (criminais e civis) deveriam apresentar quatro partes, quais sejam:

---

[161] STRECK, Lenio Luiz; MORAIS, José Luis Bolzan de. *Ciência política e teoria geral do estado*. 2.ed. Porto Alegre: Livraria do advogado, 2001, p. 35.

[162] Conforme: GOMES FILHO, Antonio Magalhães. *A motivação das decisões penais*. São Paulo: Revista dos Tribunais, 2001, p. 61.

[163] Conforme: MONTESQUIEU, Charles de Secondat. *O espírito das leis*. Traduzido por: Cristina Muracho. São Paulo: Martins Fontes, 1996, p. 87.

[164] ROCHA, Manuel António Lopes. A função de garantia da lei penal e a técnica legislativa. In: *Cadernos de Ciência de Legislação*. n.6 (janeiro-março de 1993). Portugal: INA, 1993, p. 27.

[165] GOMES FILHO, Antonio Magalhães. *A motivação das decisões penais*. São Paulo: Revista dos Tribunais, 2001, p. 63.

[166] FERRAJOLI, Luigi. *Derecho y razón*. Madrid: Editorial Trotta, 2000, p. 46.

[167] Conforme: GOMES FILHO, Antonio Magalhães. Op. cit., p. 63.

---

A MOTIVAÇÃO DAS DECISÕES PENAIS

Na primeira, os nomes e qualificação dos litigantes; em seguida, as questões de fato e de direito suscitadas no processo; em terceiro lugar, *le résultat des faits reconnus* ou *constates par línstruction et lês motifs qui auront determine le juge seront exprimés*; a última parte seria o dispositivo.[168]

Verifica-se, no entanto, que o dever de motivar as decisões judiciais tão-só recebeu dignidade constitucional algum tempo depois, com a Constituição do ano III (1795), a qual o regulou no art. 208: *Les jugements sont motives et on y énonce les termes de la loi appliquée.*[169]

Nesse contexto, é de fundamental importância se perceber que essa previsão constitucional trouxe à baila a natureza política do dever de justificar as decisões judiciais, a qual se colocou como um mecanismo para assegurar um modelo:

> (...) de divisão de poderes em que a jurisdição era concebida como atividade lógica e juridicamente secundária em relação à legislação [...] relacionando a motivação à legalidade, o constituinte relacionava a estrita sujeição dos juízes à lei não só como forma de prevenir o arbítrio, mas sobretudo para reafirmar a sua própria supremacia como exclusiva fonte de direito.[170]

Não poderia passar despercebido, por derradeiro, que foi justamente após a Revolução Francesa que se passou a "substituir, paulatinamente, o princípio da valoração legal das provas pelo princípio da livre apreciação delas pelo juiz, com a devida fundamentação: teríamos chegado, com o livre convencimento, à fase científica".[171]

### 1.1.3. O princípio da motivação das decisões judiciais na legislação brasileira

Encerrando a perspectiva histórica, deve-se anotar que a exigência de motivação nas decisões judiciais brasileiras, antes da Constituição Federal de 1988, apenas encontrava amparo no âmbito da legislação ordinária[172] (como, por exemplo, nos artigos 381, inciso III, do Código de Processo Penal, e 458, inciso II, do Código de Processo Civil[173]).

Entretanto, esse aspecto não representava um indicativo de que a comunidade jurídica desconhecia o valor político dessa garantia; tanto que a exigência de

---

[168] Conforme: GOMES FILHO, Antonio Magalhães. Op. cit., p. 63.

[169] Idem. *A motivação das decisões penais.* São Paulo: Revista dos Tribunais, 2001, p. 63.

[170] Idem, ibidem, p. 63-64.

[171] COUTINHO, Jacinto Nelson de Miranda. *Introdução aos princípios gerais do direito processual penal brasileiro.* In: *Revista de Estudos Criminais.* Ano 1, n.1. Porto Alegre: Notadez, 2001, p. 50.

[172] Conforme: GOMES FILHO, Antonio Magalhães. *A motivação das decisões penais.* São Paulo: Revista dos Tribunais, 2001, p. 70.

[173] Conforme: GRINOVER, Ada Pellegrini *et al. Teoria Geral do Processo.* 20.ed. São Paulo: Malheiros, 2003, p. 68. Também a motivação foi exigida "nas Ordenações Filipinas (Livro III, Título LXVI, § 7.°), nos Códigos do Império, no Regulamento 737, de 1850, nos Códigos de Processo Civil de 1939 e 1973, no Código de Processo Penal comum (art. 381, III) e Militar (art. 438, c)" (FERNANDES, Antonio Scarance. *Processo penal Constitucional.* 3.ed. São Paulo: Revista dos Tribunais, 2002, p. 130).

fundamentação, antes da vigente Carta Constitucional, já era apontada como um princípio inerente ao Estado de direito. Nesse sentido, há de se registrar as críticas lançadas contra a previsão do Regimento Interno do Supremo Tribunal Federal,[174] a qual estabelecia que os ministros poderiam, em sessão secreta e sem apresentar qualquer fundamentação, decidir argüição de relevância de questão federal. Certamente, em face desse levante doutrinário, o tema (da motivação) recebeu especial enfoque nos trabalhos capitaneados pela Assembléia Nacional Constituinte (instalada em 1º de fevereiro de 1987),[175] sendo, ao fim, regulado com esta redação no inciso IX do artigo 93 da Constituição Federal de 1988: "Todos os julgamentos dos órgãos do Poder Judiciário serão públicos, e fundamentadas todas as decisões, sob pena de nulidade, podendo a lei, se o interesse público o exigir, limitar a presença, em determinados atos, às próprias partes e a seus advogados, ou somente a estes".

Como se pode observar, a redação adotada apresenta dois pontos basilares, que merecem importante destaque – quais sejam: *(i)* assegurou que todas as decisões judiciais com carga decisória devem ser motivadas, apenas sendo excluídos os denominados despachos de expediente e a decisão dos jurados no Tribunal do Júri (artigo 5º, inciso XXXVII, alínea *b*); e *(ii)* inovou, de outro curso, ao estipular a sanção de nulidade no próprio texto constitucional para as decisões ausentes de fundamentação ou com motivação deficiente ou contraditória.[176] Sobre o primeiro aspecto, é de rigor se ponderar – e isto será objeto de estudo em ponto futuro nessa dissertação – que, "apesar da clareza do texto constitucional no sentido de ser necessária a motivação de todas as decisões judiciais, continuaram a não ser fundamentadas as decisões de recebimento da denúncia, mantendo-se a praxe existente antes de 1988".[177]

Em virtude de todo o sobredito, é inquestionável, nos dias correntes, que a garantia da motivação encontre reconhecimento constitucional, sendo um imperativo projetado a todos os juízes brasileiros, o que representa, sem sombra de dúvida, importante avanço na medida em que permite "avaliar se a racionalidade da decisão predominou sobre o poder, premissa fundante de um processo penal democrático".[178]

---

[174] Emenda nº 1 de 1969.

[175] Conforme: GOMES FILHO, Antonio Magalhães. *A motivação das decisões penais.* São Paulo: Revista dos Tribunais, 2001, p. 71.

[176] Idem, ibidem, p. 72.

[177] FERNANDES, Antonio Scarance. *Processo penal Constitucional.* 3.ed. São Paulo: Revista dos Tribunais, 2002, p. 131.

[178] LOPES JÚNIOR, Aury. *Introdução crítica ao processo penal.* Rio de Janeiro: Lumen Juris, 2004, p. 253.

## 1.2. O FUNDAMENTO DA TEORIA GARANTISTA: OS COROLÁRIOS DA SEPARAÇÃO ILUMINISTA ENTRE O DIREITO E A MORAL

### 1.2.1. A separação iluminista entre o direito e a moral

É razoável se afirmar que as descobertas científicas do Renascimento e do Iluminismo impulsionaram um colapso originário da crítica projetada aos fundamentos culturais da cristandade,[179] o qual, em certo sentido, conduziu ao encampamento de um secularismo militante.[180] Veja-se que Dussel argutamente percebeu esse fenômeno, quando ponderou:

> (...) os homens de ciência, que em sua origem foram quase exclusivamente homens da igreja, sacerdotes, viram-se obrigados a cometer um dos erros inevitáveis: ou cair no concordismo (isto é, forçar a Bíblia ou a tradição para fazê-las "concordar" com suas conclusões científicas), ou desviar-se claramente da secularização para o secularismo, opondo-se à igreja ou pelo menos a muitos de seus teólogos. Por esta incompreensão foi-se dando origem a todo um mundo, o da ciência moderna, que crescerá primeiro junto com a igreja, mas que, pouco a pouco, irá buscando em si mesmo uma autonomia de que necessitava para seu desenvolvimento e era-lhe negada. A ciência moderna só se opunha a um antigo esquema da cultura latina. A cristandade a inclinará para o secularismo. Todavia, a própria ciência tinha um peso que a fez formular uma nova idéia da natureza e correlativamente de Deus. Considerando as linhas gerais desta evolução, encontraremos o fundamento metafísico do secularismo moderno.[181]

No campo do direito, o positivismo jurídico[182] representou uma nota de cientificidade ao afastar da sua estrutura elementos metajurídicos, como o divino, o natural e o moral. Ao analisar o direito como ele é – e não como deveria ser –, essa

---

[179] Conforme: DUSSEL, Enrico. *Caminhos para a libertação latino-americana.* v.II São Paulo: Paulinas, 1984, p. 212.

[180] É Dussel quem assevera que "o homem moderno se questiona, ao invés, sobre as próprias estruturas do mundo, pensado a partir de si. Se esta consideração ab-soluta inclina-se para o panteísmo, ateísmo ou deísmo, já não teremos secularização da ciência, mas secularismo: nega-se o recurso ao fundamento, ao Deus de Israel ou do cristianismo como religião revelada. De qualquer modo, a consideração do mundo não divino e agora profano é nova na história universal. O homem nunca tinha enfrentado o cosmos pensando-o como algo que repousa em suas próprias estruturas, estruturas que deviam ser descritas cientificamente, de forma autônoma da teologia. O mundo pensado como ab-soluto é fruto da evolução das noções de natureza e de Deus, que, assim, no-lo mostra a história, passou de uma secularização a um secularismo militante. A ciência será o instrumento maior deste modo de encarar a realidade. Não será principalmente uma postura metafísica que se questiona sobre o fundamento último do mundo; não é uma consideração teológica; apenas a ciência, especialmente a matemática (como pensava Niccolò Tartaglia, 1499-1517), permitirá penetrar na obscura medula do mundo" (DUSSEL, Enrico. *Caminhos para a libertação latino-americana.* v. II. São Paulo: Paulinas, 1984, p. 211).

[181] Idem, ibidem, p. 213.

[182] Descreve Bobbio que, entre as características fundamentais do positivismo jurídico, se encontra o problema que "diz respeito ao modo de abordar, de encarar o direito: o positivismo jurídico responde a este problema considerando o direito como um fato e não como um valor. O direito é considerado como conjunto de fatos, de fenômenos ou de dados sociais em tudo análogos àqueles do mundo natural; o jurista, portanto, deve estudar o direito do mesmo modo que o cientista estuda a realidade natural, isto é, abstendo-se absolutamente de formular juízos de valor. Na linguagem juspositivista o termo 'direito' é então absolutamente avalorativo, isto é, privado de qualquer conotação valorativa ou ressonância emotiva: o direito é tal que prescinde do fato de ser bom ou

doutrina, realmente, desvelou-se como um "esforço de transformar o estudo do direito numa verdadeira e adequada ciência que tivesse as mesmas características das ciências físico-matemáticas, naturais e sociais".[183]

Com efeito, verifica-se que o positivismo jurídico apresenta, em sua composição, o postulado segundo o qual inexiste uma conexão necessária entre o direito e a moral,[184] na medida em que o primeiro representa um produto de convenções legais desvestidas de predeterminação ontológica e axiológica. Ou seja: o direito não reproduz os ditames da moral ou de qualquer outro sistema metajurídico de valores ético-políticos. Por outro lado, tem-se que essa mesma teoria, porém vista sob ângulo diverso, também indica o apartamento da moral em relação ao direito positivo, expressando que os juízos morais se prendem, tão-somente, à autonomia da consciência individual.[185]

Importante mostra-se anotar, nesse quadrante, que esses entendimentos constituem uma aquisição da cultura liberal, refletindo, ainda, o processo de secularização do direito e da moral.[186]

### 1.2.1.1. O formalismo jurídico

De acordo com Ferrajoli, a separação entre direito e moral torna possível compreender duas importantes questões sobre o "formalismo jurídico", desde que se tenha por base a sua utilização em sentido "assertivo ou prescritivo". Na primeira hipótese, a dita separação importa o implemento de uma tese teórica versada acerca da autonomia dos juízos jurídicos relativamente aos ético-políticos, o que envolve, sobremaneira, o problema jurídico da legitimação interna ou da validade. No segundo caso, a secularização representa um princípio normativo sobre a diversidade e conseqüente autonomia das normas jurídicas em relação às normas morais, ponto esse que conduz a um problema político de justificação externa ou de justiça.[187]

Especificamente sob o enfoque *assertivo*, a separação entre os juízos jurídicos e os ético-políticos representa três teses (metalógica, científica e meta-cien-

---

mau, de ser um valor ou um desvalor" (BOBBIO, Norberto. *O positivismo jurídico: lições de filosofia do direito*. Traduzido por: Márcio Pugliesi, Edson Bini e Carlos Rodrigues. São Paulo: Ícone, 1995, p.131).

[183] BOBBIO, Norberto. *O positivismo jurídico*: lições de filosofia do direito. Traduzido por: Márcio Pugliesi, Edson Bini e Carlos Rodrigues. São Paulo: Ícone, 1995, p.135.

[184] Frise-se que, em sentido contrário, manifesta-se Radbruch, para quem "só a moral é capaz de servir de fundamento à força obrigatória do direito. Com efeito, dos preceitos jurídicos, considerados como imperativos ou manifestações de vontade, pode talvez fazer-se derivar, como já foi mostrado, quando muito, um ter-de-ser, isto é, um müssen; nunca, porém um dever-ser, um sollen. Só pode rigorosamente falar-se de normas jurídicas, dum dever-ser jurídico, duma validade jurídica, e portanto de deveres jurídicos, quando o imperativo jurídico for dotado pela própria consciência dos indivíduos com a força obrigatória ou vinculante do dever moral" (RADBRUCH, Gustav. *Filosofia do direito*. Coimbra: Armênio Editor, 1974, p.109).

[185] Conforme: FERRAJOLI, Luigi. *Derecho y razón*. Madrid: Editorial Trotta, 2000, p. 218.

[186] Idem, ibidem.

[187] Idem, p. 219.

tífica), as quais, "conectadas lógicamente entre si, pero distintas en cuanto a su significado y nivel, constituyen la concepción iuspositivista del derecho y de la ciência jurídica también conocida como convencionalismo o formalismo jurídico".[188] Seguindo-se nesse caminho, verifica-se que a tese metalógica "veta en tanto que falácia naturalista la derivación del derecho válido o como es del derecho justo o como debe ser y viceversa".[189] Depreende-se, em outro campo de análise, que "la afirmación teórica de la separación entre el derecho y la moral es una tesis científica que excluye como falaz la idea de que la justicia sea una condición necesaria o suficiente de la validez de las normas jurídicas".[190] E, derradeiramente,

> la afirmación de la separación es una tesis meta-científica acerca de la recíproca autonomia del punto de vista interno (o jurídico) y el punto de vista externo (ético-político o, en otro sentido, sociológico) en el estudio del derecho. Esta autonomía recíproca es la condición por un lado del desarrollo de una ciência del derecho como disciplina empírico-descriptiva de normas jurídicas positivas autónoma respecto a la moral, y por otro de la crítica externa, ya sea sociológica o ético-política, al derecho positivo, independiente a su vez de los principios axiológicos incorporados por éste.[191]

Na base disso, transparece claro que a ciência do direito apenas pode reconhecer a validade de normas jurídicas com esteio em parâmetros internos ao ordenamento jurídico, isto é, sem levar em linha de conta quaisquer aspectos presos ao moralismo jurídico.[192]

Como já se registrou alhures, tratam-se as três teses expostas anteriormente, de tal arte, da concepção iuspositivista do direito e da ciência jurídica, sendo possível afirmar-se que "su elaboración se debe [...] al pensamiento ilustrado, y es el resultado de la secularización del derecho y de cultura jurídica promovida por él, en los siglos XVII y XVIII, en constante conflicto con las opuestas concepciones iusnaturalistas y sustancialistas".[193]

É de se ver, por relevante, que as teses formalistas implementaram uma importante conquista no direito penal, a qual surge representada pela adoção do princípio da legalidade, por intermédio do qual se assentou que somente são dignos de repercussão criminal aqueles comportamentos reconhecidos por uma

---

[188] FERRAJOLI, Luigi. *Derecho y razón*. Madrid: Editorial Trotta, 2000, p. 221.

[189] Idem, p. 220.

[190] Idem, ibidem.

[191] Idem, p. 221.

[192] Idem, ibidem. Adverte Carvalho que "no interior do modelo antigarantista toda e qualquer conduta perversa é tida como ilícita, visto que as zonas de valoração moral e jurídica são simétricas. Logo, se a sanção no modelo garantista é uma resposta jurídica à violação da norma (quia prohibitum), no modelo inquisitivo traveste-se em resposta quia peccatum, punindo-se o infrator não pelo resultado danoso produzido, mas por quão perigoso ou perserso é. Da conduta comissiva ou omissiva exterior, o sistema repressivo invade a interioridade e alma do autor" (CARVALHO, Salo de. *Pena e Garantias*. 2.ed. Rio de Janeiro: Lumen Juris, 2003, p. 16).

[193] FERRAJOLI, Luigi. Op. cit., p. 221.

lei estatal órfã de quaisquer conotações ontológicas de ordem moral, natural, político ou social.[194]

### 1.2.1.2. O utilitarismo jurídico

De outro curso, nota-se que o "utilitarismo jurídico" representa uma segunda formulação acerca da autonomia entre o direito e a moral. Sobre esse aspecto, depreende-se, em sentido *prescritivo* ou *axiológico*, que a separação entre o direito e a moral (ou entre a legitimação interna e justificação externa) se trata de um princípio político (metajurídico e metamoral) do liberalismo moderno, o qual apresenta o objetivo de servir de base para fundamentar a autonomia recíproca entre essas duas esferas. A partir da opção laica e liberal, o Direito e o Estado justificam-se à medida que projetam esforços em prol de buscar fins de utilidade concreta em favor dos cidadãos – especialmente no que pese à garantia de seus direitos e à segurança,[195] assim como no que tange ao provimento da "felicidade geral".[196]

Em visão mais específica, observa-se que a autonomia do direito em relação à moral é derivada do "utilitarismo jurídico", tendo o valor de um princípio normativo metajurídico (portanto, nem verdadeiro, nem falso), o qual enuncia um *dever-ser* do Direito e do Estado, encampando-lhes uma carga de justificação das finalidades utilitaristas. Desse modo, esse princípio sinaliza a possibilidade de a imoralidade ser considerada como uma condição necessária, todavia, incapaz de ser uma condição só por si suficiente para justificar politicamente a intervenção coativa do Estado na vida dos seus cidadãos.[197]

Tal doutrina, no campo do Direito Penal, tem se expressado, sob a perspectiva histórica, em três princípios axiológicos distintos, os quais se relacionam, com especial ênfase, quanto às concepções de delito, de processo e da pena.[198] Vejamo-los, pois.

---

[194] Conforme: FERRAJOLI, Luigi. *Derecho y razón*. Madrid: Editorial Trotta, 2000, p. 221. Importante registrar-se, com Carvalho, que Locke, "ao sustentar a radical separação entre as funções do Estado e da Igreja, rompe os vínculos entre direito e moral. Em conseqüência, cinde a noção híbrida, prevalente no modelo inquisitorial, de delito (*mala prohibita*) e pecado (*mala in se*), instituindo a tolerância como fundamento dos processos de laicização" (CARVALHO, Salo de. *Pena e Garantias*. 2.ed. Rio de Janeiro: Lumen Juris, 2003, p. 35).

[195] Idem. Op. cit., p. 222.

[196] De acordo com Bentham, "por princípio da utilidade entende-se aquele princípio que aprova ou desaprova qualquer ação, segundo a tendência que tem a aumentar ou a diminuir a felicidade da pessoa cujo interesse está em jogo, ou, o que é a mesma coisa em outros termos, segundo a tendência a promover ou a comprometer a referida felicidade" (BENTHAM, Jeremy. Uma introdução aos princípios da moral e da legislação. Traduzido por: Luiz João Baraúna. In: *Os pensadores*. São Paulo: abril 1984, p. 4). Mill assevera que a "multiplicação da felicidade é, de acordo com a ética utilitarista, o objecto da virtude; as ocasiões em que qualquer indivíduo (exceptuando um em mil) pode fazer isto em grande escala, ou, por outras palavras, ser um benfeitor público, são realmente excepcionais; e é só nestas ocasiões que se lhe exige que tome em conta a utilidade pública" (MILL, John Stuart. Utilitarismo. Traduzido por: Eduardo Rogado Dias. Coimbra: Coimbra, 1961, p. 36/37).

[197] Conforme: FERRAJOLI, Luigi. Op. cit., p. 222.

[198] Idem. *Derecho y razón*. Madrid: Editorial Trotta, 2000, p. 222.

Por primeiro, cumpre-se registrar que o Direito Penal não deve incriminar penalmente comportamentos com vistas a impor ou a reforçar uma (determinada) moral. Em verdade, somente as ações capazes de causar danos a terceiros devem configurar figuras delitivas. A toda evidência, mostra-se defeso proibir e castigar uma ação pelo (simples) fato de ela ser considerada imoral ou em algum sentido reprovável. Para o princípio utilitarista da separação entre o direito e a moral, faz-se mister, destarte, que a conduta objeto de incriminação cause um dano concreto a "bens jurídicos alheios", cuja "tutela"[199] representa a única justificação das leis penais como técnicas preventivas dessas lesões. Ao ensejo, vale referir-se, no particular em exame, a impossibilidade de o Estado imiscuir-se coercitivamente na vida moral dos cidadãos e promover de modo coativo a sua moralidade, e isso porque seu múnus se cinge à tutela da segurança das pessoas, impedindo que elas causem violências umas nas outras.[200]

Por segundo – no que tange ao processo e, conseqüentemente, aos problemas de justificação da jurisdição – esse princípio secularizador exige que o juízo criminal não leve em linha de conta aspectos subjetivos, como, por exemplo, a moralidade, o caráter e a alma do réu. Impende ao magistrado, no plano do utilitarismo, tão-só o exame dos fatos penalmente proibidos que são imputados, ou seja, aqueles que podem ser provados empiricamente pela acusação e refutados pela defesa. Dessa sorte, o cidadão deve ser julgado (e castigado) apenas pelo comportamento desenvolvido, sendo irrelevante "aquilo que ele é".[201]

Por terceiro, anote-se que a pena desserve para sancionar imoralidades,[202] não podendo, ainda, a sua execução servir para realizar a transformação moral do condenado. Melhor dizendo,

---

[199] Veja-se que Mill defende "como indicado para orientar de forma absoluta as intervenções da sociedade no individual, um princípio muito simples, quer para o caso do uso da força física sob a forma de penalidades legais, quer para o da coerção moral da opinião pública. Consiste esse princípio em que a única finalidade justificativa da interferência dos homens, individual e coletivamente, na liberdade de ação de outrem, é a autoproteção. O único propósito com o qual se legitima o exercício do poder sobre algum membro de uma comunidade civilizada contra a sua vontade é impedir dano a outrem. O próprio bem do indivíduo, seja material seja moral, não constitui justificação suficiente. O indivíduo não pode legitimamente ser compelido a fazer ou deixar de fazer alguma coisa, porque tal seja melhor para ele, porque tal o faça mais feliz, porque na opinião dos outros tal seja sábio ou reto. Essas são boas razões para o admoestar, para com ele discutir, para o persuadir, para o aconselhar, mas não para o coagir, ou para lhe infligir um mal caso aja de outra forma. Para justificar a coação ou a penalidade, faz-se mister que a conduta de que se quer desvia-lo tenha em mira causar dano a outrem. A única parte da conduta por que alguém responde perante a sociedade é a que concerne aos outros. Na parte que diz respeito unicamente a ele próprio, a sua independência é, de direito, absoluta. Sobre si mesmo, sobre seu próprio corpo e espírito, o indivíduo é soberano" (MILL, John Stuart. *Sobre a liberdade*. 2.ed. Traduzido por: Alberto da Rocha Barros. Rio de Janeiro: Vozes, 1991, p. 53).

[200] Conforme: FERRAJOLI, Luigi. Op. cit., p. 223.

[201] FERRAJOLI, Luigi. Op. cit., p. 223.

[202] Características pessoais (que não lesionam interesses alheios) devem receber apenas reprovação moral, e isso quando esses comportamentos se apresentem capazes de lesionar interesses de outros. Esse é o entendimento de Mill, para quem: "tendências cruéis; má índole e má fé; a mais antissocial e odiosa de todas as paixões – a inveja; dissimulação e insinceridade; irascibilidade sem causa suficiente, e ressentimento desproporcional à provocação; o gosto de mandar nos outros; o desejo de embolsar mais vantagens do que compete a cada um (pleonecsía – dos gregos); a soberba, que tira satisfação do amesquinhamento dos demais; o egotismo, que se supõe a si e aos próprios interesses mais importantes que quaisquer outras coisas, e que decide

(...) el estado, que no tiene derecho a forzar a los ciudadanos a no ser malvados, sino sólo a impedir que se dañen entre sí, tampoco tiene derecho a alterar – reeducar, redimir, recuperar, resocializar o otras ideas semejantes – la personalidad de los reos. Y el ciudadano, si bien tiene el deber jurídico de no cometer hechos delictivos, tiene el derecho de ser interiormente malvado y de seguir siendo lo que es. Las penas, consiguientemente, no deben perseguir fines pedagógicos o correccionales, sino que deben consistir en sanciones taxativamente predeterminadas y no agravables con tratamientos diferenciados y personalizados de tipo ético o terapéutico.[203]

Mostra-se coerente afirmar, à vista do exposto, que esses três princípios normativos definem, em seu conjunto, os fins de tutela e prevenção do direito penal, bem como, ao mesmo tempo, os limites dentro dos quais a sua intervenção se justifica no modelo garantista. Além do mais, pode-se neles tatear a existência de uma ética liberal, e isso por dois motivos: *(i)* inicialmente, porque seu esteio reside no valor da liberdade de consciência das pessoas, da igualdade de seu tratamento penal e da minimização da violência punitiva; *(ii)* e, por fim, visto que se destina unicamente ao legislador, e não aos cidadãos, cuja moralidade, ao inverso, se considera juridicamente vazia de significado e inatingível.[204]

Importante torna-se relembrar, nesse aspecto, que o utilitarismo se colocou como um meio de combate aos resquícios da base do direito feudal, os quais existiam na formação da sociedade liberal[205] (e, completa-se, ainda são encontrados em alguns pontos da nossa legislação penal e processual-penal, como se verá logo mais ao se analisar os sistemas processuais, principalmente o inquisitivo e o misto).

Não obstante a complexidade da teoria da separação entre o direito e a moral, deve-se observar, finalmente, que os princípios axiológicos contêm visos ético-políticos reclamados pelo direito penal como condições de justificação externa e como outros tantos limites impostos à legislação, à jurisdição e à execução penal. Disso se infere que esses princípios representam, efetivamente, o campo de afirmação filosófico-político de todas as garantias penais e processuais, tais quais restaram, em primeiro momento, elaboradas pela ilustração e, depois, incorporadas positivamente nos códigos e nas constituições.[206]

---

a favor de si mesmo todas as questões duvidosas – esses são vícios morais e formam um caráter moral mau e odioso. Não como as faltas contra si mesmo anteriormente mencionadas, as quais não são propriamente imoralidades, e, a qualquer ponto que sejam levadas, não constituem perversidade. Estas podem ser provas de certo grau de estultícia ou de carência de dignidade pessoal e de auto-respeito. Só se tornam, porém, objeto de reprovação moral quando envolvem uma infração do dever para com os outros, em caso nos quais estes se achem interessados na obrigação do indivíduo de cuidar de si. Os chamados deveres para conosco não são socialmente obrigatórios, a não ser que as circunstâncias os façam, ao mesmo tempo, deveres para com os outros" (MILL, John Stuart. *Sobre a liberdade*. 2.ed. Traduzido por: Alberto da Rocha Barros. Rio de Janeiro: Vozes, 1991, p. 120/121).

[203] FERRAJOLI, Luigi. *Derecho y razón*. Madrid: Editorial Trotta S.A., 2000, p. 223.

[204] Idem, ibidem, p. 224.

[205] Conforme: MILL, John Stuart. *Bentham*. Traduzido por: Carlos Mellizo. Madri: Tecnos, 1993, p. 59/64.

[206] Conforme: FERRAJOLI, Luigi. *Derecho y razón*. Madrid: Editorial Trotta, 2000, p. 224.

## 1.2.2. O princípio da estrita legalidade

Desde o início, cumpre-se mencionar que é princípio da estrita legalidade o ponto específico caracterizador do Sistema de Garantias, ocupando lugar de verdadeiro destaque ao diferenciar-se do axioma da ampla legalidade. Isso porquanto – o axioma da mera legalidade se limita a exigir a lei como condição necessária à pena e ao delito,[207] ao passo que – o princípio da estrita legalidade exige todas as demais garantias[208] como condições necessárias para a legalidade penal. Pode-se, então, afirmar que a lei é condicionante em razão do primeiro princípio; e condicionada por força do segundo.[209] Com esteio nisso, Ferrajoli frisa que esses princípios apresentam papéis diferentes, reclamando, também, uma distinta estrutura normativa do sistema legal, conforme coloca o referido autor nestas palavras:

> (...) la simple legalidad de la forma y de la fuente es la condición de la vigencia o de la existencia de las normas que prevén penas y delitos, cualquiera que sean sus contenidos; la estricta legalidad ou taxatividad de los contenidos, tal y como resulta de su conformidad con las demás garantías, por hipótesis de rango constitucional, es en cambio una condición de validez o legitimidad de las leyes vigentes.[210]

É relevante se apontar que o princípio convencionalista da mera legalidade se trata de uma norma dirigida aos juízes que alcançam o *status* de delito a qualquer fenômeno livremente qualificado como tal pela lei. Existe, portanto, uma identificação desse princípio com a reserva relativa da lei, entendendo-se essa em sua concepção formal de ato imposto pelo legislativo. Mormente porque esse princípio ordena a sujeição do juiz às leis vigentes, sendo irrelevante a formulação de seus conteúdos na qualificação jurídica dos fatos objetos de julgamento.[211]

Vislumbra-se, de outro ângulo, que o princípio cognoscitivo da estrita legalidade se cuida de uma norma metalegal projetada ao legislador, entrelaçando-se, nesse passo, com a reserva absoluta da lei. Dentro dessa atmosfera, a lei deve ser compreendida no sentido substancial de conteúdo legislativo. Indispensável, ademais, que esse conteúdo esteja formado por elementos típicos possuidores de significado unívoco e preciso,[212] motivo pelo qual se mostra possível seu emprego

---

[207] "Una de las principales características del Derecho penal moderno, hoy exigencia mínima del Derecho penal, en contraste con lo que aconteció durante muchos años, en tiempos de la Monarquia Absoluta, es que sólo las leyes, no la voluntad del Juez, pueden crear los delitos y sus penas" (Conforme: JAÉN VALLEJO, Manuel. *Los principios superiores del derecho penal*. Madri: Dykinson, 1999, p. 09).

[208] São essas garantias, conforme Ferrajoli, as seguintes: "nulla lex poenalis sine necessitate, sine iniuria, sine actione, sine culpa, sine iudicio, sine accusatione, sine probatione, sine defensione" (Conforme: FERRAJOLI, Luigi. Op. cit., p. 95.)

[209] Idem, ibidem..

[210] Idem, ibidem.

[211] Conforme: FERRAJOLI, Luigi. *Derecho y razón*. Madrid: Editorial Trotta, 2000, p. 95.

[212] Sobre esse aspecto, recorda Giacomolli que "a descrição legislativa das condutas e das sanções deve ser clara, precisa e cognoscitível, delimitadora da tipicidade e do subjetivismo dos operadores jurídicos, principalmente do órgão jurisdicional, informada pelo adágio nullun crimen, nulla poena sine lex certae (taxatividade). Por isso, os tipos penais e suas conseqüências jurídicas devem conter não um mínimo, mas um máximo de determinação, de tal modo que permita reconhecer as características da conduta punível, a espécie de pena e seus limites"

como figuras de qualificação em proposições judiciais verdadeiras ou falsas, resultando, assim, garantida a sujeição do juiz somente à lei.[213]

Com efeito, ressoa cristalino que a satisfação desse segundo princípio se torna condição indispensável para que a motivação de uma sentença possa ter caráter declarativo e ser suscetível de controle empírico como verdadeira ou como falsa (e como válida ou inválida),[214] porque quanto mais precisas forem as definições típicas abstratas elaboradas pelas leis, mais determinados serão os episódios típicos concretos que a elas se amoldam,[215] sendo, por conseqüência, a subsunção do fato em julgamento à lei realizável por intermédio de proposições verdadeira ou falsas (verificáveis ou refutáveis).[216]

### 1.2.3. O modelo de Direito Penal minimalista

Em campo antecedente, vale recordar-se que o iluminismo representou uma tendência intelectual revestida de caráter "transepocal",[217] sendo considerado uma "construção ideal"[218] (materializada visando ao combate do mito e do poder a partir da razão[219]), a qual não se aparta, ainda, de uma função essencialmente prática.[220] À vista disso, faz-se necessário reconhecer a existência de um entrela-

---

(GIACOMOLLI, Nereu José. O princípio da legalidade como limite do *ius puniendi* e proteção dos direitos fundamentais. In: STRECK, Lenio Luiz (org.). *Direito penal em tempos de crise*. Porto Alegre: Livraria do Advogado, 2007, p. 163).

[213] Conforme: FERRAJOLI, Luigi. Op. cit., p. 95.

[214] Idem, Op. cit., p. 95.

[215] Certamente, "a defesa de um direito penal com tipos abertos, difusos, indeterminados, ou com normas penais dependentes de uma normatividade integradora (normas penais em branco), ou de um regramento judicial, são características de um direito penal autoritário e demasiadamente repressivo, inadmissível no atual estado de desenvolvimento da civilização" (GIACOMOLLI, Nereu José. Op. cit., p. 163). Por outro lado, veja-se que, "ao Direito Penal liberal, corresponde uma criminalização determinada, com o escopo de impedir o excesso, a generalização e a ampliação típica ou sancionadora" (GIACOMOLLI, Nereu José. Op. cit., p. 163).

[216] Conforme: FERRAJOLI, Luigi. Op. cit., p. 96.

[217] ROUANET, Sergio Paulo. *As razões do iluminismo*. São Paulo: Companhia das Letras, 1987, p. 28.

[218] Idem. *Mal-estar na modernidade*. São Paulo: Companhia das Letras, 1993, p. 41.

[219] Idem. *As razões do iluminismo*. São Paulo: Companhia das Letras, 1987, p. 28.

[220] Sobre esse aspecto, anota Rouanet o seguinte: "Como o tipo ideal, a idéia iluminista tem uma função heurística. Ela é um instrumento analítico que permite estudar constelações históricas perfeitamente factuais. Graças a ela, podemos saber em que medida determinadas sociedades se afastam ou se aproximam do modelo ideal, e portanto ela nos proporciona um fio condutor para interrogar a realidade. Através dela, podemos investigar a questão inteiramente empírica da vigência (ou não) do ideal da autonomia em certos períodos históricos. Mas ela tem igualmente uma função prática. Ela não é um mero instrumento teórico para investigar as configurações empíricas das quais foi abstraída – a Ilustração, o liberalismo, o socialismo. Não me interessa apenas a quaestio facti (a única para a qual é competente o tipo ideal weberiano), a constatação de que em geral a Ilustração, o liberalismo e o socialismo condenaram o fanatismo religioso. Interessa-me também a quaestio júris, a utilização normativa da idéia iluminista, a condenação, fundada na idéia iluminista, de toda e qualquer forma de fanatismo religioso. A idéia iluminista é as duas coisas: instrumento de análise e padrão normativo. As duas funções são interdependentes, ela quer intervir na realidade e nesse sentido não é positivista, mas parte da realidade e portanto não é uma pregação edificante. A dimensão cognitiva é orientada por um interesse prático; por outro lado, a dimensão normativa deriva de fatos históricos e mantém seu vínculo com a realidade. Numa dimensão, verificamos que certos valores foram empiricamente sustentados, por pes-

çamento entre a matriz iluminista da ilustração e a teoria garantista, na medida em que, em linhas gerais, ambas realizaram a opção pela racionalidade em detrimento de quaisquer formas de obscurantismo.[221]

Tem-se como certo que o pensamento ilustrado (ao lutar contra todos os meios impulsionadores da "infantilização do homem"[222]) incorporou no ser humano uma capacidade criativa e contestatória, desenvolvendo a fé na razão como meio explicativo e transformador.[223] É possível se afirmar, assim, que essa filosofia se apresenta como a gênese da luta pelo reconhecimento e tutela dos direitos da humanidade,[224] motivo pelo qual aparece, em grande medida, no interior do saber penal.[225] Na base disso, consigna-se que a teoria do garantismo penal se desen-

---

soas e em circunstâncias definidas; em outra, endossamos ou rejeitamos esses valores. Nessa segunda dimensão, não é apenas Kant que está recusando a infantilização do homem; somos nós, enquanto iluministas, que defendemos como valor central à ética da maioridade. Dizemos, como weberianos, que essa ética foi vigente; e acrescentamos, sob nossa própria responsabilidade, que ela é válida. Em outras palavras, assumimos, como filósofos, a normatividade que como investigadores extraímos da história" (Idem. *Mal-estar na modernidade*. São Paulo: Companhia das Letras, 1993, p. 42-43).

[221] Nesse particular, lembra Carvalho, oportunamente, que "a teorização dos filósofos da ilustração não pode ser restringida a mero arcabouço legitimador de uma classe social em ascensão (burguesia), o que efetivamente não pode ser descartado como hipótese de trabalho ou variável. O relevante, porém, sob a ótica garantista, é o processo de luta pela razão contra todas as formas de obscurantismo. O saber ilustrado demonstra a capacidade crítica do homem na construção do processo humanizador, e por isso de maturidade, que nega terminantemente a redução do próprio homem à condição de supérfluo. Seu legado proporciona o reconhecimento de valores positivos, concretizados em princípios e normas, direcionados à universalização do homem como sujeito de direitos" (CARVALHO, Salo de. *Pena e Garantias*. 2.ed. Rio de Janeiro: Lumen Juris, 2003, p. 79-80).

[222] Veja-se que Carvalho conceitua as correntes infantizadoras como "movimentos intelectuais favoráveis às crenças e aos valores tradicionais combatidos pelo iluminismo" (Idem, ibidem, p. 79).

[223] Descreve Elbert: "o que hoje ainda denominamos 'saber científico' está estreitamente ligado ao ideal iluminista, fonte de nossos conhecimentos e instituições, que finalmente entrou em profunda crise ao longo do século XX, particularmente em suas últimas décadas. Sabemos que a Ilustração foi um fabuloso movimento cultural do século XVIII, com epicentro na França republicana, que laicizou o sistema político, eliminando a monarquia, gerando os sistemas constitucionais ainda vigentes, que colocam o cidadão no centro do sistema, considerando que o princípio de igualdade abarca a todos os habitantes de uma nação, fixando-lhes idênticos direitos e possibilidades. No campo científico, o Iluminismo caracterizou-se por sua fé na razão, como aptidão humana capaz de todas as explicações e todas as transformações. O aprimoramento da humanidade somente poderia vir por meio da educação e da difusão do ideário estabelecido pela Revolução Francesa, que devia expandir-se pelo mundo, iluminando com sua potencialidade todas as zonas obscuras que a ignorância do passado havia constituído em obstáculos ao progresso" (ELBERT, Carlos Alberto. *Manual básico de criminologia*. Porto Alegre: Ricardo Lenz, 2003, p. 29).

[224] Conforme: Bolzan de Morais define os direitos humanos "como conjunto de valores históricos básicos e fundamentais, que dizem respeito à vida digna jurídico-político-psíquico-econômico-física e afetiva dos seres e de seu habitat, tanto daqueles do presente quanto daqueles do porvir, surgem sempre como condição fundante da vida, impondo aos agentes político-jurídico-sociais a tarefa de agirem no sentido de permitir que a todos seja consignada a possibilidade de usufruí-los em benefício próprio e comum ao mesmo tempo. Assim como os direitos humanos se dirigem a todos, o compromisso com sua concretização caracteriza tarefa de todos, em um comprometimento comum com a dignidade comum" (BOLZAN DE MORAIS, José Luis. *As crises do Estado e da Constituição e a transformação espacial dos Direitos Humanos*. Porto Alegre: Livraria do Advogado, 2002, p. 64). Sobre a última consideração de Bolzan de Morais, complementa Bobbio que "o problema fundamental em relação aos direitos do homem, hoje, não é tanto justificá-los, mas o de protegê-los" (BOBBIO, Norberto. *A era dos direitos*. Rio de Janeiro: Campus, 2002, p. 24).

[225] Conforme: CARVALHO, Salo de. *Pena e Garantias*. 2.ed. Rio de Janeiro: Lumen Juris, 2003, p. 80.

volveu a partir da matriz iluminista da ilustração,[226] a qual implementou garantias penais e processuais no Estado constitucional de direito.[227]

Não há de se negar, em tal passo, que o moderno Direito Penal nasceu e se desenvolveu a partir das bases do Estado liberal,[228] especialmente no que pese à imposição de limites sobre as expectativas positivas de intervenção. Daí resulta a sua dificuldade quanto ao enfrentamento da criminalidade contemporânea, cuja matriz genealógica é desconhecida pelo Direito penal clássico,[229] podendo-se, inclusive, depreender um problema de sucessão de paradigmas em terra brasileira.[230] É que,

---

[226] Cademartori e Xavier lembram que "na esteira do pensamento iluminista dos Séculos XVII e XVIII, o Garantismo parte da noção metateórica da centralidade da pessoa e de seus direitos fundamentais, bem como da anterioridade lógica da sociedade em relação ao Estado, que é visto como produto e servo daquela" (CADEMARTORI, Sérgio; XAVIER, Marcelo Coral. Apontamentos iniciais acerca do garantismo. In: *Revista de Estudos Criminais*. n.1. Porto Alegre: Notadez, 2001, p. 20).

[227] Ao analisar o Estado constitucional de Direito, Feldens considerou que a "dúplice sujeição do Direito ao Direito (dúplice regulação jurídica do Direito positivo) exterioriza-se como uma das conquistas mais importantes do Direito contemporâneo, definindo o paradigma do Estado constitucional de Direito" (FELDENS, Luciano. *A Constituição Penal*: a dupla face da proporcionalidade no controle de normas penais. Porto Alegre, Livraria do Advogado, 2005, p. 36).

[228] Depois do Estado absolutista, apresentou-se uma segunda versão do Estado moderno, a qual teve origem, principalmente, na revolução francesa (Conforme: HOBSBAWN, Eric. *A era das revoluções*: Europa 1789-1848. Rio de Janeiro: Paz e Terra, 1996, p. 72/73), na qual se sustentou que o bem-estar dos indivíduos seria viável, tão-somente, caso ocorresse a mínima intervenção do Estado (Conforme: BASTOS, Celso Ribeiro. *Curso de teoria política do Estado e ciência política*. São Paulo: Saraiva, 1986, p. 68). Naquela ocasião, surgiu a própria base do Estado liberal, qual seja, a institucionalização do controle do poder estatal em prol de satisfazer os interesses de uma classe determinada, a burguesia (Conforme: COPETTI, André. Os direitos humanos como fundamento epistemológico das reformas penais no Estado Democrático de Direito. In: COPETTI, André. *Criminalidade moderna e reformas penais*: estudos em homenagem ao Prof. Luiz Luisi. Porto Alegre: Livraria do Advogado, 2001, p. 100).

[229] Atualmente, deve-se ter em mente que a tutela penal se divide em dois níveis: (i) direito penal patrimonial e (ii) direito penal econômico. Em resumo: "a ordenação dominial merece, assim, dois níveis de tutela penal. O primeiro, tendencialmente ligado ao indivíduo e ao gozo das utilidades dos bens que a ordenação dominial lhe potencia, traduz-se no clássico direito penal patrimonial. O segundo, determinado, entre outros factores, por uma agudização da sensibilidade e da densificação da consciência ético-jurídica, de matriz supra-individual, afirma-se como direito penal económico" (FARIA COSTA, José de. *Direito Penal Económico*. Coimbra: Quarteto, 2003, p. 42).

[230] Nos dias atuais, temos, inequivocamente, uma Constituição Federal de índole social-comunitarista, a qual tutela, em seu texto, bens jurídicos de caráter coletivos. Esse (novo) campo axiológico sufragado pela Carta Magna de 1988, no entanto, embate, em grande medida, com um modelo de Direito Penal iluminista-individualista, o qual direciona sua proteção, na maior parte das vezes, aos bens jurídicos individuais. O conflito de valores (existente entre as legislações constitucional e infraconstitucional) pode conduzir à conclusão de que o Direito Penal brasileiro se encontra em uma fase de transição, na qual se busca um novo paradigma para o desenvolvimento de um sistema punitivo amoldável às exigências trazidas pelo advento da (atual) Carta da República. Aliás, Streck e Copetti asseveraram: "as contradições e disjunções possíveis entre as alternativas axiológicas que compõem o espectro de possibilidades de fundamentação filosófico-política do direito penal brasileiro, tomando em conta o esboço normativo constitucional, a partir da consideração da existência de núcleos de direitos fundamentais, aprioristicamente antagônicos, sugerem, para dizer ro mínimo, em função da variada gama de bens por ele tutelados e da diversidade de medidas punitivas e de garantias adotadas, duas possibilidades: ou o modelo sancionatório penal brasileiro consolidou-se como um sistema normativo ecléctico, em que bens de naturezas totalmente diferentes devem coexistir homogeneamente, ou, noutro sentido, está atravessando um momento transacional, no qual o espaço normativo antes majoritariamente ocupado pelos direito e interesses individuais passou a ser abarcado também de forma significativa por bens, direitos e interesses não individuais. Há, indubitavelmente, em função da atuação legislativa criminal pós-88, uma

(...) frente à inadequação do Direito Penal clássico em responder aos desafios lançados pela sociedade pós-industrial, coloca-se, aqui, de forma bastante acentuada, a discussão – a qual, sob todos os títulos, bem faz evidenciar a crise de identidade do Direito Penal contemporâneo – sobre a possível alteração de sua postura em face da criminalidade atual, traduzida na (alternativa de) criação de um direito de exceção, de cunho intervencionista, com a exacerbação de medidas coercitivas e de intervenção vertical, violando, se preciso, direitos fundamentais.[231]

Em verdade, as novas formas de violações aos bens jurídico-penais tonificaram um processo de inflação legislativa, com a conseqüente ampliação das possibilidades de incriminação dos comportamentos humanos. Conforme Fayet Júnior, "no particular do Direito Punitivo, se lhe está sendo destinada uma missão bem mais abrangente, ampliando-se-lhe os limites e modificando-se-lhe o sentido".[232] De quebra, há, inquestionavelmente, a perda dos limites substanciais entre infrações administrativas e penais.[233] De tal arte – e tendo-se por norte que ações não-geradoras de lesão ou perigo concreto de lesão a quaisquer bens jurídico-penais[234] são

---

importante e significativa ampliação do espaço penal destinado à tutela de bens coletivos, e isto gerou uma conflituosidade paradigmática intrínseca ao nosso atual sistema normativo. Cremos, indo mais longe, que este acontecimento proporcionou uma aproximação matricial entre o direito penal positivado e a base axiológico-normativa constitucional, o que confere ao primeiro uma função política bastante distanciada em relação a que até então possuiu" (STRECK, Lenio Luiz; COPETTI, André. O direito penal e os influxos legislativos pós-constituição de 1988: um modelo normativo eclético consolidado ou em fase de transição? In: FAYET JÚNIOR, Ney (org.). *Ensaios Penais em Homenagem ao Professor Alberto Rufino Rodrigues de Souza*. Porto Alegre: Ricardo Lenz, 2003, p. 452/453).

[231] FAYET JÚNIOR, Ney. *Da racionalização do sistema punitivo*: sentido e limites do direito penal nos domínios da criminalidade econômica frente ao paradigma do Estado democrático (e social) de direito. São Leopoldo: UNISINOS, 2005. Tese (Doutorado em Direito). Universidade do Vale do Rio dos Sinos: São Leopoldo, nov. 2005, p. 60.

[232] Idem, ibidem, p. 31.

[233] Silva Sánchez, ao comentar a proteção penal do meio ambiente, destaca que a "orientação à proteção de contexto cada vez mais genéricos (no espaço e no tempo) da fruição dos bens jurídicos clássicos leva o Direito Penal a relacionar-se com fenômenos de dimensões estruturais, globais ou sistêmicas, no que as aportações individuais, autonomamente contempladas, são, ao contrário, de "intensidade baixa". Com isso, tem-se produzido certamente a culminação do processo: o Direito Penal, que reagia a posteriori contra um fato lesivo individualmente delimitado (quanto ao sujeito ativo e ao passivo), se converte em um direito de gestão (punitiva) de riscos gerais e, nessa medida, está "administrativizado"" (SILVA SÁNCHEZ, Jesús-María. *A expansão do direito penal*: aspectos da política criminal nas sociedades pós-industriais. São Paulo: Revista dos Tribunais, 2002, p. 114).

[234] Pondera Roxin que, para definir um conceito de bem jurídico, "el punto de partida correcto consiste en reconocer que la única restricción previamente dada para el legislador se encuentra en los principios de la Constitución. Por tanto, un concepto de bien jurídico vinculante políticocriminalmente sólo se puede derivar de los cometidos, plasmados en la Ley Fundamental, de nuestro Estado de Derecho basado en la libertad del individuo, a través de los cuales se le marcan sus límites a la potestad punitiva del Estado. En consecuencia se puede decir: los bienes jurídicos son circunstancias dadas o finalidades que son útiles para el individuo y su libre desarrollo en el marco de un sistema social global estructurado sobre la base de esa concepción de los fines o para el funcionamiento del propio sistema" (ROXIN, Claus. *Derecho Penal parte general*. Tomo I. Traduzido por: Diego-Manuel Luzón Peña; Miguel Díaz y García Conlledo; Javier de Vicente Remesal. Madri: Civitas, 1997, p. 55/56). Para Ilha da Silva, faz-se mister, ainda, "ter em conta que vive o homem em função de valores. Nossas ações são produto de valorações que empreendemos a respeito de coisas, situações, fatos e também de pessoas. Na verdade, tudo radica em torno de valores. Assim, se algum valor for de tal relevância que mereça a tutela penal, configurará um bem jurídico-penal" (ILHA DA SILVA, Ângelo Roberto. *Dos crimes de perigo abstrato em face da Constituição*. São Paulo: Revista dos Tribunais, 2003, p. 35).

criminalizadas nos dias que se seguem[235] – mostra-se crível sustentar que a nossa situação é muito similar à vivenciada na pré-modernidade.[236]

Por isso, o discurso garantista, atualmente, "apresenta-se, pois, como saber crítico e questionador, como instrumento de defesa radical e intransigente dos direitos humanos e da democracia contra todas as deformações genocidas do direito e do Estado contemporâneo".[237] Constitui-se, em última análise, como uma idéia contrária à presença e à solidificação de um Estado penal, ou seja, mínimo na área social e máximo na criminal.[238] Impende-se trazer a lume, em tal passo, que se marca como garantista toda a organização jurídica portadora de institutos capazes de sustentar, reparar e tutelar liberdades individuais, assim como direitos sociais e coletivos.[239]

Seguindo-se essa linha de entendimento, verifica-se que o garantismo, em rigor, consiste (não no simples legalismo, formalismo ou mero processualismo, mas) na tutela dos direitos fundamentais,[240] de modo que as garantias, nesse contexto, são consideradas como técnicas de limitação da atuação do Estado, bem como o meio de incremento e realização dos direitos sociais.[241]

Levando-se em linha de conta essa dupla função alcançada às garantias, dessa sorte, é que o discurso de Ferrajoli, nas oportunas palavras de Streck, apresenta:

---

[235] Conforme: CALLEGARI, André Luís. *Imputação objetiva*: lavagem de dinheiro e outros temas do Direito Penal. Porto Alegre: Livraria do Advogado, 2001, p. 199/208.

[236] Conforme: CARVALHO, Salo de. *Pena e Garantias*. 2.ed. Rio de Janeiro: Lumen Juris, 2003, p. 82/84.

[237] Idem, ibidem, p. 81.

[238] Decididamente, um bom exemplo do que acima se afirmou condiz com o movimento americano denominado *Lei e Ordem*, o qual, em última análise, destina às prisões o claro objetivo de servirem como verdadeiras fábricas de exclusão social. O curso dos fatos, nos Estados Unidos da América, demonstra, sem sombra de qualquer dúvida, o abandono da idéia de concretização de um Estado Social. Vivencia-se, hoje, a existência de um Estado Penal e Policial, no qual os investimentos na construção de presídios (com administrações privatizadas) e uma severa punição a pequenas condutas delituosas (o que impulsiona um aumento considerável da população carcerária) marcam significativa presença nos ideais políticos do Governo daquele país. Por conseqüência, isso implica um sistema prisional que isola as camadas sociais mais miseráveis da população norte-americana (tais como negros e americanos de origem latina). Sob todos os títulos, a miséria não é combatida; é, em verdade, punida. Os recursos sociais, que antes eram insuficientes, são, nos dias correntes, quase inexistentes naquelas bandas. (Conforme: WACQUANT, Loïc. *Punir os Pobres*: a nova gestão da miséria nos Estados Unidos. Rio de Janeiro: Instituto Carioca de Criminologia: Freitas Bastos, 2001, p. 31/62.) Com efeito, o abandono de uma política caracterizadora da existência de Estado Social viabilizou a imposição de um Estado Penal (e Policial) no qual as classes inferiores são severamente disciplinadas. É importante esclarecer-se, nessa quadra, que a política de segurança denominada de "Lei e Ordem" espelhou, na cidade de Nova Iorque, o seguinte contexto fático descrito por Wacquant: "Perseguição permanente dos jovens negros e imigrantes na rua, detenções em massa e frequentemente abusiva nos bairros pobres, inchando inaudito dos tribunais, crescimento contínuo da população trancafiada (130 mil pessoas passam pelas portas de Rikers Island a cada ano, quase duas vezes as entradas em prisão registradas em toda a França), e um clima de desconfiança e de hostilidade abertas entre a polícia e os nova-iorquinos afro-americanos e latinos" (Idem, ibidem, p. 139).

[239] Conforme: CADEMARTORI, Sérgio. *Estado de Direito e Legitimidade*. Porto Alegre: Livraria do Advogado, 1999, p. 86.

[240] Conforme: LOPES JÚNIOR, Aury. *Sistemas de Investigação Preliminar no Processo Penal*. 2.ed. Rio de Janeiro: Lumen Juris, 2003, p. 11/12.

[241] Conforme: CADEMARTORI, Sérgio. Op. cit., p. 86.

---

A MOTIVAÇÃO DAS DECISÕES PENAIS

(...) como base um projeto de Democracia social, que forma um todo único com o Estado Social de Direito: consiste na expansão dos direitos dos cidadãos e dos deveres do Estado na maximização das liberdades e na minimização dos poderes, o que pode ser representado pela seguinte fórmula: Estado e Direito mínimo na esfera penal, graças à minimização das restrições de liberdade do cidadão e à correlativa extensão dos limites impostos à atividade repressiva; Estado e Direito máximo na esfera social, graças à maximização das expectativas materiais dos cidadãos e à correlativa expansão das obrigações públicas de satisfazê-las.[242]

Percebe-se, em face disso, que o garantismo representa um modelo ideal, que serve de base de comparação com sistemas repressivos utilizados no ordenamento jurídico interno. No particular de que se cuida, Copetti, com propriedade, completa que o "paradigma garantista é um modelo ideal e, segundo seu idealizador, em grande parte ideológico, recheado de aporias lógicas e teóricas, as quais provocaram em várias ocasiões a sua desqualificação científica e política por parte da cultura jurídica com resultados antigarantistas".[243]

Dentro desse modelo ideal de cunho garantista, Carvalho pondera que se identificam:

(...) como modelos de direito penal e de política criminal dois pólos diversos e contrapostos, decorrentes da maior ou menor correspondência com os pressupostos estruturais do sistema garantista (SG). Os extremos da resposta penal são definidos como modelos de direito penal mínimo e direito penal máximo.[244]

É a partir da linha de entendimento – segundo a qual cumpre ao Direito penal minimizar o arbítrio do Estado, impondo-se-lhe limites ao exercício do poder[245] – que surge o minimalismo penal. Em linhas gerais, pode-se afirmar que essa idéia está estruturada visando ao alcance do "máximo grado de racionalidad y de fiabilidad del juicio y, por tanto, de limitación de la potestad punitiva y de tutela de la persona contra la arbitrariedad".[246]

Ensina Batista que o minimalismo penal restou produzido "por ocasião do grande movimento social de ascensão da burguesia, reagindo contra o sistema penal do absolutismo, que mantivera o espírito minuciosamente abrangente das legislações medievais".[247] Nesse particular, veja-se que o grande expoente do

---

[242] STRECK, Lenio Luiz. *Tribunal do Júri: símbolos e rituais*. 4.ed. Porto Alegre: Livraria do Advogado, 2001, p. 23/24.

[243] COPETTI, André. *Direito penal e Estado Democrático de Direito*. Porto Alegre: Livraria do Advogado, 2000, p. 108.

[244] CARVALHO, Salo de. *Pena e Garantias*. 2.ed. Rio de Janeiro: Lumen Juris, 2003, p. 84.

[245] Asseverou Ferrajoli que "toda la historia moderna del derecho puede ser leída como la historia de esta larga y difícil obra de minimización del poder, de una progresiva sustitución del gobierno de los hombres por el gobierno de las leyes, que es 'el gobierno de la razón', escribía Aristóteles, mientras el gobierno de los hombres inevitablemente 'añade un elemento animal, pues no outra cosa es el apetito, y la pasión pervierte a los gobernantes y a los mejores de los hombres'" (FERRAJOLI, Luigi. *El garantismo y la filosofía del derecho*. Traducción de Gerardo Pisarello *et al*. Serie de Teoría Jurídica y Filosofía del Derecho. Bogotá: Universidad Externado de Colombia, 2001, p. 122).

[246] FERRAJOLI, Luigi. *Derecho y razón*. Madrid: Editorial Trotta, 2000, p. 34.

[247] BATISTA, Nilo. *Introdução crítica ao direito penal brasileiro*. 4.ed. Rio de Janeiro: Revan, 2001, p. 84.

(...) não só rejeita, sem rebuço ou hesitação, a invasão incondicionada da lei penal, no âmbito da liberdade individual, mas, para além disso – e aqui reside uma especificidade de enorme relevo –, considera ainda que o único pressuposto válido para admitir a compressão da liberdade só encontra arrimo quando a lei penal prossegue legítimas exigências da sociedade.[248]

Com o fito de solucionar o problema de uma legislação vazada em figuras delitivas iníquas e em penas vexatórias, a Declaração dos Direitos do Homem e do Cidadão de 1789, em seu artigo 8º, assentou que "a lei apenas deve estabelecer penas estrita e evidentemente necessárias". Conforme Luisi, a partir dessa Declaração ficou positivado, destarte, o princípio da intervenção mínima, segundo o qual um fato apenas deve ser criminalizado caso outras formas de sanção não se coloquem como suficientes para a proteção do bem jurídico que se visa a tutelar.[249]

Tem de se anotar, por relevante, que o minimalismo penal foi abordado novamente pelo grupo de estudos da Revista *Dei Delitti e delle Pena*, especialmente por Ferrajoli e Baratta (1985). Para esses autores, o minimalismo penal deveria apresentar as seguintes características: *(i)* a maximização do sistema de garantias legais; e *(ii)* a colocação dos Direitos Humanos como objeto e limite da intervenção penal.[250] Segundo o minimalismo penal, o Estado deve intervir unicamente nos casos mais graves, protegendo os bens jurídicos mais importantes, sendo o Direito Penal a última *ratio*,[251] quando já fracassaram as restantes alternativas do Direito (subsidiariedade[252]).[253] Conforme essa concepção, os direitos humanos apresentam uma dupla função, explicando-as Baratta nestes moldes:

> En primer lugar, una función negativa concerniente a los limites de la intervención penal. En segundo lugar, una función positiva, respecto de la definición del objeto, posible, pero

---

[248] FARIA COSTA, José de. Ler Beccaria hoje. In: *Boletim da Faculdade de Direito*. v.LXXIV. Coimbra: Coimbra, 1998, p. 93.

[249] Conforme: LUISI, Luiz. *Os princípios constitucionais penais*. 2.ed. Porto Alegre: Sergio Antonio Fabris, 2003, p. 38/39.

[250] Conforme: ELBERT, Carlos Alberto. *Manual Básico de Criminologia*. Porto Alegre: Ricardo Lenz, 2003, p. 102/103.

[251] Conforme Prittwitz, "*el carácter de* ultimo ratio *constituye el programa más unívoco: según dicho principio, el Derecho penal sólo es legítimo en las infracciones más graves y como recurso extremo*" (PRITTWITZ, Cornelius. El derecho penal alemán: fragmentario? subsidiario? *ultima ratio*? In: CASABONA, Carlos Maria Romeo. *La insostenible situación del derecho penal*. Frankfurt: Editorial COMARES, p. 433).

[252] Ainda segundo Prittwitz, "la subsidiariedad del Derecho penal se equiparó durante largo tiempo con la independencia del Derecho penal frente a otros ámbitos jurídicos. Se hablaba a la vez de carácter secundario, accesoriedad del Derecho penal en el sentido más adelante se interpreta la subsidiariedad del derecho penal en el sentido de que éste únicamente tiene lugar donde otros medios han fracasado. [...] En el discurso de la actualidad, de forma análoga a los componentes de significado en el uso del lenguaje general, predominan dos ámbitos de significado: uno negativo, que equipara la subsidiariedad con la ultima ratio; y otro positivo, que expresa cómo el Estado junto al Derecho penal y en el Derecho penal desarrolla un deber de ayuda. [...] El carácter subsidiario del Derecho penal indica programáticamente (de forma negativa) un límite del Estado de Derecho liberal al Derecho penal, y más allá de eso puede remitir (de forma positiva) a la idea de que el Estado, también el Estado que castiga, está obligado a socorrer. No obstante, un Derecho penal subsidiario puede ser amplio, cuando en muchos lugares fracasan otras instancias estatales" (Idem, ibidem, p. 431/433).

[253] Conforme: ELBERT, Carlos Alberto. *Manual Básico de Criminologia*. Porto Alegre : Ricardo Lenz, 2003, p. 102/103.

no necesario, de la tutela por medio del derecho penal. Un concepto histórico-social de los derechos humanos ofrece, en ambas funciones, el instrumento teórico más adecuado para la estrategia de la máxima contención de la violencia punitiva, que actualmente constituye el momento prioritario de una política alternativa del control social.[254]

Importante se ter em mente, ademais, que o espectro de abrangência do Direito Penal mínimo engloba o máximo grau de tutela das liberdades dos cidadãos contra o arbítrio punitivo, assim como um ideal de racionalidade e certeza. Existe, desse modo, um profundo nexo entre o garantismo e racionalismo, na medida em que a responsabilidade penal é excluída nos casos nos quais seus pressupostos são incertos ou indeterminados, invocando-se, para tanto, o critério do "favor rei". Certamente, o "favor rei" possibilita a discricionariedade; todavia, cuida-se de uma discricionariedade voltada para excluir ou reduzir a intervenção penal, quando não fundada em argumentos cognoscitivos seguros.[255]

Basicamente, o modelo teórico minimalista está vazado em dez considerações, limites e proibições projetadas ao cidadão a título de garantias contra o arbítrio ou o erro judicial, conforme afirma Ferrajoli, para quem:

> (...) no se admite ninguna imposición de pena sin que se produzcan la comisión de un delito, su previsión por la ley como delito, la necesidad de su prohibición y punición, sus efectos lesivos para terceros, el carácter exterior o material de la acción criminosa, la imputabilidad y la culpabilidad de su autor y, además, su prueba empírica llevada por una acusación ante un juez imparcial en un proceso público y contradictorio con la defensa y mediante procedimientos legalmente preestablecidos.[256]

Com efeito, é de rigor realçar – tendo-se à frente Carvalho – que "tais princípios correspondem às 'regras do jogo' do direito penal nos estados democráticos de direito e, em decorrência de sua gradual incorporação nos textos constitucionais, conformariam vínculos formais e materiais de validade das normas e decisões".[257]

Salta aos olhos, nesse andar, que o minimalismo visa à proteção dos direitos fundamentais, bem como do débil contra o mais forte. É dizer: "del débil ofendido o amenazado por el delito, así como del débil ofendido o amenazado por la venganza; contra el más fuerte, que en el delito es el delincuente y en la venganza es la parte ofendida o los sujetos públicos o privados solidarios con él".[258]

Mostra-se relevante destacar, ainda, que o modelo de Direito Penal mínimo se identifica com um processo penal garantista, porque as garantias conferidas ao imputado minimizam os aspectos impróprios da discricionariedade judicial,

---

[254] BARATTA, Alessandro. *Criminologia y sistema penal*. Buenos Aires: Editorial B de F, 2004, p. 299/300.

[255] Conforme: FERRAJOLI, Luigi. *Derecho y razón*. Madrid: Trotta, 2000, p. 104/105.

[256] FERRAJOLI, Luigi. *Derecho y razón*. Madrid: Trotta, 2000, p. 103/104.

[257] CARVALHO, Salo de. *Pena e Garantias*. 2.ed. Rio de Janeiro: Lumen Juris, 2003, p. 85.

[258] FERRAJOLI, Luigi. Op. cit., p. 335.

oferecendo uma sólida base à independência da magistratura e ao seu múnus de controle da legalidade do poder.[259]

Presencia-se, noutro sentido, um Direito Penal máximo (incondicionado e ilimitado) sempre que aparecer um sistema de poder irracional por ausência de parâmetros certos e coerentes de convalidação e anulação, gerando excessiva severidade originária de condenações e penas incertas e imprevisíveis.[260]

Dizendo-se de forma mais clara: o maximalismo penal caracteriza-se pela ausência dos princípios antes apontados por Ferrajoli, constituindo-se, portanto, em um modelo antigarantista. De quebra, afirma-se, à guisa de conclusão, que "a maior ou menor correspondência com a principiologia garantista caracterizaria modelos minimalistas ou maximalistas, quanto à elaboração normativa; acusatórios (cognitivistas) ou inquisitivos (substancialistas[261]), quanto ao juízo; e garantistas ou pedagógicos, quanto à fundamentação e execução da pena".[262]

De outro giro, Lopes Júnior assevera que, no campo do processo penal "a eficiência antigarantista identifica-se, em linhas gerais, com o modelo inquisitivo. Sempre que o juiz tem funções acusatórias ou a acusação tem funções jurisdicionais, e ocorre a mistura entre acusação e juízo, estão comprometidas a imparcialidade do segundo e, também, a publicidade e a oralidade do processo".[263] Conseqüentemente, "a carência dessas garantias debilita todas as demais, em particular, as garantias processuais do estado de inocência, do ônus da prova, do contraditório e da defesa".[264]

Ao ensejo desse tópico, pode-se concluir que a estrutura minimalista ou maximalista é representada pela presença ou ausência de critério de controle do arbítrio punitivo, constituindo-se em um parâmetro de resposta penal que caracteriza um sistema garantista/racional ou autoritário/irracional.[265]

### 1.2.4. O papel do juiz no Estado Democrático de Direito

Como a atividade jurisdicional é a principal responsável por alcançar ou obstruir a tutela dos valores positivados nas constituições, tem-se, conseqüentemente, que "o fundamento da legitimidade da jurisdição e da independência do Poder Judiciário está no reconhecimento da sua função de garantidor dos direitos

---

[259] Conforme: LOPES JÚNIOR, Aury. O fundamento da existência do processo penal: instrumentalidade garantista. In: *Revista da AJURIS*. n. 76. Porto Alegre: dez. de 1999, p. 209.

[260] Conforme: FERRAJOLI, Luigi. Op. cit., p. 105.

[261] É de rigor esclarecer-se que a referência de Carvalho ao termo "substancialistas" não apresenta o mesmo sentido do *substancialismo* encampado por Streck nas suas obras que são indicadas nessa dissertação.

[262] CARVALHO, Salo de. *Pena e Garantias*. 2.ed. Rio de Janeiro: Lumen Juris, 2003, p. 86.

[263] LOPES JÚNIOR, Aury. *Introdução crítica ao processo penal*. Rio de Janeiro: Lumen Juris, 2004, p. 47/48.

[264] Idem, ibidem, p. 48.

[265] Conforme: CARVALHO, Salo de. Op. cit., p. 86.

fundamentais".[266] O juiz deve ser o "garante" dos direitos humanos;[267] trata-se, pois, de um imperativo revestido de uma vigência e de uma validade indiscutíveis,[268] posto que o exercício individual dos direitos fundamentais "realiza um processo de liberdade que é elemento essencial da democracia".[269]

Por outro lado, o acoplamento dos direitos fundamentais, nas constituições, tonificou uma mudança na relação estabelecida entre o juiz e a lei, bem como destinou à jurisdição uma função de garantia do cidadão frente às violações (de qualquer nível da legalidade) concretizadas pelos poderes públicos.[270] Acerca deste último aspecto, Canotilho assevera que:

> Os direitos fundamentais cumprem a função de direitos de defesa dos cidadãos sob uma dupla perspectiva: (1) constituem, num plano jurídico-objectivo, normas de competência negativa para os poderes públicos, proibindo fundamentalmente as ingerências destes na esfera jurídica individual; (2) implicam, num plano jurídico-subjectivo, o poder de exercer positivamente direitos fundamentais (liberdade positiva) e de exigir omissões dos poderes públicos, de forma a evitar agressões lesivas por parte dos mesmos (liberdade negativa).[271]

Realmente, a incorporação dos direitos fundamentais, na legislação positiva, produziu importantes efeitos na esfera de atuação dos magistrados. Por primeiro, porque possibilitou a independência do Judiciário em relação aos Poderes Legislativo e Executivo.[272] Por segundo, visto que se implementou um claro aprofundamento do sentido das garantias orgânicas e processuais, sendo as primeiras um pressuposto da adequada prestação das segundas,[273] de modo que esse condicionamento recíproco tende a viabilizar uma melhor tutela judicial dos direitos fun-

---

[266] LOPES JÚNIOR, Aury. *Sistemas de Investigação Preliminar no Processo Penal*. 2.ed. Rio de Janeiro: Lumen Juris, 2003, p. 11.

[267] Pondera Andrés Ibáñez que "direitos humanos são hoje os direitos fundamentais, quer dizer, os que constituem a condição de pessoa humana e que, por isso, correspondem universalmente a todos os seres humanos. Está idéia está – programaticamente – na raiz do primeiro constitucionalismo liberal, acompanhou-o em todas as suas vicissitudes posteriores e passou a ser o núcleo do constitucionalismo actual, que a dotou de consistência positiva e de novos horizontes" (ANDRÉS IBÁÑEZ, Perfecto. Garantia judicial dos direitos humanos. In: *Revista do Ministério Público*. Ano 20. abril-junho de 1999. n.78. Porto Alegre: Ministério Público, 1999, p. 13). De outro curso, nota-se que Canotilho realiza uma pequena diferenciação entre direitos humanos e direitos fundamentais, nestes termos: "as expressões direitos do homem e direitos fundamentais são frequentemente utilizadas como sinónimas. Segundo a sua origem e significado poderíamos distingui-las da seguinte maneira: direitos do homem são direitos válidos para todos os povos e em todos os tempos (dimensão jusnaturalista-universalista); direitos fundamentais são os direitos do homem, jurídico-institucionalmente garantidos e limitados espacio-temporalmente. Os direitos do homem arrancariam da própria natureza humana e daí o seu caráter inviolável, intemporal e universal; os direitos fundamentais seriam os direitos objectivamente vigentes numa ordem jurídica concreta" (CANOTILHO, J. J. Gomes. *Direito Constitucional e teoria da Constituição*. 7.ed. Coimbra: Almedina, 2003, p. 393).

[268] Conforme: ANDRÉS IBÁÑEZ, Perfecto. Garantia judicial dos direitos humanos. In: *Revista do Ministério Público*. Ano 20. abril-junho de 1999. nº78. Porto Alegre: Ministério Público, 1999, p. 12.

[269] Idem, ibidem, p. 14.

[270] Conforme: FERRAJOLI, Luigi. *Derechos y garantías*: la ley del más débil. 4.ed. Madrid: Editorial Trotta, 2002, p. 26.

[271] CANOTILHO, J. J. Gomes. *Direito Constitucional e teoria da Constituição*. 7.ed. Coimbra: Almedina, 2003, p. 408.

[272] Conforme: FERRAJOLI, Luigi. Op. cit., p. 26.

[273] Conforme: ANDRÉS IBÁÑEZ, Perfecto. Op. cit., 1999, p. 19.

damentais. Por terceiro, porquanto a sujeição do juiz à Constituição é o principal fundamento da jurisdição.[274] Nessa perspectiva, a motivação das decisões judiciais deve, necessariamente, estar projetada no sentido de salvaguardar os direitos fundamentais. Só assim há legitimidade na atuação dos juízes.[275] Pensa-se ser correto, nesse andar, que "la motivación cobra entonces una dimensión político-jurídica garantista, de tutela de los derechos".[276]

Observe-se que o juiz, a partir da constitucionalização dos direitos humanos, deve "revalidar a sua legitimidade – caso por caso – aplicando de maneira independente a lei válida num contexto de precisas exigências processuais de relevância constitucional".[277] Torna-se inadmissível considerar o magistrado, portanto, um mero aplicador de leis formalmente válidas. É que, como recorda Canotilho,

> (...) a constitucionalização tem como consequência mais notória a protecção dos direitos fundamentais mediante o controlo jurisdicional da constitucionalidade dos actos normativos reguladores destes direitos. Por isso e para isso, os direitos fundamentais devem ser compreendidos, interpretados e aplicados como normas jurídicas vinculativas e não como trechos ostentatórios ao jeito das grandes "declarações de direitos".[278]

Na visão garantista (e ora abordada), o juiz deve, tão-só, aplicar as leis coerentes com a Constituição, ou seja, aquelas que se apresentam (materialmente) válidas:279 "sólo una ley (que el juez considere) válida comporta para él la obligación de aplicarla".280 De fato,

> (...) a sujeição do juiz à lei já não é de fato, como no velho paradigma juspositivista, sujeição à letra da lei, qualquer que seja o seu significado, mas sim sujeição à lei somente enquanto válida, ou seja, coerente com a constituição. E a validade já não é, no modelo constitucional-garantista, um dogma ligado à mera existência formal da lei, mas uma sua qualidade contingente ligada à coerência – mais ou menos opinável e sempre submetida à valoração do juiz – dos seus significados com a constituição.[281]

---

[274] Conforme: FERRAJOLI, Luigi. Op. cit., p. 26.

[275] Sobre a legitimidade da atuação dos juízes, veja-se que Gascón Abellán afirma que, "entendida como estrumiento para evitar la arbitrariedad del poder, la motivación adquiere, además, una particular importancia merced a la evolución que ha conocido el Estado de derecho en el constitucionalismo, un modelo de Estado que encuentra su legitimidad (externa) en la protección de los individuos y sus derechos, y que, al consagrar esos derechos en el nivel jurídico más alto, la Constitución, condiciona también la legitimidad (interna) de los actos del poder a la protección de esos derechos" (GASCÓN ABELLÁN, Marina. Los hechos en el derecho: bases arguméntales de la prueba. Madri: Marcial Pons, 1999, p. 192).

[276] GASCÓN ABELLÁN, Marina. Los hechos en el derecho: bases arguméntales de la prueba. Madri: Marcial Pons, 1999, p. 192.

[277] ANDRÉS IBÁÑEZ, Perfecto. Garantia judicial dos direitos humanos. In: Revista do Ministério Público. Ano 20. abril-junho de 1999. n. 78. Porto Alegre: Ministério Público, 1999, p. 19.

[278] CANOTILHO, J. J. Gomes. Direito Constitucional e teoria da Constituição. 7.ed. Coimbra: Almedina, 2003, p. 378.

[279] Conforme: FERRAJOLI, Luigi. Derechos y garantías: la ley del más débil. 4.ed. Madrid: Editorial Trotta, 2002, p. 26.

[280] Idem. Derecho y razón. Madrid: Trotta, 2000, p. 876.

[281] Idem. O direito como sistema de garantias. In: O novo em direito e política. Porto Alegre: Livraria do Advogado, 1996, p. 100/101.

---

A MOTIVAÇÃO DAS DECISÕES PENAIS

Necessariamente, a legitimação do juiz, nesse quadro, é material ou substancial por ser corolário lógico e direto da obediência aos direitos fundamentais. Sendo assim, a legitimidade do juiz se encontra condicionada à qualidade da intervenção judicial, deixando de ser uma característica que o acompanha eternamente, para se tornar um resultado (eventual e) aferível *ex post*,[282] por intermédio da análise do cumprimento destes três deveres constitucionais:

> O primeiro concretiza-se no aludido imperativo de leitura crítica da lei para verificar a sua compatibilidade substancial com a Constituição. O segundo coloca-o na obrigação de observar escrupulosamente as garantias processuais em que se traduz o direito fundamental à tutela judicial, que são cautelas perante o próprio juiz. O terceiro, na obediência ao dever de motivar a decisão, para assegurar tanto a racionalidade no uso do poder que através dela se exerce, como a adequada compreensão do seu fundamento real para terceiros.[283]

Acrescenta-se a isso que, como aponta Goscón Abellán, "en una sociedad moderna, donde los indivíduos no se conforman con una apelación a la autoridad, sino que exigen razones, la justificación o motivación de las decisiones tiende a verse, no ya como una exigencia técnica, sino como el fundamento mismo de la legitimidad de los jueces".[284]

Dessa arte, o discurso garantista alcança aos magistrados a possibilidade de criticarem as leis inválidas por intermédio de sua (re)interpretação em sentido constitucional, denunciando, assim, a sua inconstitucionalidade, o que os coloca na posição de garantidores dos direitos fundamentais.[285] Daí por que se deve observar o juiz, atualmente, por lente diversa da implantada pelos padrões (extremamente) positivistas, a qual o enxergava como "um burocrata, um temeroso respeitador de formas, um seguidor obstinado e compulsivo de regras porque elas simplesmente existem e, por isso, têm validade formal".[286]

É indispensável se destacar, em outro diapasão, que aos magistrados, no Estado democrático de direito, incumbe, outrossim, interpretar a Constituição na direção de que os direitos sociais (inclusos nesse pacto) sejam observados e implementados, dando-se vazão às promessas da modernidade (principalmente em países carentes dessa perspectiva, como o Brasil;[287] afinal, é verdade "que não

---

[282] ANDRÉS IBÁÑEZ, Perfecto. Garantia judicial dos direitos humanos. In: *Revista do Ministério Público*. Ano 20. abril-junho de 1999. n. 78. Porto Alegre: Ministério Público, 1999, p. 19/20.

[283] Idem, ibidem, p. 19.

[284] GASCÓN ABELLÁN, Marina. *Los hechos en el derecho*: bases arguméntales de la prueba. Madri: Marcial Pons, 1999, p. 191.

[285] Conforme: FERRAJOLI, Luigi. *Derechos y garantías*: la ley del más débil. 4.ed. Madrid: Editorial Trotta, 2002, p. 26.

[286] FRANCO, Alberto Silva. E o juiz? In: *Boletim do Instituto Brasileiro de Ciências Criminais* n.144. São Paulo: Revista dos Tribunais, 2004, p. 02.

[287] Conforme: STRECK, Lenio Luiz. *Jurisdição Constitucional e Hermenêutica*: Uma Nova Crítica do Direito. Porto Alegre: Livraria do Advogado, 2002, p. 69; COUTINHO, Jacinto Nelson de Miranda. O papel da jurisdição constitucional na realização do Estado social. In: *Revista de Estudos Criminais*. n.10. Porto Alegre: Notadez, 2003, p. 47/60.

tivemos nunca um Estado Social, mas precisamos seguir lutando pela construção dele"[288]). Em razão disso, faz-se mister que os juízes, nesse cenário, apliquem de fato a Constituição, tornando-se agentes transformadores da realidade social. É que percebemos (e compreendemos) a Constituição "como" Constituição no momento em que a confrontamos com a sociedade à qual ela é dirigida. Assim, compreendemos a Constituição "como" Constituição no exato instante em que examinamos os dispositivos determinantes do resgate das promessas da modernidade e, por intermédio de nossa consciência acerca dos efeitos que a história tem sobre nós, verificamos a ausência de justiça social, cujo comando de resgate está no texto constitucional.[289] Claro ressoa, nesse andar, que a Constituição – enquanto algo que constitui – deve, necessariamente, ser um mecanismo de concretização dos direitos fundamentais-sociais, com o que, em última análise, será garantida à pessoa humana a sua própria dignidade.[290] Está certo Streck ao afirmar que "compreendemos a Constituição 'como' Constituição quando constatamos que os direitos fundamentais-sociais somente foram integrados ao texto constitucional pela exata razão de que a imensa maioria da população não os tem".[291] Há de se afastar, definitivamente, o fenômeno da baixa compreensão constitucional,[292] com o levante em prol de uma justiça constitucional. Torna-se imperioso advertir, no entanto, que a defesa de um certo grau de dirigismo constitucional e um nível determinado de exigência de intervenção da justiça constitucional não podem significar a possibilidade de decisionismos por parte de juízes e tribunais, o que, caso admitido, seria, em grande medida, antidemocrático.[293] Isso porque a afirmação *a norma é sempre produto da interpretação do texto* não significa que o intérprete

---

[288] COUTINHO, Jacinto Nelson de Miranda. O papel da jurisdição constitucional na realização do Estado social. In: *Revista de Estudos Criminais*. n.10. Porto Alegre: Notadez, 2003, p. 58.

[289] Conforme: STRECK, Lenio Luiz. A hermenêutica filosófica e as possibilidades de superação do positivismo pelo (neo)constitucionalismo. In: *Anuário do Programa de Pós-Graduação em Direito* (mestrado e Doutorado) da Unidade Ciências Jurídicas da Unisinos. São Leopoldo: Unisinos, 2004, p. 163.

[290] Conforme: SARLET, Ingo Wolfgang. *Dignidade da Pessoa Humana e Direitos Fundamentais*. Porto Alegre: Livraria do Advogado, 2006, p. 84-98.

[291] STRECK, Lenio Luiz. Op. cit., p. 163.

[292] Nos países de modernidade tardia, uma "baixa compreensão" sobre o sentido da Constituição (e, conseqüentemente, sua "baixa aplicação") importa(m) robusto prejuízo à concretização dos direitos fundamentais-sociais. Em países que tais, como o Brasil, onde existe uma inércia dos Poderes Legislativo e Executivo, é impossível não invocar a justiça constitucional na busca da realização dos direitos constitucionais de várias dimensões. Para tanto, deve-se encampar um novo olhar sobre o papel da Constituição no interior do Estado democrático de direito, o qual impulsiona, além dos tradicionais vínculos negativos, obrigações positivas. Com isso, é crucial ter-se em mente que a análise das condições para uma adequada compreensão do significado da Constituição deve ser atravessada pela perspectiva hermenêutica que *desvela* a metafísica presente no discurso positivista (Conforme: STRECK, Lenio Luiz. Op. cit., p. 164-165), pondo-se em evidência o fato de que o processo interpretativo é aplicação, entendida essa aplicação no sentido da coisa mesma, isto é, do não esquecimento da diferença ontológica. (Conforme: STRECK, Lenio Luiz. *Jurisdição Constitucional e Hermenêutica*: Uma Nova Crítica do Direito. Porto Alegre: Livraria do Advogado, 2002, p. 213).

[293] Conforme: STRECK, Lenio Luiz. Op. cit., p. 166.

possa atribuir sentidos de forma arbitrária aos textos,[294] como se texto e norma estivessem de todo separados.[295]

---

[294] É Hans-Georg Gadamer quem adverte para a impossibilidade de se ignorar a opinião do texto: "uma consciência formada hermeneuticamente deve, desde o princípio, mostrar-se receptiva à alteridade do texto. Mas essa receptividade não pressupõe nem uma 'neutralidade' com relação à coisa tampouco um anulamento de si mesma; implica antes uma destacada apropriação das opiniões prévias e preconceitos pessoais. O que importa é dar-se conta dos próprios pressupostos, a fim de que o próprio texto possa apresentar-se em sua alteridade, podendo assim confrontar sua verdade com as opiniões prévias pessoais" (GADAMER, Hans-Georg. *Verdade e Método I*. Traduzido por: Flávio Paulo Meurer. 6.ed. São Paulo: Vozes, 2004, p.358). Também Hans-Georg Gadamer sublinha que, "por regla general, un lector comprende su texto por lo menos lo bastante como para estar completamente concentrado en lo que el texto dice" (GADAMER, Hans-Georg. *En conversación con Hans-Georg Gadamer*: hermenêutica-estética-filosofia prática. Madrid: Carsten Dutt, 1998, p. 86). Finalizando, conclui o autor: "a intenção autêntica da compreensão é a seguinte: ao lermos um texto, queremos compreende-lo, nossa expectativa é sempre que o texto nos informe sobre alguma coisa. Uma consciência formada pela autêntica Atitude hermenêutica é sempre receptiva às origens e características totalmente estranhas de tudo aquilo que lhe vem de fora. Em todo o caso, tal receptividade não se adquire por meio de uma 'neutralidade' objetivista: não é possível nem necessário nem desejável que nos coloquemos entre parênteses. A atitude hermenêutica supõe uma tomada de consciência com relação às nossas opiniões e preconceitos que, ao qualificá-los como tais, retira-lhes o caráter extremado. É ao realizarmos tal atitude que damos ao texto a possibilidade de aparecer em sua diferença e de manifestar a sua verdade própria em contraste com as idéias preconcebidas que lhe impúnhamos antecipadamente" (GADAMER, Hans-Georg. *O problema da consciência histórica*. Traduzido por: Paulo César Duque Estrada. 2.ed. Rio de Janeiro: FGV, 2003, p. 63-64).

[295] Nesse particular enfocado, tem-se de referir que se mostra impossível não concordar com o entendimento segundo o qual o que em verdade se interpreta são os textos normativos; da interpretação dos textos resultam as normas. (Conforme: GRAU, Eros Roberto. *Ensaio e discurso sobre a interpretação/aplicação do Direito*. 3.ed. São Paulo: Malheiros, 2005, p. 23). Discordar dessa constatação implica negar a temporalidade, uma vez que a diferença (entre texto e norma) ocorre na incidência do tempo. Negar isso é crer no caráter fetichista da lei, que conduz o direito em direção ao positivismo. É impossível reproduzir sentidos, como se o sentido fosse algo que pudesse ser arrancado dos textos. (Conforme: STRECK, Lenio Luiz. A hermenêutica filosófica e as possibilidades de superação do positivismo pelo (neo)constitucionalismo. In: *Anuário do Programa de Pós-Graduação em Direito* (mestrado e Doutorado) da Unidade Ciências Jurídicas da Unisinos. São Leopoldo: Unisinos, 2004, p. 168). Necessário lembrar – na linha de Streck – que os sentidos são atribuíveis a partir da faticidade em que está inserido o intérprete e respeitados os conteúdos de base do texto. (Conforme: STRECK, Lenio Luiz. Op. cit., p. 169). Por outro lado, importante consignar-se que, ao se dizer a norma é o resultado da interpretação de texto, se fala do sentido que esse texto vem a assumir no processo compreensivo; a norma, ora em comento, é o sentido do ente (texto). Não se está a falar, aqui, de um processo hermenêutico-interpretativo realizado por partes (na concepção da hermenêutica clássica: primeiro conheço, depois interpreto, ao fim aplico). Segundo Lenio Luiz Streck, é impossível vislumbrar o texto inicialmente, para, ao depois, "acoplar" a respectiva norma. (Conforme: STRECK, Lenio Luiz. *Hermenêutica Jurídica e(m) Crise*: uma exploração hermenêutica da construção do Direito. 5.ed. Porto Alegre: Livraria do Advogado, 2004, p. 219-220). E continua a ensinar o autor que o "texto não subsiste como texto; não há texto isolado da norma. O texto já aparece na 'sua' norma, produto da atribuição de sentido do intérprete" (STRECK, Lenio Luiz. A hermenêutica filosófica e as possibilidades de superação do positivismo pelo (neo)constitucionalismo. In: *Anuário do Programa de Pós-Graduação em Direito* (mestrado e Doutorado) da Unidade Ciências Jurídicas da Unisinos. São Leopoldo: Unisinos, 2004, p. 166). A norma, assim, apresenta-se como a construção hermenêutica do sentido do texto. (Idem, ibidem, p. 167). Nessa visão das coisas, o texto não se encontra à disposição do intérprete, na medida em que ele é produto da correlação de forças que se dá (não mais em um esquema sujeito-objeto, mas, sim) a partir do círculo hermenêutico, que atravessa o dualismo metafísico (objetivista e subjetivista). Desse modo, apresenta-se um sentido forjado nessa intersubjetividade que se antecipa ao intérprete, isto é, o intérprete estará jogado, desde sempre, nessa lingüisticidade (Idem, ibidem, p. 169). Tem-se como certo que a "norma" não é uma "capa de sentido", capaz de existir apartada do texto. Ao revés, quando o interprete se depara com o texto, ele já exsurge normado, a partir da sua condição de ser-no-mundo. Essa operação ocorre graças à diferença ontológica. Daí não há negar-se a tradição, a faticidade e a historicidade, em que a fusão de horizontes é a condição de possibilidade dessa "normação". (Idem. *Hermenêutica Jurídica e(m) Crise*: uma exploração hermenêutica da construção do Direito. 5.ed. Porto Alegre: Livraria do Advogado, 2004, p. 219-220).

## 1.2.5. Os juízos de vigência e de validade das normas

Indubitavelmente, o princípio[296] da legalidade penal substituiu o modelo de fontes imprecisas e abertas na construção da categoria crime, na medida em que estabeleceu uma previsibilidade mínima para o cidadão no uso e gozo de seus direitos, limitando a interferência estatal na esfera de liberdade do indivíduo.[297] Deve-se observar, nessa perspectiva, que a construção do Estado de direito foi marcada por esse ideal de legalidade. Tanto isso é verdade que, para esse modelo, a legitimidade estava adstrita à legalidade. Malgrado o estabelecimento de vínculos do poder para a legalidade tenha importado significativo avanço na consolidação dos direitos em detrimento dos poderes, a idéia conjugada de legitimidade e legalidade impulsionou uma teoria jurídica assente no dogma da presunção de regularidade dos atos do poder, identificando a validade das normas[298] com sua

---

[296] Pode-se, com Ávila, conceituar princípios como "normas imediatamente finalísticas, primariamente prospectivas e com pretensão de complementaridade e de parcialidade, para cuja aplicação se demanda uma avaliação da correlação entre o estado de coisas a ser promovido e os efeitos decorrentes da conduta havida como necessária à sua promoção. Os princípios não são apenas valores cuja realização fica na dependência de meras preferências pessoais. Eles são, ao mesmo tempo, mais do que isso e algo diferente disso. Os princípios instituem o dever de adotar comportamentos necessários à realização de um estado de coisas ou, inversamente, instituem o dever de efetivação de um estado de coisas pela adoção de comportamentos a ele necessários. Essa perspectiva de análise evidencia que os princípios implicam comportamentos, ainda que por via indireta e regressiva. [...] logo se vê que os princípios, embora relacionados a valores, não se confundem com eles. Os princípios relacionam-se aos valores na medida em que o estabelecimento de fins implica qualificação positiva de um estado de coisas que se quer promover. No entanto, os princípios afastam-se dos valores porque, enquanto os princípios se situam no plano dentológico e, por via de conseqüência, estabelecem a obrigatoriedade de adoção de condutas necessárias à promoção gradual de um estado de coisas, os valores situam-se no plano axiológico ou meramente teleológico e, por isso, apenas atribuem uma qualidade positiva a determinado elemento" (ÁVILA, Humberto. *Teoria dos Princípios*: da definição à aplicação dos princípios jurídicos. 4.ed. São Paulo: Malheiros, 2004, p. 70/72).

[297] "A partir da Revolução Francesa, o princípio da legalidade – verdadeira pedra angular do Estado de Direito – converte-se em uma exigência de segurança jurídica e de garantia individual. O seu fundamento político radica principalmente na função de garantia da liberdade do cidadão ante a intervenção estatal arbitrária, por meio da realização da certeza do direito" (Conforme: PRADO, Luiz Regis. *Curso de Direito Penal Brasileiro*. v.I. 4. ed. São Paulo: Revista dos Tribunais, 2004, p. 133). Nesse mesmo caminho, afirma Giacomolli: "o princípio da legalidade, além de dar seguridade a um ordenamento jurídico, se constitui em uma garantia protetiva dos jurisdicionados frente ao *ius puniendi*. Desta forma, os cidadãos podem saber de antemão, não só qual a conduta que está proibida, qual a sanção e quais são seus limites, mas principalmente que o acusador e o julgador não poderão sponte suam, determinar os tipos criminais, as penas ou as espécies de medidas de segurança (art. 5º, XLVI e XLVII, CF). Este critério material é fundamental para garantir que os limites da liberdade dos indivíduos sejam os mesmos, e se apliquem a todos, sem exceção, e que, ao mesmo tempo, se determinem com precisão, tanto para os cidadãos, quanto para as instituições. Ainda, neste critério essencial se concentram as esperanças de que tanto o sistema como a aplicação da justiça penal sejam transparentes, controláveis e sinceros. [...] Desta forma, podemos conceituar a legalidade penal como um princípio constitucional, limitativo do poder do legislador, que terá que formular preceitos claros, precisos, determinados e de acordo com a Constituição, limitativo do poder jurídico do órgão acusador, que não poderá transpor as barreiras legais autorizadoras do exercício da pretensão acusatória, e limitador do poder jurídico dos Juízes e dos Tribunais, os quais estão impedidos de definir tipos penais ou de aplicar sanções criminais que não existiam no momento da conduta, garantindo-se, assim, a proteção dos direitos e das liberdades fundamentais" (Conforme: GIACOMOLLI, Nereu José. Função Garantista do Princípio da Legalidade. In: *Revista Ibero-Americana de Ciências Penais*. n. 0 (maio-agosto). Porto Alegre: Cultural, 2000, p. 46/47).

[298] Nesse particular enfocado, tem de se registrar que é incorreto não concordar com o entendimento segundo o qual o que em verdade se interpreta são os textos normativos; da interpretação dos textos resultam as normas. (Conforme: GRAU, Eros Roberto. *Ensaio e discurso sobre a interpretação/aplicação do Direito*. 3.ed. São Paulo: Malheiros, 2005, p. 23). Discordar dessa constatação implica negar a temporalidade, uma vez que a diferença

mera existência. De tal modo, a idéia de validade das normas encontrava-se restringida à sua simples incorporação formal no sistema. Ou seja: se a norma, ato ou decisão respeitava o processo de elaboração predeterminado, ingressava na órbita do jurídico como válida.[299] Isso porque, como esclarece Copetti,

> (...) com a legalidade meramente formal, que torna possível considerar como norma jurídica toda e qualquer regra emanada da autoridade estatal, sem qualquer preocupação com o conteúdo que possa vir a ter, passou a ciência jurídica a formular a concepção formal de validade das normas, o que, sem dúvida alguma, propiciou o surgimento de um campo jurídico característico da modernidade, no qual as articulações de produção, interpretação e incorporação das leis às tomadas de decisões em relação aos conflitos sociais, voltam-se infinitamente mais para os aspectos formais que propriamente substanciais entre Constituição e legislação infraconstitucional.[300]

Nota-se, em Kelsen, que a validade se vinculava com a existência específica da norma no mundo do dever-ser, presenciando-se, assim, a sua concepção apenas sob o prisma formal.[301] Ocorre, no entanto, que o ordenamento jurídico e os vínculos entre as normas se modificaram em virtude da receptação dos valores iluministas pelas Constituições, o que importou uma revisão das concepções da validade e vigência das normas.

Conforme explica Ferrajoli, o moderno Estado constitucional de direito incluiu inúmeros princípios ético-políticos ou de justiça que impõem valorações ético-políticas nas normas produzidas, bem como que atuam como critérios de legitimidade e ilegitimidade internos e positivos. É de se ver, em outro giro, que as normas sobre produção de normas, nos velhos Estados absolutistas e em muitos Estados totalitários, se limitavam a conferir ao poder soberano a autoridade de

---

(entre texto e norma) ocorre na incidência do tempo. Negar isso é crer no caráter fetichista da lei, que conduz o direito em direção ao positivismo. É impossível reproduzir sentidos, como se o sentido fosse algo que pudesse ser arrancado dos textos. (Conforme: STRECK, Lenio Luiz. A hermenêutica filosófica e as possibilidades de superação do positivismo pelo (neo)constitucionalismo. In: *Anuário do Programa de Pós-Graduação em Direito* (Mestrado e Doutorado) da Unidade Ciências Jurídicas da Unisinos. São Leopoldo: Unisinos, 2004, p. 168).

[299] Conforme: CARVALHO, Salo de. *Pena e Garantias.* 2.ed. Rio de Janeiro: Lumen Juris, 2003, p. 101.

[300] COPETTI, André. *Direito penal e Estado Democrático de Direito.* Porto Alegre: Livraria do Advogado, 2000, p. 139.

[301] Realmente, Kelsen, em determinada passagem da sua *Teoria Pura do Direito*, afirmou: "Com a palavra vigência designamos a existência específica de uma norma. Quando descrevemos o sentido ou o significado de um acto normativo dizemos que, com o acto em questão, uma qualquer conduta humana é preceituada, ordenada, prescrita, exigida, proibida; ou então consentida, permitida ou facultada. Se, como acima propusemos, empregarmos a palavra dever-ser num sentido que abranja todas estas significações, podemos exprimir a vigência (validade) de uma norma dizendo que certa coisa deve ou não deve ser, deve ou não ser feita. Se designarmos a existência específica da norma como a sua vigência, damos por esta forma expressão à maneira particular pela qual a norma – diferentemente do ser dos fatos naturais – nos é dada ou se nos apresenta". (KELSEN, Hans. *Teoria pura do direito.* Traduzido por: João Baptista Machado. 5.ed. Coimbra: Armênio Amado, 1979, p. 28/29). Conforme se pode perceber, "há, nesta parte da teoria kelseniana, uma séria confusão conceitual. Permanentemente confunde-se existência, vigência e validade, e, em determinados momentos, há, até mesmo, a confusão entre validade e eficácia normativa" (COPETTI, André. Op. cit., p. 140). No entanto, a amalgamação entre validade e eficácia restou esclarecida por Kelsen, como assevera Cademartori: "a eficácia não se confunde com a validade, mas é condição desta. [...] mais correto é dizer-se que, na teoria kelseniana, a eficácia seria um plus para que tanto a norma quanto o ordenamento não venham a perder sua validade" (CADEMARTORI, Sérgio. *Estado de Direito e Legitimidade.* Porto Alegre: Livraria do Advogado, 1999, p. 47).

legislar. Com efeito, nesses ordenamentos, seria, por exemplo, válida (conquanto injusta) uma lei que conferisse ao soberano o poder arbitrário sobre a vida e a morte, do mesmo modo que foram válidas (ainda que injustas) as normas sobre os tribunais especiais para a defesa do Estado durante o fascismo na Itália. Em um Estado democrático de direito,[302] normas desse jaez não são apenas injustas, mas, também, inválidas. E isso porque contrastam com princípios constitucionais relativos aos direitos humanos, à igualdade e à estrita legalidade penal. Por isso, a especificidade do moderno Estado constitucional de direito reside, em demarcação precisa, no fato de que as condições de validade estabelecidas pelas leis fundamentais incorporam (além de requisitos de regularidade formal) condições de justiça substancial. E, inequivocamente, esses visos substanciais de validade apresentam uma relevância maior que os meramente formais.[303]

Em virtude do exposto, Ferrajoli elaborou uma separação entre os conceitos de vigência e de validade das normas, devendo-se realçar, sobre essa matéria, a síntese de Cademartori e Xavier, para quem a reformulação do

> (...) significado de validade é o ponto central da obra de Ferrajoli, que de existência (para Kelsen), passa a ser dividido em dois conceitos distintos. O de existência ou vigência, que respeita à validade formal da norma, e o de validade propriamente dito, respeitante à validade material. O primeiro diz respeito às regras que disciplinam a forma de criação de outras normas (competência e procedimento). O segundo se refere à necessidade de identificação, ou não-contradição, entre os conteúdos das normas inferiores e superiores.[304]

Pode-se, então, reconhecer que, "para que uma norma exista ou esteja em vigor, é suficiente que satisfaça as condições formais referentes aos procedimentos do ato normativo, assim como à competência do órgão do qual emana; para que seja válida necessita satisfazer as condições de validez substancial, que se referem ao seu conteúdo, ou seja, ao seu significado".[305] Isto é: "não basta a sintonia da norma com os parâmetros formais estabelecidos para a sua validação, visto que eles nada garantem. Imprescindível é sua harmonia com os direitos e garantias que expressam a racionalidade material (substantiva) do estatuto fundamental".[306]

---

[302] "O Estado Democrático de Direito tem um conteúdo transformador da realidade, não se restringindo, como o Estado Social de Direito, a uma adaptação melhorada das condições sociais de existência. Assim, o seu conteúdo ultrapassa o aspecto material de concretização de uma vida digna ao homem e passa a agir simbolicamente como fomentador da participação pública quando o democrático qualifica o Estado, o que irradia os valores da democracia sobre todos os seus elementos constitutivos e, pois, também sobre a ordem jurídica. E mais, a idéia de democracia contém e implica, necessariamente, a questão da solução do problema das condições materiais de existência" (STRECK, Lenio Luiz; MORAIS, José Luis Bolzan de. *Ciência Política e Teoria Geral do Estado.* Porto Alegre: Livraria do Advogado, 2001, p. 93).

[303] Conforme: FERRAJOLI, Luigi. *Derecho y razón.* Madrid: Trotta, 2000, p. 358.

[304] CADEMARTORI, Sérgio; XAVIER, Marcelo Coral. Apontamentos iniciais acerca do garantismo. In: *Revista de Estudos Criminais.* n.1. Porto Alegre: Notadez, 2001, p. 21.

[305] COPETTI, André. *Direito penal e Estado Democrático de Direito.* Porto Alegre: Livraria do Advogado, 2000, p. 142.

[306] CARVALHO, Salo de. *Pena e Garantias.* 2.ed. Rio de Janeiro: Lumen Juris, 2003, p. 103.

Verifica-se, à base do exposto, que o conceito de vigência se vincula à forma dos atos normativos, ao passo que o de validade toca a uma questão de compatibilidade das normas com os valores materiais inclusos nas Constituições,[307] colocando-se oportuno lembrar, quanto a esse último aspecto, que:

> (...) todos os direitos fundamentais – e não só os direitos sociais e os deveres positivos por eles impostos ao Estado, mas também os direitos de liberdade e as correspondentes proibições negativas que limitam a intervenção daquele – equivalem a vínculos de substância e não de forma, que condicionam a validade substancial das normas produzidas e exprimem, ao mesmo tempo, os fins para que está orientado esse moderno artifício que é o Estado Constitucional de Direito.[308]

De tal sorte, percebe-se a invalidade das normas por intermédio de uma análise conteudística, na qual cumpre levar em linha de conta o entendimento perfilhado por Streck, para quem, "sendo o texto constitucional, em seu todo, dirigente e vinculativo, é imprescindível ter em conta o fato de que todas as normas (textos) infraconstitucionais, para terem validade, devem passar, necessariamente, pelo processo de contaminação constitucional".[309] Continua esse autor assinalando que, "sendo uma norma jurídica (texto normativo) válida tão-somente se estiver em conformidade com a Constituição, a aferição dessa conformidade exige uma pré-compreensão acerca do sentido de (e da) Constituição".[310]

### 1.2.6. O garantismo e o Estado de Direito: o modelo de democracia substancial

Possível se torna perceber, na seara do Direito penal, que o conceito de Estado de direito mescla as concepções de governo *sub lege* (ou submetido às leis) e *per leges* (mediante leis gerais e abstratas). Parte-se, em verdade, da orientação segundo a qual "el poder judicial de descubrir y castigar los delitos es en efecto sub lege por cuanto el poder legislativo de definirlos se ejercita per leges; y el poder legislativo se ejercita per leges en cuanto a su vez está sub lege, es decir, está prescrita por ley constitucional la reserva de ley general y abstracta en materia penal".[311]

Nesse caminho, o Estado de direito ressoa como um sinônimo de garantismo, na medida em que se posiciona além da designação de "Estado legal", açambarcando, nesse espectro ampliativo, um Estado nascido com as modernas constituições. Dentro desse prisma, o Estado de direito caracteriza-se, basicamente, sob

---

[307] Idem, ibidem, p. 102.

[308] FERRAJOLI, Luigi. O direito como sistema de garantias. In: *O novo em direito e política*. Porto Alegre: Livraria do Advogado, 1996, p. 97.

[309] STRECK, Lenio Luiz. *Hermenêutica Jurídica e(m) Crise*: uma exploração hermenêutica da construção do Direito. Porto Alegre: Livraria do Advogado, 1999, p. 218.

[310] Idem. *Jurisdição Constitucional e Hermenêutica*: uma nova crítica do Direito. Porto Alegre: Livraria do Advogado, 2002, p. 179.

[311] FERRAJOLI, Luigi. *Derecho y razón*. Madrid: Trotta, 2000, p. 856.

duas formas: formal e substancial. Segundo a primeira, faz-se mister a obediência ao princípio da legalidade, por intermédio do qual todo o poder público (legislativo, judicial e administrativo) se encontra subordinado a leis gerais e abstratas, as quais disciplinam suas formas de exercício, e cuja observância se submete ao controle de legitimidade por parte de juízes independentes. De acordo com a segunda, todos os poderes do Estado devem ser endereçados ao serviço da garantia dos direitos fundamentais dos cidadãos, através da incorporação limitativa na Constituição dos deveres públicos correspondentes, quais sejam, as proibições de lesionar os direitos de liberdade, as obrigações de satisfazer os direitos sociais e a criação de mecanismos para os cidadãos obterem acesso à tutela judicial. Tem-se, a partir dessas considerações, que o plano formal representa a fonte de legitimação formal de cada poder, ao passo que o plano substancial espelha, conseqüentemente, a fonte de legitimação substancial. Sendo assim, é crível dizer-se que, por força dessas duas fontes, inexistem poderes sem regulamentação e atos de poder incontroláveis no seio de um Estado de direito, visto que todos os poderes estão limitados por deveres jurídicos sobre a forma e conteúdo de seus exercícios, cuja violação se torna causa de invalidade dos atos atacados judicialmente.[312]

Outrossim, essas fontes de legitimação se identificam com os modelos de legalidade em sentido amplo e de legalidade em sentido estrito, os quais, alhures, foram abordados com mais vagar. De toda a sorte, vislumbra-se que o princípio da mera legalidade se limita a reclamar que o exercício de qualquer poder tenha por fonte a lei como condição *formal* de legitimidade. De outro curso, o princípio da estrita legalidade exige que a própria lei condicione determinados conteúdos "substanciais" na legitimidade do exercício de qualquer poder por ela instituído. A par disso, anote-se que os direitos fundamentais, ao serem garantidos constitucionalmente, se configuram como vínculos de validade à legalidade ordinária, sendo essa caracterizada como estrita legalidade.[313] Em todos os casos, é possível se dizer que:

> (...) la mera legalidad, al limitarse a subordinar todos los actos a la ley cualquiera que sea, coincide con su legitimación formal, mientras la estricta legalidad, al subordinar todos los actos, incluidas las leys, a los contenidos de los derechos fundamentales, coincide con su legitimación sustancial.[314]

Necessário se realçar, nesse quadrante, que os direitos fundamentais, inclusos nas constituições ao longo dos tempos, alteraram (não só o modo de analisar a vigência e a validade das normas, mas, sobretudo) a própria teoria do Estado e da democracia.[315] Isso porque:

> A idéia de democracia reduzida à expressão da vontade da maioria não satisfaz às expectativas nascidas com o processo de positivação, generalização, internacionalização e

---

[312] FERRAJOLI, Luigi. *Derecho y razón*. Madrid: Trotta, 2000, p. 856-857.

[313] Conforme: FERRAJOLI, Luigi. *Derecho y razón*. Madrid: Trotta, 2000, p. 857.

[314] Idem, ibidem, p. 857.

[315] Conforme: CARVALHO, Salo de. *Pena e Garantias*. 2.ed. Rio de Janeiro: Lumen Juris, 2003, p. 106.

especificação dos direitos humanos, podendo, inclusive, demonstrar-se autoritária, devido à tendência de tornar universal determinada moral, excluindo os direitos das minorias (sexuais, raciais, étnicas, etárias, sociais, econômicas et coetera).[316]

Nessa senda, vale se frisar que o paradigma do Estado de direito se identifica com a dimensão substancial da democracia, aparecendo o Direito, nesse cenário, como um instrumento de defesa dos direitos e das garantias fundamentais.[317] É o garantismo considerado, assim, como a nota característica de uma democracia (não formal, mas) estrutural e substancial, na medida em que se coloca como uma técnica de limitação e disciplina dos poderes públicos, sendo projetado com o fito de determinar a esfera de atuação dos poderes públicos, ou seja, aquilo que os órgãos públicos devem (ou não) decidir. Sob essa ótica, presencia-se que as garantias (liberais e sociais) expressam os direitos fundamentais dos cidadãos frente aos poderes do Estado; os interesses dos fracos em relação aos fortes; a tutela das minorias marginalizadas em contraposição à maioria integrada socialmente; as razões dos pobres em antipatia aos ricos. Impossível perceber-se diferença, nesse sentido, entre direitos de liberdade e direitos sociais[318]: "también los derechos sociales, como cada vez se hace más evidente en los países ricos, en los que la pobreza tiende a convertirse en una condición minoritaria, son derechos individuales virtualmente contrarios a la voluntad y a los intereses de la mayoría".[319]

Em resumo, "os direitos fundamentais são o(s) limite(s) e o objeto do direito, caracterizando o fim e os meios, bem como o sentido das normas e das decisões que podem ou não ser tomadas nos Estados democráticos".[320] Nesse lanço, a opção garantista (de democracia substancial) pode ser vista nos ordenamentos jurídicos que encamparam a Constituição como "aquele acordo de vontades (pacto fundante) políticas desenvolvidas em um espaço democrático",[321] por meio do qual são garantidas as relações democráticas entre o Estado e a sociedade. Assim,

> (...) os direitos constitucionalmente garantidos operam, então, não como fonte de legitimação, mas ao contrário, como fonte de deslegitimação do poder. Nenhuma maioria poderia, portanto, decidir contra esses direitos, e se o fizer, está-se distanciando do Estado de Direito (...), ou da democracia substantiva. Existem, assim, num Estado de direito, assuntos sobre os quais não se pode decidir e assuntos sobre os quais não se pode deixar de decidir, ainda que por maioria.[322]

---

[316] CARVALHO, Salo de. *Pena e Garantias*. 2.ed. Rio de Janeiro: Lumen Juris, 2003, p. 109.

[317] Conforme: CADEMARTORI, Sérgio; XAVIER, Marcelo Coral. Apontamentos iniciais acerca do garantismo. In: *Revista de Estudos Criminais* n.1. Porto Alegre: Notadez, 2001, p. 22.

[318] Conforme: FERRAJOLI, Luigi. *Derecho y razón*. Madrid: Trotta, 2000, p. 864.

[319] Idem, ibidem, p. 864.

[320] CARVALHO, Salo de. Op. cit., 2003, p. 107.

[321] BOLZAN DE MORAIS, José Luis. *As crises do Estado e da Constituição e a transformação espacial dos Direitos Humanos*. Porto Alegre: Livraria do Advogado, 2002, p. 67.

[322] CADEMARTORI, Sérgio; XAVIER, Marcelo Coral. Apontamentos iniciais acerca do garantismo. In: *Revista de Estudos Criminais*. n.1. Porto Alegre: Notadez, 2001, p. 22/23.

Por outro lado, há de se anotar que os direitos fundamentais não foram estabelecidos à revelia de seus titulares; muito pelo contrário, pois eles são o resultado de um processo histórico condutor da escolha por uma Constituição – a qual os positivou como imposição de uma maioria qualificada. Em face disso, a sua diferença quanto aos outros direitos decorre do fato de que eles valem independentemente da vontade da maioria, porquanto estão positivados na Constituição.[323] No Brasil, os direitos e garantias fundamentais foram rotulados como cláusulas pétreas, de modo que "não só o poder legislativo ordinário, mas inclusive o originário (reformista), são ilegítimos para operar a sua exclusão".[324] Não há, pois, qualquer contradição entre o papel garantista das regras substanciais de direitos fundamentais e a constatação segundo a qual o cidadão é o único intérprete autorizado de seus interesses.[325]

Em vista do exposto, Ferrajoli, com sua teoria garantista, houve por redefinir o conceito de democracia. Inicialmente, considerou que o estado político representativo indica uma "democracia formal" ou "política", sendo alicerçada no princípio da maioria como fonte de legalidade. Logo em seqüência, denominou como "democracia substancial" ou "social" o Estado de direito munido de garantias específicas, sejam de índole liberal, sejam de cunho social.[326] Cuida-se, obviamente, de dois modelos de democracia independentes, sendo ainda autônomos os sistemas de garantias constitucionais dirigidas a assegurá-los:

> Por una parte, las reglas idóneas para asegurar, según los esquemas formales de la mera legalidad, la manifestación, directa o indirecta, de la voluntad de la mayoría; por otra, las reglas idóneas para vincular, según los esquemas sustanciales de la estricta legalidad, los objetos que no deben o deben ser materia de decisión, cualquiera que sea el sujeto llamado a decidir y sea cual fuere su voluntad.[327]

Evidencia-se, assim, que as noções de democracia substancial e de Estado social[328] se unificam na sistemática garantista, jungindo-se, segundo síntese formulada por Cademartori, nestes termos:

> (...) ao mesmo tempo deve corresponder a um estado liberal mínimo (pela minimização das restrições das liberdades aos cidadãos) e estado social máximo (pela maximização das expectativas sociais dos cidadãos e correlatos deveres de satisfazê-las por parte do estado).[329]

---

[323] CADEMARTORI, Sérgio; XAVIER, Marcelo Coral. Apontamentos iniciais acerca do garantismo. In: *Revista de Estudos Criminais*. n.1. Porto Alegre: Notadez, 2001, p. 23.

[324] CARVALHO, Salo de. Op. cit., p. 107.

[325] Conforme: CADEMARTORI, Sérgio; XAVIER, Marcelo Coral. Op. cit., 2001, p. 23.

[326] Conforme: CADEMARTORI, Sérgio. *Estado de Direito e Legitimidade*. Porto Alegre: Livraria do Advogado, 1999, p. 161.

[327] FERRAJOLI, Luigi. *Derecho y razón*. Madrid: Trotta, 2000, p. 865.

[328] O Estado Social é marcado pela intervenção na sociedade e na economia, tendo a Constituição, em vista disso, um caráter pragmático e dirigente, avocando, por intermédio de normas e princípios, os novos valores materiais. (Conforme: MOREIRA, Vital. O Futuro da Constituição. In: GRAU, Eros Roberto; GUERRA FILHO, Willis Santiago. *Direito Constitucional*: estudos em homenagem a Paulo Bonavides. São Paulo: Malheiros, 2003, p. 315).

[329] CADEMARTORI, Sérgio. Op. cit., p. 161.

A MOTIVAÇÃO DAS DECISÕES PENAIS

Como se pode perceber, inexiste, no modelo adotado, oposição entre direitos liberais e sociais, uma vez que ambos se constituem em direitos fundamentais. Nessa medida, veja-se que as plenas funções do Estado liberal e do Estado social representam a garantia dos direitos (individuais, sociais e transindividuais) contra os poderes do Estado. Nisso repousa, portanto, "a prolatada fórmula do projeto democrático garantista: Estado e direito mínimo na esfera penal (direitos e garantias sobre os quais não se pode decidir), Estado e direito máximo na esfera social (direitos e garantias que o Estado não pode deixar de satisfazer)".[330]

Ao fim, impende-se registrar, no plano axiológico, que a democracia substancial (ou social) incorpora valores mais importantes e prévios em relação à formal. Dessa arte, é importante, em resumo, consignar-se que o princípio da democracia política (quem decide) se encontra subordinado aos princípios da democracia social, os quais se vinculam "a qué es lícito decidir y a qué es lícito dejar de decidir".[331]

---

[330] CARVALHO, Salo de. *Pena e Garantias*. 2.ed. Rio de Janeiro: Lumen Juris, 2003, p. 109.
[331] FERRAJOLI, Luigi. *Derecho y razón*. Madrid: Trotta, 2000, p. 865.

# 2. A jurisdição penal sob a ótica garantista

## 2.1. ENFOQUE GARANTISTA SOBRE A JURISDIÇÃO: A INSTRUMENTALIDADE GARANTISTA DO PROCESSO PENAL E OS SISTEMAS PROCESSUAIS

### 2.1.1. A instrumentalidade garantista do Processo Penal

É necessário se trazer à luz, em momento preliminar, que o Direito Penal, fundamentalmente, encontra atuação e realidade concreta no processo instaurado em virtude do delito cuja imputação se lança ao réu. Verifica-se, nessa perspectiva, que a pena não é, apenas e tão-somente, um corolário do crime; cuida-se também, em rigor, de um efeito do processo. O processo, então, surgiu a partir da necessidade de o Estado (e não mais as mãos privadas,[332] como nas vinganças particulares) impor uma pena ao cidadão. O processo, nessa ótica, constitui-se na principal estrutura investida de legitimidade para a imposição da sanção.[333] Sob a ótica jurídico-processual, o processo serve "para a aplicação da lei penal aos casos concretos, tendo, por isso, um valor instrumental bem preciso: que nenhum responsável passe sem punição (*impunitum nom relinqui facinus*) nem nenhum inocente seja condenado (*innocentum non condennari*)".[334]

Segundo Lopes Júnior, o processo, pois, é o caminho básico ao implemento da reprimenda criminal.[335] Portanto, ele aparece, ao menos em sua essência inicial, como um instrumento à aplicação da pena, ou seja, como instrumento do

---

[332] "La prohibición de la autotutela que en el ámbito penal está formulada con carácter radical, así como el monopolio jurisdiccional en la imposición de penas hace que el proceso penal se constituya en la única fórmula mediante la cual el Estado pueda investigar la comisión de delitos a los efectos de, en su caso, imponer una previa declaración de la culpabilidad de una persona" (ASENCIO MELLADO, José María. *Derecho Procesal Penal*. Valência: Tirant lo Blanch, 1998, p. 28).

[333] Conforme: LOPES JÚNIOR, Aury. *Sistemas de Investigação Preliminar no Processo Penal*. 2.ed. Rio de Janeiro: Lumen Juris, 2003, p. 1/3.

[334] SILVA, Germano Marques da. *Curso de Processo Penal*. v.I. 3.ed. Lisboa: Verbo, 1996, p. 24.

[335] Conforme: LOPES JÚNIOR, Aury. Op. cit., p. 1/3.

---

A MOTIVAÇÃO DAS DECISÕES PENAIS

próprio Direito Penal. Não se pode aplicar uma pena sem processo: *nulla poena sine iudicio*. Cuida-se de uma regra implícita no sistema.[336] É aquilo que se denomina "jurisdicionalização da pena",[337] na qual se "excluye penas infligidas por via administrativa o acordadas por las partes (sin intervención del juez) o votadas por el parlamento".[338] Realmente, como advertiu Leone: "no es posible en ningun caso la aplicación de la sanción penal sin el proceso".[339] Daí dizer-se que o Direito (penal) serve ao processo; e o processo, em contrapartida, de igual modo serve ao Direito (penal). A evidência, a lei é um produto jurídico imperfeito, que necessita de um processo para se concretizar,[340] assim como projetar suas conseqüências ao cidadão. Enfim, o importante, no dizer de Figueiredo Dias, é que o Direito penal "só através do processo se pode realizar".[341] Por isso, Florian dissertava que o papel do processo penal se encontra projetado:

> (...) esencialmente para la actuación en un caso particular de la ley penal, la cual no contiene más que previsiones abstractas. Por esto, lo primero que se hace en el proceso es investigar si el hecho que se considera como delito ha sido cometido y si el acusado actuó de autor o cómplice o encubridor; después, ver si el hecho constituye delito, y a continuación, en caso afirmativo, declarar la responsabilidad del acusado y determinar las consecuencias penales (pena, medida de seguridad, etc.) que de él se derivan y que en la ley penal están indicadas sólo por vía general y hipotética.[342]

Nessa senda, tem de se apontar que, no curso da instrumentalização do Direito Penal, em virtude do interesse público que domina o processo penal, não se admite atuação desenvolvida à ilharga do princípio da legalidade processual,[343] o qual é o garante da aplicação do direito de punir, assim como dos direitos fundamentais da cidadania.[344] Igualmente, "a visão instrumental do processo, obvia-

---

[336] Conforme: CORDERO, Franco. *Procedimiento penal*. Traduzido por: Jorge Guerrero. Sta Fe de Bogotá: Temis, 2000, p. 12.

[337] TUCCI, Rogério Lauria. *Princípio e regras orientadoras do novo processo penal brasileiro*. Rio de Janeiro: Forense, 1986, p. 109/110.

[338] CORDERO, Franco. *Procedimiento penal*. Traduzido por: Jorge Guerrero. Sta Fe de Bogotá: Temis, 2000, p. 12.

[339] LEONE, Giovanni. *Tratado de Derecho procesal penal*. Traduzido por: Santiago Sentís Melendo. v.I. Buenos Aires: Ediciones Jurídicas Europa-America, 1963, p. 6.

[340] Conforme: CARNELUTTI, Francesco. *Cuestiones sobre el proceso penal*. Traduzido por: Santiago Sentís Melendo. Buenos Aires, 1961, p. 27.

[341] FIGUEIREDO DIAS, Jorge de. *Direito processual penal*. Coimbra: Coimbra, 2004, p. 47.

[342] FLORIAN, Eugenio. *Elementos de derecho procesal penal*. Traduzido por: Prietro Castro. Barcelona: Bosch, 1934, p.58.

[343] Pondera Giacomolli que, "segundo o princípio da legalidade, o desenvolvimento e o término do processo penal não podem estar submetidos à vontade particular ou a um poder de disposição de determinados sujeitos jurídicos. A estes não se reconhece a faculdade de postular ou não determinada tutela judicial ou uma sentença condenatória. Estou falando da 'estrita legalidade', ou seja, a aplicável ao direito criminal material e processual, especificamente, que condiciona a vigência das leis à taxatividade de seus conteúdos, e não a legalidade que se apresenta como princípio geral do direito público, extensivo a todo o campo da produção do direito estatal – 'mera legalidade'" (GIACOMOLLI, Nereu José. *Legalidade, oportunidade e consenso no processo penal*: na perspectiva das garantias constitucionais. Porto Alegre: Livraria do Advogado, 2006, p. 49).

[344] Idem, ibidem, p. 47.

mente, não poderá estar desconectada dos princípios reitores do processo penal estabelecidos constitucionalmente".[345]

Relevante se torna destacar, de outra banda, que a instrumentalidade do processo não se encontra ligada apenas às suas relações com a lei penal material. Sem dúvida, o Estado é o responsável pelo bem-estar social, o qual, em certos momentos, se encontra abalado por força de diversos conflitos estabelecidos entre as pessoas. Para eliminar esses litígios, devolvendo a paz desejada, é que, estruturalmente, o Estado se vale do sistema processual. Por isso, pode-se, ainda, colocar em evidência o fato de o processo surgir como um instrumento construído a serviço da paz social.[346] Ocorre, entretanto, que o restabelecimento da paz social não deve ser concretizado de forma arbitrária para satisfazer o interesse de uma suposta maioria; é mister, na busca por esse desiderato, o respeito aos direitos e garantias individuais,[347] submetendo-se o exercício do Poder Judiciário aos imperativos da razão. É por isso que Liebman reforça que a "história do processo, nos últimos séculos, pode ser concebida como a história dos esforços feitos por legisladores e juristas, no sentido de limitar o âmbito de arbítrio do juiz, e fazer com que as operações que realiza submetam-se aos imperativos da razão",[348] sendo "um momento bastante importante desse movimento histórico é o que diz respeito à exigência de que o juiz motive a sentença",[349] pois isso, como se verá logo mais, permite o controle (das partes e geral) sobre o raciocínio judicial.

O processo de índole penal, à luz da racionalidade, serve como o instrumento através do qual os direitos à liberdade são garantidos ao imputado,[350] motivo pelo qual a jurisdição, no curso da marcha processual, deve, sempre, observar o devido processo legal, sendo explicações outras desnecessárias.[351] Mormente porque os consectários do *due process of law* se configuram no "devido processo penal",[352] segundo o qual se estabelece, constitucionalmente, que nenhum cidadão pode ser privado de sua liberdade sem a observância destas específicas garantias:

---

[345] WUNDERLICH, Alexandre. Por um sistema de impugnações no processo penal constitucional brasileiro: fundamentos para (re)discussão. In: WUNDERLICH, Alexandre (org.). *Escritos de direito e processo penal em homenagem ao Professor Paulo Cláudio Tovo*. Rio de Janeiro: Lumen Juris, 2002, p. 23.

[346] Conforme: GRINOVER, Ada Pellegrini *et al. Teoria Geral do Processo*. 20.ed. São Paulo: Malheiros, 2003, p. 41.

[347] "En efecto, a diferencia de los regímenes autocráticos, en un Estado de Derecho, la función del proceso penal no puede identificarse exclusivamente con la aplicación del ius puniendi, y ello por la sencilla razón de que también está destinado a declarar el derecho a la libertad del ciudadano inocente" (GIMENO SENDRA, Vicente; MORENO CATENA, Victor; CORTÉS DOMÍNGUEZ, Valentin. *Derecho procesal penal*. 3.ed. Madri: Colex, 1999, p. 44).

[348] LIEBMAN, Enrico Tullio. Do arbítrio à razão: reflexões sobre a motivação da sentença. In: *Revista de Processo*. n.29. jan.-mar. 1983. São Paulo, 1983, p. 79.

[349] Idem, ibidem.

[350] "Não se olvide que o Processo Penal deve ser visto, no Estado Democrático de Direito, sob uma ótica garantista/garantidora: deve servir para garantir a realização dos direitos à liberdade" (STRECK, Lenio Luiz. *Jurisdição Constitucional e Hermenêutica*: Uma Nova Crítica do Direito. Porto Alegre: Livraria do Advogado, 2002, p. 256).

[351] Conforme: COUTINHO, Jacinto Miranda. *A lide e o conteúdo do processo penal*. Curitiba: Juruá, 1998, p. 137.

[352] TUCCI, Rogério Lauria; CRUZ E TUCCI, José Rogério. *Devido processo legal e tutela jurisdicional*. São Paulo: Revista dos Tribunais, 1993, p. 19.

a) de acesso à Justiça Penal; b) do juiz natural em matéria penal; c) de tratamento paritário dos sujeitos parciais do processo penal; d) da plenitude de defesa do indiciado, acusado ou condenado, com todos os meios e recursos a ela inerentes; e) da publicidade dos atos processuais penais; f) da motivação dos atos decisórios penais; e g) da fixação de prazo razoável de duração do processo penal.[353]

É, a par da perspectiva das garantias de um devido processo penal, que "cumpre ao processo penal o papel de filtro, evitando o (ab)uso do poder de perseguir e penar, com o que o processo passa a ser o freio ao desmedido uso do poder".[354] Apresenta-se o processo penal, assim, como um meio por intermédio do qual se protege a pessoa do acusado, garantindo-se-lhe a afirmação de seus valores fundamentais, os quais, por sua imposição hierárquica, são limites à persecução penal, servindo, ainda, de bússola à administração da justiça penal do Estado.[355] Eis aí a relevância da lei processual penal, na medida em que ela, abstratamente, estabelece como se deve proceder para se alcançar a atuação da lei penal substantiva, assim como determina quem está investido de competência para conduzir os atos integrantes do procedimento, cuja finalidade, em precisão, é a decisão judicial versada sobre a atuação da lei penal material.[356]

Por esse prisma é que surge, novamente, o caráter instrumental do processo (ou, no dizer de Maier, a sua primeira função material[357]), porquanto ele (o processo), como se pode perceber, está a serviço da efetivação do Direito Penal, conforme discorre Cortês:

> O Direito tem, na nossa cultura greco-romana cristã-europeia, um específico sentido de garantia duma convivência social baseada na dignidade da Pessoa Humana. O seu final horizonte intencional é, portanto, a tutela das condições de responsável e livre realização de todos e cada um. Esse sentido fundamental afirma-se em toda a sua expressividade no Direito Penal. A aparência de negação especialmente gravosa das condições de convivência social possibilitantes de um livre desenvolvimento da personalidade humana dá origem a uma questão de responsabilidade jurídico-penal e esta, por sua vez, a um processo penal.[358]

Em tal passo, é de rigor se assinalar que a instrumentalidade do processo pode ser vista sob duas perspectivas – quais sejam: uma negativa e outra positiva. A negativa vincula-se com a negação do processo como um fim em si mesmo, significando um repúdio aos exageros processuais e ao excesso de aperfeiçoamento das formas:[359] "o que se postula é, portanto, a colocação do processo em seu de-

---

[353] TUCCI, Rogério Lauria; CRUZ E TUCCI, José Rogério. *Devido processo legal e tutela jurisdicional*. São Paulo: Revista dos Tribunais, 1993, p. 19.

[354] LOPES JÚNIOR, Aury. *Introdução crítica ao processo penal*. Rio de Janeiro: Lumen Juris, 2004, p. 17/18.

[355] Conforme: MAIER, Julio. *Derecho procesal penal*. v.I. 2.ed. Buenos Aires: Editores del Puerto, 2004, p. 89.

[356] Idem, ibidem, p. 195.

[357] Idem, ibidem, p. 84/92.

[358] CORTÊS, António Ulisses. *A fundamentação das decisões no processo penal*. Lisboa: Universidade Católica. Revista Direito e Justiça, v.XI, tomo 1, 1997, p. 284.

[359] Conforme: LOPES JÚNIOR, Aury. *Sistemas de Investigação Preliminar no Processo Penal*. 2.ed. Rio de Janeiro: Lumen Juris, 2003, p. 8.

vido lugar de instrumento que não pretenda ir além de suas funções; instrumento cheio de dignidade e autonomia científica, mas nada mais do que instrumento".[360] A positiva, de outro curso, está caracterizada pela preocupação de extrair o maior proveito acerca de seus resultados, confundindo-se com o problema da sua efetividade, de sorte que o processo deverá adimplir, às inteiras, a função social, política e jurídica, tendo, inclusive, um caráter educacional:[361] "o processo deve ser apto a cumprir integralmente toda a sua função sócio-político-jurídica, atingindo em toda a plenitude todos os seus escopos institucionais".[362]

Claro deve ficar, nessa linha, que a efetividade do processo se constitui em um direito fundamental, porquanto a sua instrumentalidade é condição de possibilidade para a realização dos direitos previstos no texto jurídico infra e supra constitucional.[363] E mais: "o agir dos operadores jurídicos deve estar pautado pela premissa de que, no Estado Democrático de Direito, há uma tutela constitucional do processo".[364] Tendo-se em vista que os textos infraconstitucionais devem ser enfocados a partir do conteúdo constitucional, o processo acaba adquirindo "uma feição para além da técnica, muito mais politizada e sem dúvida com outro compromisso ético".[365] Como corolário disso, tem-se que:

> (...) o processualista moderno adquiriu a consciência de que, como instrumento a serviço da ordem constitucional, o processo precisa refletir as bases do regime democrático, nela proclamados; ele é, por assim dizer, o microcosmos democrático do Estado-de-direito, com as conotações da liberdade, igualdade e participação (contraditório), em clima de legalidade e responsabilidade.[366]

Percebe-se, em face disso, que a Constituição dita as bases do Direito processual penal, o qual, em realidade, apenas existe a partir do texto constitucional. Correto está Figueiredo Dias ao afirmar que é "o direito processual penal verdadeiro direito constitucional aplicado".[367] Inclusive, é viável se cogitar a existência de um "direito constitucional processual penal",[368] porquanto a "Constituição é

---

[360] DINAMARCO, Cândido Rangel. *A instrumentalidade do processo*. 5.ed. São Paulo: Malheiros, 1996, p. 269.

[361] Conforme: LOPES JÚNIOR, Aury. *Sistemas de Investigação Preliminar no Processo Penal*. 2.ed. Rio de Janeiro: Lumen Juris, 2003, p. 9.

[362] DINAMARCO, Cândido Rangel. Op. cit., p. 270.

[363] Conforme: STRECK, Lenio Luiz. *Jurisdição Constitucional e Hermenêutica*: Uma Nova Crítica do Direito. Porto Alegre: Livraria do Advogado, 2002, p. 255.

[364] Idem, ibidem, p. 257.

[365] CHOUKR, Fauzi Hassan. *Processo Penal à luz da Constituição*. São Paulo: EDIPRO, 1999, p. 62.

[366] DINAMARCO, Cândido Rangel. Op. cit., p. 25.

[367] FIGUEIREDO DIAS, Jorge de. *Direito processual penal*. Coimbra: Coimbra, 2004, p. 95.

[368] O direito constitucional processual tem "como objecto o estudo dos princípios e regras de natureza processual positivados na Constituição e materialmente constitutivos do status activus processualis no ordenamento constitucional português. Neste sentido, o direito constitucional processual abrange, desde logo, as normas constitucionais atinentes ao processo penal. Alude-se aqui ao direito constitucional penal ou constituição processual penal" (CANOTILHO, J. J. Gomes. *Direito Constitucional e teoria da Constituição*. 7.ed. Coimbra: Almedina, 2003, p. 966).

---

A MOTIVAÇÃO DAS DECISÕES PENAIS

que forma o arcabouço jurídico-político de toda Nação",[369] sendo ela que "traça os pressupostos de todos os setores da ordem jurídica: com o processo não poderia ser diferente".[370]

Em sendo assim, o processo penal deve, necessariamente, ser o devido processo legal, pois esse é o modelo eleito pela Constituição Federal. Inquestionavelmente, o devido processo legal coloca-se como o marco ideológico-político no qual se encarta todo o procedimento penal, tendo um valor fundamental na ordem jurídica, pois influencia a aplicação e interpretação das regras procedimentais.[371] A partir da escolha constitucional desse modelo (o qual, em sua essência, exige processo legislativo de elaboração da lei previamente definido e regular, aplicação das normas jurídicas por meio de processo e assecuração, no processo, de paridade de armas[372]) é que se verifica que o processo penal brasileiro, à luz da Constituição Federal de 1988, é garantista, guardando identificação com os axiomas de um sistema proposto nesses moldes.[373]

Finalizando, é possível, à guisa de fechamento desse tópico, dizer-se que cumpre ao processo, enquanto instrumento para a realização do Direito Penal, adimplir uma dupla função: *(i)* tornar possível a aplicação da sanção; e, de outro curso, *(ii)* ser um efetivo instrumento de garantia dos direitos e liberdades individuais, constituindo-se em um mecanismo por intermédio do qual se limita a atividade punitiva estatal,[374] a fim de que a pena não seja fruto de uma decisão arbitrária e gestada à ilharga dos direitos individuais de dignidade constitucional.

### 2.1.2. Os sistemas processuais: acusatório, inquisitório e "misto"

Em linhas gerais, pode-se apontar a existência de três sistemas processuais: o acusatório, o inquisitório e o "misto". No sistema acusatório, existe a oralidade, a publicidade, a exigência de acusador diverso e distinto do juiz, a presença de magistrado que se ache acima das partes, a vigência da regra da liberdade até a condenação definitiva e, conseqüentemente, a excepcionalidade da prisão preventiva.[375] De outra angulação, verifica-se, no sistema inquisitório, que o juiz acumula a função de acusador, a ação penal pode ser iniciada mediante delação anônima, a defesa é limitada e vinculada, a prova é tarifada e a segregação cautelar se cons-

---

[369] VARGAS, José Cirilo de. *Processo penal e direitos fundamentais*. Belo Horizonte: Del Rey, 1992, p. 57.

[370] Idem, p. 57.

[371] Conforme: MARÍA RICO, José. *Justicia penal y transición democrática en América latina*. México: Siglo Veintiuno, 1997, p. 244.

[372] Conforme: TUCCI, Rogério Lauria. *Teoria do direito processual penal*. São Paulo: Revista dos Tribunais, 2002, p. 202/203.

[373] Conforme: FERRAJOLI, Luigi. *Derecho y razón*. Madrid: Trotta, 2000, p. 93/94.

[374] Conforme: LOPES JÚNIOR, Aury. *Introdução crítica ao processo penal*. Rio de Janeiro: Lumen Juris, 2004, p. 37.

[375] Conforme: LYRA, Roberto. Introdução ao estudo do direito penal adjetivo. In: *Revista Interamericana de Direito Processual Penal*. ano II. v. 6. n. 5. Porto Alegre: Revista Jurídica, 1977, p. 14.

titui em uma regra.[376] Por último, é de rigor consignar-se, ainda, a presença de um sistema "misto", o qual se corporificou a partir da divisão do processo penal em duas fases:[377] pré-processual (ou seja, inquérito policial) e processual propriamente dita, que é iniciada com a instauração da ação penal.

Trata-se, pois, de sistemas – acusatório e inquisitivo – que historicamente se encontram em contraposição e que, ao longo dos tempos, sofreram um processo de erosão e adaptação, a ponto de apresentarem versões algumas vezes mais e outras vezes menos equivalentes ao esquema original[378] (isto é: o inquisitório dos séculos XVII e XVIII e o acusatório inglês[379]). Em face disso, é importante se esclarecer que o presente estudo, nas linhas que se seguirão, projetará esforços em prol de realizar uma abordagem mais moderna das diretrizes desses modelos, não sendo seu objetivo, portanto, tecer longas considerações históricas sobre as suas respectivas evoluções.[380]

Faz-se mister, doravante, aprofundar o estudo destes sistemas – acusatório, inquisitório e "misto" – lançando-se, para tanto, alguns escritos acerca de suas características básicas, mormente no que tange ao papel desenvolvido pelo juiz.

### 2.1.2.1. O sistema acusatório

No particular de que se cuida, impende-se consignar que essa investigação abordará o modelo acusatório a partir do século XVIII (deixando de lado, pois, a forma acusatória inicial desenvolvida pelos gregos e romanos[381]), porquanto a

---

[376] Conforme: LYRA, Roberto. Introdução ao estudo do direito penal adjetivo. In: *Revista Interamericana de Direito Processual Penal*. ano II. v. 6. n. 5. Porto Alegre: Revista Jurídica, 1977, p; 14.

[377] Conforme: LOPES JÚNIOR, Aury. *Introdução crítica ao processo penal*. Rio de Janeiro: Lumen Juris, 2004, p. 163.

[378] Conforme: LEONE, Giovanni. *Tratado de Derecho procesal penal*. Traduzido por: Santiago Sentís Melendo. v.I Buenos Aires: Ediciones Jurídicas Europa-America, 1963, p. 20.

[379] Sobre esses modelos originais, Figueiredo Dias formula as seguintes considerações: "A estrutura íntima de um processo penal (resultante, como dissemos, da co-actuação dos sujeitos processuais) situar-se-á e definir-se-á mais exactamente com referência a dois modelos estruturais extremos, cuja configuração essencial conhecemos já: a) o que se encontra em um puro processo inquisitório, tal como vimos ter tido consagração na generalidade das legislações européias continentais dos sécs. XVII e XVIII; b) aquele com que se depara em um puro processo acusatório, tal qual corresponde à fórmula clássica do processo penal inglês".

a) No primeiro caso temos, indubitavelmente, o exemplo-padrão de um processo sem partes, já que a investigação da verdade e, em suma, a consecução do fim do processo se depositam exclusivamente nas mãos do juiz; até ao ponto de, em uma estrutura processual deste tipo, nem a lógica nem naturalmente se impor sequer a existência de um órgão oficial encarregado da acusação, pois o juiz toma (ou pode tomar) para si todas as funções que àquele caberiam [...]

b) No direito processual penal inglês clássico deparamos, pelo contrário, com o exemplo-padrão de um puro processo penal de partes. O interesse público da perseguição e punição das infrações penais é encabeçado no representante da acusação (seja uma entidade pública ou, como muitas vezes sucede, privada), o interesse do argüido na absolvição é encabeçado no defensor, e o processo surge, deste modo, como uma discussão, luta ou duelo que entre acusador e defensor se estabelece, perante o olhar imparcial do juiz" (FIGUEIREDO DIAS, Jorge de. *Direito processual penal*. Coimbra: Coimbra, 2004, p. 246/247).

[380] Conforme: MAIER, Julio. *Derecho procesal penal*. v. I. 2.ed. Buenos Aires: Editores del Puerto, 2004, p. 259/391.

[381] Conforme: PRADO, Geraldo. *Sistema acusatório*. 2.ed. Rio de Janeiro: Lumen Juris, 2001, p. 86/90.

ocorrência da Revolução Francesa se constituiu na porta de abertura para um "gradual abandono dos traços mais cruéis do sistema inquisitório"[382] deflagrado na Idade Média pelo Tribunal da Santa Inquisição.

Realmente, pode-se dizer, em visão mais ampla, que a (re)descoberta de algumas diretrizes do sistema acusatório teve como marco inicial a ultrapassagem da monarquia absolutista francesa pelo governo republicano (que restou marcado por ideais de dignidade do ser humano, mormente o reconhecimento de que o homem é portador de valores individuais superiores em categoria à própria sociedade). Com efeito, esse (novo) modelo propôs – ao invés do segredo dos procedimentos, da negativa de defesa e dos juízes delegados do poder imperial – a publicidade e a oralidade dos debates, a liberdade de defesa e o julgamento por jurados. Com base na razão humana, instigou-se um grande debate sobre a inviabilidade da tortura, que servia de veículo para a descoberta da "verdade" nos julgamentos capitaneados pela Inquisição, pondo-se em xeque, nesse passo, o (antigo) modelo inquisitivo.[383] É possível afirmar-se, em face do exposto, que a reforma da Inquisição tradicional consistiu, precisamente, na aproximação ao princípio acusatório. Depreende-se, no entanto, que a luta ideológica entre a Inquisição (antigo regime) e o Estado de direito impulsionou, no século XIX, uma tensão que, na maioria das vezes, deu prioridade ao procedimento inquisitivo. Veja-se, por exemplo, que a investigação escrita e secreta permaneceu vigente, basicamente, no procedimento preparatório para a ação penal e na presença de um juiz de instrução. De igual modo, visos inquisitivos podem ser vistos em dispositivos que permitem aos juízes investigar de ofício a verdade sobre as hipóteses objetos do procedimento criminal.[384] No século XX, ocorreu, na Europa continental, um desenvolvimento lento (porém, contínuo) dirigido ao sistema acusatório. O juiz de instrução foi, paulatinamente, substituído pelo Ministério Público, que passou a preparar a sua própria acusação – e isso sem prejuízo de atos que necessitavam de autorização judicial, por representarem ingerências nas liberdades do cidadão. O Ministério Público, de mero observador do procedimento, passou a ser protagonista ativo. Os magistrados, de seu turno, tiveram de assegurar a observância das regras do procedimento, assim como exarar, em seu final, a decisão terminativa da causa.[385] No processo acusatório, há, como relembra Cordero, "el juego limpio (fair play)",[386] estando as atividades das partes submetidas à observação/fiscalização do juiz, de modo que caem por terra obscurantismo típico do modelo inquisitório (conforme se verá adiante).

[382] LOPES JÚNIOR, Aury. *Introdução crítica ao processo penal*. Rio de Janeiro: Lumen Juris, 2004, p. 154.

[383] Conforme: MAIER, Julio. *Derecho procesal penal*. v. I. 2.ed. Buenos Aires: Editores del Puerto, 2004, p. 336.

[384] Idem, ibidem, p. 389.

[385] Conforme: MAIER, Julio. *Derecho procesal penal*. v. I. 2.ed. Buenos Aires: Editores del Puerto, 2004, p. 390/391.

[386] CORDERO, Franco. *Procedimiento penal*. Traduzido por: Jorge Guerrero. Sta Fe de Bogotá: Temis, 2000, p. 90.

Nos dias atuais, a sistemática acusatória se caracteriza pelos seguintes vetores: *(i)* divisão, clara e cristalina, entre as funções de acusar e julgar; *(ii)* iniciativa probatória como ônus exclusivo das partes; *(iii)* presença do juiz como terceiro imparcial, ausentando-se da investigação e da coleta da prova; *(iv)* igualdade de oportunidades às partes no processo; *(v)* na maioria das vezes, o procedimento é oral; *(vi)* há a plena publicidade de todo o procedimento (ou de sua parte maior); *(vii)* existem o contraditório e a ampla defesa; *(viii)* a prova não é tarifada, sendo indispensável o livre convencimento motivado do órgão jurisdicional; *(ix)* instituição que observe os critérios de segurança jurídica e social da coisa julgada; e, por fim, *(x)* a garantia do duplo grau de jurisdição e da possibilidade de impugnar as decisões judiciais.[387]

É certo que "la separación de juez y acusación es el más importante de todos los elementos constitutivos del modelo teórico acusatorio, como presupuesto estructural y lógico de todos los demás",[388] sendo esse aspecto, destarte, o principal diferenciador dos sistemas inquisitório e acusatório. Nesse quadrante, observe-se que o dever de motivar a decisão judicial não amplia ou reduz a acusatoriedade da base processual, como, aliás, comprova o procedimento do tribunal do júri,[389] no qual o viso acusatório se faz presente em virtude da separação entre a função de acusar e a de julgar, não importando, para a análise do aspecto ora abordado, o fato de os jurados restarem silentes sobre os motivos condutores das suas decisões quanto aos quesitos apresentados. Em realidade, adverte Ferrajoli, "las garantías primarias de la motivación y de la ritualidad, no pertenecen específicamente al método acusatorio, habiendo sido concebidas, más bien, en el marco de la tradición inquisitiva; pero son en todo caso esenciales a cualquier método procesal, sea acusatorio, inquisitivo o mixto".[390]

Como se pode visualizar, o sistema acusatório impõe a imparcialidade do juiz, o qual não apresenta poderes de instrução, devendo, de tal arte, decidir com base nos dados alcançados pelas partes ao longo do processo; esse ponto, entretanto, não deve ser considerado um fator negativo, tampouco serve para justificar o desenvolvimento de uma atividade instrutória por parte do magistrado. É que, como contraponto à inércia do julgador acerca da produção de provas, exsurge uma participação mais intensa das partes nesse particular, na medida em que elas têm o dever de investigar e produzir elementos tendentes a comprovar suas alegações (seja da culpabilidade, seja da inocência do réu).[391] Não há de se perder de vista, por importante, que Leone já afirmava que o sistema acusatório se concen-

---

[387] Conforme: LOPES JÚNIOR, Aury. *Introdução crítica ao processo penal*. Rio de Janeiro: Lumen Juris, 2004, p. 154.

[388] FERRAJOLI, Luigi. *Derecho y razón*. Madrid: Trotta, 2000, p. 567.

[389] Conforme: PRADO, Geraldo. *Sistema acusatório*. 2.ed. Rio de Janeiro: Lumen Juris, 2001, p. 126.

[390] FERRAJOLI, Luigi. Op. cit., p. 616.

[391] Conforme: LOPES JÚNIOR, Aury. *Introdução crítica ao processo penal*. Rio de Janeiro: Lumen Juris, 2004, p. 154/155.

tra, "naturalmente, en una discusión entre las partes",[392] tendo sua origem, assim, vinculada "a una concepción democrática".[393] Dentro dessa perspectiva, ao juiz incumbe, tão-somente, solucionar a discussão entre partes opostas, não possuindo qualquer liberdade de investigação e de seleção de provas.[394] Nas palavras de Ferrajoli,

> (...) se puede llamar acusatório a todo sistema procesal que concibe al juez como un sujeto pasivo rigidamente separado de las partes y al juicio como una contienda entre iguales iniciada por la acusación, a la que compete la carga de la prueba, enfrentada a la defensa en un juicio contradictorio, oral y público y resuelta por el juez según su libre convicción.[395]

Também é de se ver que, no sistema acusatório, ensina Goldschmidt,

> (...) o melhor meio para averiguar a verdade e verificar a justiça é deixar a invocação do juiz e o recolhimento do material processual àqueles que perseguem interesses opostos e sustentam opiniões divergentes; mas desincumbindo-se dessa tarefa aquele que tem de decidir o assunto e garantindo, desse modo, sua imparcialidade.[396]

Malgrado isso, "compreende-se que um processo penal assim estruturado tenha na sua base, ainda mais fortemente que a intenção de lograr a verdade material, o desejo de assegurar ao argüido a máxima garantia da sua liberdade e dos seus direitos individuais".[397] Como resultado disso, vê-se, em todos os ângulos, que um processo acusatório é, inquestionavelmente, um processo de limitação do poder estatal através do reconhecimento de direitos e garantias ao réu. Trata-se o processo acusatório, pois, de um processo de cunho às inteiras garantista.

Sob todos os títulos, o relevante é que o sistema acusatório representa a divisão, entre três sujeitos distintos, das tarefas de acusar, defender e julgar. Quando se cogita na existência de um princípio acusatório, fala-se, indubitavelmente, de um processo de partes, quer sob o aspecto estático (com o estudo das funções alcançadas aos três principais sujeitos), quer na perspectiva dinâmica (através da observação do modo como o autor, o réu, o defensor e o juiz se relacionam juridicamente no desempenho de suas respectivas funções).[398]

Tem-se como indispensável, portanto, o fortalecimento da estrutura dialética do processo penal, para que as partes tenham uma participação mais intensa e efetiva, tornando desnecessária a fixação de poderes instrutórios ao magistra-

---

[392] LEONE, Giovanni. *Tratado de Derecho procesal penal*. Traduzido por: Santiago Sentís Melendo. v.I. Buenos Aires: Ediciones Jurídicas Europa-America, 1963, p. 22.

[393] Ibidem.

[394] Idem, p. 21/22.

[395] FERRAJOLI, Luigi. *Derecho y razón*. Madrid: Trotta, 2000, p. 564.

[396] GOLDSCHMIDT, James. *Princípios gerais do processo penal*. Traduzido por: Hiltomar Martins Oliveira. Belo Horizonte: Líder, 2002, p. 73.

[397] FIGUEIREDO DIAS, Jorge de. *Direito processual penal*. Coimbra: Coimbra, 2004, p. 248.

[398] Conforme: PRADO, Geraldo. *Sistema acusatório*. 2.ed. Rio de Janeiro: Lumen Juris, 2001, p. 126.

do.[399] Mormente porque a natureza acusatória reclama, em última análise, que a acusação e a defesa se coloquem como propostas excludentes no juízo de solução da causa, o que somente será possível caso o juiz não esteja, desde logo, psicologicamente envolvido com uma das versões postas em jogo.[400] É evidente, de tal arte, que:

> (...) a real acusatoriedade depende da imparcialidade do julgador, que não se apresenta meramente por se lhe negar, sem qualquer razão, a possibilidade de também acusar, mas, principalmente, por admitir que a sua tarefa mais importante, decidir a causa, é fruto de uma consciente e meditada opção entre duas alternativas, em relação às quais manteve-se, durante todo o tempo, eqüidistante.[401]

Finalmente, calha dizer-se que o sistema acusatório, ao retirar os poderes de instrução do juiz, visa, outrossim, a evitar que o magistrado firme previamente sua convicção sobre a causa – ou seja: que ele estabeleça um (pré)juízo sem a interferência dos argumentos e provas trazidos pelas partes – e, a partir disso, projete seus esforços na colheita de elementos capazes de confirmar essa sua (prévia) decisão, o que, na realidade, além de possibilitar a "crença no imaginário",[402] o colocaria no *status* de parte (acusação ou defesa) no processo, estiolando a atuação do Ministério Público e da Defesa técnica, os quais cumpririam apenas um papel formal no curso dos procedimentos, tal qual o tinham no sistema inquisitório, como será demonstrado no próximo tópico.

### 2.1.2.2. O sistema inquisitório

De outra parte – isto é: ao contrário do modelo acusatório – exsurge um sistema processual inquisitivo sempre que o juiz tenha a possibilidade de proceder de ofício na colheita, introdução ao processo e valoração final das provas, sendo essa faculdade somada ao fato de a sua decisão ser concretizada após uma instrução escrita e secreta, na qual se encontram suprimidos (ou, no mínimo, limitados) o contraditório e os demais direitos de defesa,[403] o que ocorre para viabilizar o escopo de se arrancar a confissão do acusado a qualquer custo,[404] na medida em que ela se coloca como um meio de prova absoluto por representar a verdade real

---

[399] Conforme: LOPES JÚNIOR, Aury. *Introdução crítica ao processo penal*. Rio de Janeiro: Lumen Juris, 2004, p. 154/155.

[400] Conforme: PRADO, Geraldo. Op. cit., p. 128.

[401] Idem. Op. cit., p. 128.

[402] Para Coutinho, quando o juiz é o gestor da prova, ele "tem, quase que por definição, a possibilidade de decidir antes e, depois, sair em busca do material probatório suficiente para confirmar a 'sua' versão, isto é, o sistema legitima a possibilidade da crença no imaginário, ao qual toma como verdadeiro" (COUTINHO, Jacinto Nelson de Miranda. O papel do novo juiz no processo penal. In: COUTINHO, Jacinto Nelson de Miranda. (org.) *Crítica à teoria do direito processual penal*. Rio de Janeiro: Renovar, 2001, p. 32).

[403] Conforme: FERRAJOLI, Luigi. *Derecho y razón*. Madrid: Trotta, 2000, p. 564.

[404] Conforme: DALIA, Andrea Antonio; FERRAIOLI, Marzia. *Corso di diritto processuale penale*. Milão: Cedam, 1992, p. 8.

do fato investigado.[405] Enfim, no sistema inquisitório admite-se "que el Juzgado criminal, al considerar que hay indicios suficientes de un hecho punible, proceda de oficio y recoja por si mismo el material, a fin de adquirir el convencimiento de la existência del delito".[406]

Em rápida perspectiva histórica, registre-se que o desenvolvimento do sistema inquisitivo teve como marco inicial a vitória da monarquia sobre os senhores feudais no último período da Idade Média. A par disso, depreende-se que esse modelo, em certo sentido, representou o fruto de uma significativa mudança política ocorrida nessa indigitada época – qual seja: o implemento de uma monarquia absolutista, na qual o monarca detinha o poder de legislar, julgar e administrar, sendo a sua figura considerada, dessa arte, a do próprio Estado. Deve-se ponderar, ainda, que esse período também foi marcado pelo forte crescimento da Igreja Católica, a qual se posicionou em prol da formação dos estados nacionais à guisa de modelos de organização política.[407]

Além disso, no campo do Direito, a mudança política e o forte crescimento da Igreja Católica impulsionaram o (re)aparecimento do Direito romano-canônico, o qual restou encampado no lugar do modelo germânico, por ser um instrumento mais adequado ao desenvolvimento da idéia de um império universal cristão,[408] na medida em que punia o herege, ou seja, aquele que discordava da ordem estabelecida,[409] ocorrendo, por via própria de conseqüência, uma fusão entre o direito e a moral, melhor dizendo, entre o pecado e o crime.[410]

O modelo inquisitivo, nesse quadro histórico, substituiu o antigo sistema acusatório utilizado até o século XIII,[411] constituindo-se no "maior engenho jurídico que o mundo conheceu".[412] E isso porque se trata de um procedimento praticamente infalível à vista de que se vale da tortura para arrancar a confissão do acusado, chegando-se, assim, à "verdade" do fato investigado pela própria boca do imputado, o que, em grande medida, legitimava a decisão condenatória. Daí a razão pela qual se pode dizer que, "uma vez obtida a confissão, o inquisidor não

---

[405] Conforme: LOPES JÚNIOR, Aury. *Introdução crítica ao processo penal*. Rio de Janeiro: Lumen Juris, 2004, p. 161.

[406] GOLDSCHMIDT, James. *Principios generales del proceso II*: problemas jurídicos y políticos del proceso penal. Buenos Aires: Europa-América, p. 112.

[407] Conforme: MAIER, Julio. *Derecho procesal penal*. v.I. 2.ed. Buenos Aires: Editores del Puerto, 2004, p. 288/289.

[408] Idem, ibidem.

[409] Conforme: CARVALHO, Salo de. Da reconstrução do modelo jurídico inquisitorial. In: WOLKMER, Antonio Carlos. *Fundamentos de história do direito*. 2.ed. Belo Horizonte: Del Rey, 2002, p. 258.

[410] Conforme: CARVALHO, Salo de. *Pena e Garantias*. 2.ed. Rio de Janeiro: Lumen Juris, 2003, p. 15.

[411] Conforme: CARVALHO, Salo de. Da reconstrução do modelo jurídico inquisitorial. In: WOLKMER, Antonio Carlos. *Fundamentos de história do direito*. 2.ed. Belo Horizonte: Del Rey, 2002, p. 258.

[412] COUTINHO, Jacinto Nelson de Miranda. O papel do novo juiz no processo penal. In: COUTINHO, Jacinto Nelson de Miranda (org.). *Crítica à teoria do direito processual penal*. Rio de Janeiro: Renovar, 2001, p. 18.

necessita de mais nada, pois a confissão é a rainha das provas (sistema de hierarquia de provas)".[413]

Tem-se como correto, portanto, que as presenças dos Estados absolutistas viabilizaram profundas transformações no procedimento penal (especialmente em seus princípios, seus fins, sua estrutura e suas formas), as quais se consolidaram de forma plena no século XV e perduraram até o século XVIII, quando, então, os ideais humanitários conquistaram espaço e reconhecimento.[414]

Dentre todas as mudanças trazidas por essa (nova) ordem (como, apenas para citar, a existência de um procedimento escrito e secreto, que foi estabelecido em um Tribunal permanente, sendo esse órgão caracterizado pela hierarquia entre seus funcionários), vale dizer-se que o aparecimento da tortura merece destaque singular, e isso porque tal método obteve, nesse lapso, um desenvolvimento verdadeiramente extraordinário.[415] Tendo em vista que crime e pecado se apresentavam como sinônimos, o processo penal restou imaginado e posto em prática na forma de um mecanismo terapêutico tendente a absolver o imputado pela punição. Vinculava-se o processo penal, assim, a uma fórmula de descoberta da verdade, a qual apenas o acusado poderia informar com precisão[416]. Por isso, buscava-se a confissão a qualquer custo, mesmo que o inquisidor tivesse de alcançá-la por meio da tortura. Afinal de contas, ela (a confissão) representa a verdade do fato investigado e "possibilita a rendição dos pecados e a absolvição, ainda que paradoxalmente fosse necessário condenar e, no limite, queimar na fogueira".[417] Com efeito, à vista da prática (corriqueira) da tortura (a qual, em muito, restou facilitada pela investigação escrita e secreta), o imputado, de sujeito processual, se converteu em simples objeto de investigação e em meio de prova.[418]

Basicamente, o sistema inquisitório se alicerça nestas características: *(i)* atenuação e progressiva eliminação da figura do acusador, pois uma mesma pessoa acumula a função de acusar e julgar; *(ii)* disparidade entre juiz/acusador e acusado; *(iii)* o juiz investe-se de um poder permanente; *(iv)* a liberdade de o magistrado buscar, introduzir e valorar as provas, independentemente de qualquer ação das partes; e, por fim, *(v)* o desenvolvimento do processo de modo escrito e secreto.[419] Com efeito, assevera Almeida Júnior que "o processo inquisitório transportava a ação pública das mãos das partes para as do juiz; dava ao juiz o poder, não mais

---

[413] LOPES JÚNIOR, Aury. *Introdução crítica ao processo penal*. Rio de Janeiro: Lumen Juris, 2004, p. 161.

[414] Conforme: MAIER, Julio. *Derecho procesal penal*. v.I. 2.ed. Buenos Aires: Editores del Puerto, 2004, p. 293.

[415] Idem, p. 293/297.

[416] Conforme: COUTINHO, Jacinto Nelson de Miranda. O papel do novo juiz no processo penal. In: COUTINHO, Jacinto Nelson de Miranda (org.). *Crítica à teoria do direito processual penal*. Rio de Janeiro: Renovar, 2001, p. 24/25.

[417] Idem, ibidem, p. 26.

[418] Conforme: MAIER, Julio. *Derecho procesal penal*. v.I. 2.ed. Buenos Aires: Editores del Puerto, 2004, p. 293/297.

[419] Conforme: LEONE, Giovanni. *Tratado de Derecho procesal penal*. Traduzido por: Santiago Sentís Melendo. v.I Buenos Aires: Ediciones Jurídicas Europa-America, 1963, p. 24.

de julgar somente, mas o de dirigir e provocar *ex officio* os atos de instrução; essencialmente secreto, este processo não faz pesar responsabilidade alguma sobre o inquiridor".[420]

Importante se torna referir, nesse quadrante, que "a característica fundamental do sistema inquisitório, em verdade, está na gestão da prova, confiada essencialmente ao magistrado que, em geral, no modelo em análise, recolhe-a secretamente".[421] E isso porque, nessa sistemática, restou excluído o órgão acusador, tendo o inquisidor o múnus de acusar e julgar, "transformando-se o imputado em mero objeto de verificação, razão pela qual a noção de parte não tem nenhum sentido".[422] Em sua versão pura, o modelo inquisitório, portanto, tem uma característica essencial, vale dizer, cuida-se de um processo criminal no qual não existem partes.[423] De quebra, pode-se, com Figueiredo Dias, afirmar que a estrutura processual inquisitória é "estática", pois nela existe uma relação "bipolar juiz-arguido e não, como entre nós, uma espécie de relação angular que tem no vértice o arguido e cujos lados são formados pela actividade do MP e pela do juiz".[424] Nisso reside o motivo pelo qual se pode concluir, quanto à implementação do modelo inquisitório ora enfocado em detrimento da sistemática acusatória predominante até o século XII, que aquilo que era considerado:

> (...) um duelo leal e franco entre acusador e acusado, com igualdade de poderes e oportunidades, se transforma em uma disputa desigual entre o juiz-inquisidor e o acusado. O primeiro abandona sua posição de árbitro imparcial e assume a atividade de inquisidor, atuando desde o início também como acusador. Confundem-se as atividades do juiz e acusador e o acusado perde a condição de sujeito processual e se converte em mero objeto da investigação.[425]

Na base do exposto, torna-se possível afirmar que a estrutura inquisitiva traria o benefício (aparente) de o juiz ter a possibilidade de encontrar maiores facilidades para encontrar a verdade dos fatos investigados e se informar sobre eles, na medida em que teria domínio único e onipotente do processo;[426] entretanto, sabe-se que essa dita vantagem encamparia um prejuízo incalculável, o qual assim é retratado por Figueiredo Dias:

> Antes de tudo, a impossibilidade psicológica de preservar a imparcialidade de julgamento de um juiz no qual convergissem as qualidades de instrutor, acusador e julgador; e depois, também, o frontal ataque que assim se desencadearia contra a preservação (humanamente impossível) da própria independência judicial face aos poderes do Estado.[427]

---

[420] ALMEIDA JÚNIOR, João Mendes de. *Processo Criminal*. v.1. 3.ed. Rio de Janeiro: Francisco Alves, 1920, p. 249.

[421] COUTINHO, Jacinto Nelson de Miranda. Op. cit., p. 24.

[422] Idem, p. 23.

[423] Ibidem.

[424] FIGUEIREDO DIAS, Jorge de. *Direito processual penal*. Coimbra: Coimbra, 2004, p. 254.

[425] LOPES JÚNIOR, Aury. *Introdução crítica ao processo penal*. Rio de Janeiro: Lumen Juris, 2004, p. 157.

[426] Conforme: FIGUEIREDO DIAS, Jorge de. Op. cit., p. 247.

[427] Ibidem.

Ao ensejo desse tópico, mostra-se inviável não concordar que o descrédito do sistema inquisitório reside, principalmente, no equívoco psicológico de acreditar que uma mesma pessoa possa exercer funções tão diferentes como investigar, acusar, defender e julgar.[428] De mais a mais, é de rigor se consignar, apenas à guisa de escorço histórico, que o sistema inquisitório surgiu, como se viu alhures, com os regimes monárquicos, se aperfeiçoou com o Direito canônico e, finalmente, projetou seus ditames a quase todas as legislações européias dos séculos XVI, XVII e XVIII.[429] De toda sorte, vale frisar-se, com rigidez, que o modelo inquisitório se cuida de uma postura antiga, na qual há "uma configuração repressiva que nunca foi socialmente eficaz, politicamente adequada e academicamente moderna".[430]

### 2.1.2.3. O sistema "misto": a falácia do modelo bifásico no Brasil

Sustenta-se, como lugar-comum na doutrina processual penal, que a denominação de sistema misto se origina de dois aspectos: *(i)* os sistemas puros (inquisitivo e acusatório) são modelos históricos sem vinculação com os utilizados nos dias correntes; e *(ii)* o processo penal divide-se em duas fases (inquérito policial e ação penal), sendo, desse modo, inquisitivo em um primeiro momento (fase pré-processual) e acusatório no instante subseqüente (fase processual).[431]

Mostra-se importante consignar, em momento antecedente (e, assim, à guisa de relato histórico), que o Código francês de 1808 (*Code d'Instruction Criminalle*), aliado a alguns resquícios da ideologia revolucionária,[432] serviram de base ao impulso da reforma inquisitiva na Europa continental, dando ensejo à adoção de um novo sistema processual penal, o qual restou denominado de sistema inquisitivo reformado ou sistema misto.[433] Entretanto, nota-se que essa sistemática manteve duas diretrizes da Inquisição ao consagrar – muito embora de forma relativa em virtude da afirmação de valores individuais referentes à dignidade da pessoa humana – os princípios da persecução penal pública e da averiguação objetiva da verdade histórica,[434] os quais, é bom que se diga, perduram até nos nossos dias.[435] Ao se emprestar valor relativo aos indicados princípios, reconhecendo-se, de tal

---

[428] Conforme: LOPES JÚNIOR, Aury. *Introdução crítica ao processo penal*. Rio de Janeiro: Lumen Juris, 2004, p, 162.

[429] Conforme: LEONE, Giovanni. *Tratado de Derecho procesal penal*. Traduzido por: Santiago Sentís Melendo. v.I. Buenos Aires: Ediciones Jurídicas Europa-America, 1963, p. 23.

[430] CHOUKR, Fauzi Hassan. *Processo Penal à luz da Constituição*. São Paulo: EDIPRO, 1999, p. 70.

[431] Conforme: LOPES JÚNIOR, Aury. *Introdução crítica ao processo penal*. Rio de Janeiro: Lumen Juris, 2004, p. 163.

[432] Ferrajoli, oportunamente, recorda que o ânimo reformador da Ilustração teve o condão de sustentar um processo de cunho acusatório tão-somente nos anos da Revolução, pois esse modelo, logo em seguida, fora substituído pelo sistema misto, que teve origem nos códigos termidoriano de 1795 e napoleônico de 1808. (Conforme: FERRAJOLI, Luigi. *Derecho y razón*. Madrid: Trotta, 2000, p. 566.)

[433] Conforme: MAIER, Julio. *Derecho procesal penal*. v.I. 2.ed. Buenos Aires: Editores del Puerto, 2004, p. 361.

[434] Idem, ibidem, p. 361.

[435] Idem, ibidem, p. 449.

---

A MOTIVAÇÃO DAS DECISÕES PENAIS

arte, a sua mitigação face à existência de direitos individuais oponíveis ao direito de punir estatal, "se intentaba, en la persecución penal, desmantelar los efectos odiosos del Estado absoluto sin dejar de reconocer, sin embargo, la necesidad de perseguir de oficio aquellos atentados graves contra el ordeny la paz social".[436]

À base disso, pode-se dizer que havia um verdadeiro compromisso político no sentido de criar uma harmonia entre a necessidade de o Estado reprimir comportamentos desvaliosos socialmente e os direitos mínimos que uma pessoa deveria possuir em uma organização social. Inquestionavelmente, esse desiderato possibilitou a presença desse sistema misto, uma vez que se dividiu o procedimento processual penal em dois instantes: uma instrução preparatória (marcada pelas características inquisitivas) e a fase judicial (com diretrizes típicas do modelo acusatório).[437] Levando em linha de conta essa dupla divisão, é que Leone traça as diretrizes gerais desse modelo misto, entrelaçando as características originárias dos antigos sistemas (inquisitório e acusatório), nesta fórmula:

> a) el proceso no puede nacer sin una acusación; pero ésta sólo puede provenir de un órgano estatal. Del proceso acusatorio deriva la necesidad de la separación entre juez y acusador (y de ahí el principio ne procedat iudex *ex officio*); del proceso inquisitorio deriva la atribución del poder de acusación a un órgano estatal (ministerio público);
>
> b) el proceso, de ordinario, se despliega a través de dos fases correspondientes a los dos sistemas opuestos: instrucción, inspirada en el proceso inquisitorio (escritura y secreto); el juicio, inspirado, a su vez, en el proceso acusatorio (contradictorio, oralidad y publicidad);
>
> c) la selección de las pruebas, la adquisición y la crítica de ellas, quedan a la libre facultad del juez: nos hallamos, pues, en el campo del sistema inquisitorio.[438]

Como se pode observar, o sistema misto apresenta linhas estruturais ínsitas aos dois modelos antes abordados, porque é inquisitivo na primeira fase (a qual é escrita, secreta, dominada pela acusação pública e isenta da participação do imputado, que tem sua liberdade privada durante o curso das investigações) e com tendência acusatória na fase sucessiva, isto é, na esfera judicial, quando há um juízo oral, público e sob o crivo do contraditório, com a intervenção da acusação e da defesa. É certo que surgiu o modelo misto, portanto, a partir da fusão entre os sistemas acusatório e inquisitório. Contudo, percebe-se, no plano da realidade, que a fase judicial, em sistemas que tais, se converte, na maioria dos casos, em mera repetição ou encenação do momento inicial inquisitório, motivo pelo qual se pode sustentar que o modelo misto, em essência, é um verdadeiro monstro.[439] E esse fenômeno de "ratificação judicial dos elementos colhidos na fase indiciária a fim de dar ensanchas à condenação" vem, no mais das vezes, acompanhado de uma motivação do magistrado sentenciante às inteiras inválida (à luz do artigo

---

[436] Conforme: MAIER, Julio. *Derecho procesal penal*. v.I. 2.ed. Buenos Aires: Editores del Puerto, 2004, p. 361.

[437] Idem, ibidem, p. 362.

[438] LEONE, Giovanni. *Tratado de Derecho procesal penal*. Traduzido por: Santiago Sentís Melendo. v.I. Buenos Aires: Ediciones Jurídicas Europa-America, 1963, p. 27.

[439] Conforme: FERRAJOLI, Luigi. *Derecho y razón*. Madrid: Trotta, 2000, p. 566.

93, inciso IX, da Constituição Federal), na medida em que vazada e formulada à base de (vazios) jargões, isto é, verdadeiras fórmulas prontas, que são capazes de justificar qualquer decisão,[440] tais como: "a prova do inquérito é corroborada pela prova judicializada; cotejando a prova policial com a judicializada".[441]

No particular de que se cuida, tem de se referir, ainda, que, malgrado se possa cogitar a corporificação de um sistema misto (a partir da fusão das diretrizes dos modelos inquisitório e acusatório), se mostra incorreto sustentar a existência de um princípio fundamentalmente misto para essa concepção. Em realidade, o misto, em essência, será sempre ou acusatório, ou inquisitório. E, para essa análise, deverá ser levado em linha de conta o princípio basilar desses sistemas – isto é: a gestão da prova.[442] Caso o magistrado tenha poder sobre a produção da prova, o processo será inquisitório; do contrário, ou seja, tendo-se um juiz espectador, estar-se-á perante um processo de índole acusatória. De tal arte, "não é preciso grande esforço para entender que não há – e nem poderia haver – um princípio misto, o que, por evidente, desfigura o dito sistema".[443] Ou seja: ainda que se tenha um processo penal bifásico, a sua estrutura principiológica principal estará assentada ou sobre uma base inquisitória (juiz gestor da prova) ou sobre um alicerce acusatório (magistrado espectador e fiscalizador do duelo travado por partes, acusação e defesa, postas em idênticas condições), de modo que a defesa de um modelo misto, no plano da realidade, perde consistência.

Em termos mais específicos, é viável se sustentar, portanto, que o modelo, adotado pelo nosso Código de Processo Penal, não é o misto (até mesmo porque, como se viu, inexiste, em essência, um sistema misto), mas, na verdade, se cuida do inquisitório. Isso porque alcança ao juiz poderes de gestão sobre a prova (a qual pode ser produzida sem qualquer provocação das partes, vide o atual artigo 156 do Código de Processo Penal), assim como outras funções processuais ativas e características do órgão acusador (como, apenas para citar, determine de ofício a prisão preventiva, a busca e apreensão, o seqüestro, ouça testemunhas referidas, realize novo interrogatório, condene o réu não obstante exista pedido de absolvição formulado pelo Ministério Público, condene o acusado por fato diverso do descrito na preambular acusatória).[444]

Por fim, veja-se que as presenças de um juiz instrutor e de um promotor investigador têm surgido como alternativas ao modelo de investigação preliminar policial. Não obstante a complexidade desse tema – o qual não é o pano de fundo da presente dissertação, motivo pelo qual não se aprofundou a sua análise –, pensa-se que o modelo mais adequado é aquele no qual o titular da investiga-

---

[440] Sobre esse aspecto, vale destacar-se que o tema da validade/invalidade das justificativas judiciais à luz do texto constitucional será melhor examinado no próximo capítulo, no qual ocorrerá o fechamento dessa dissertação.

[441] LOPES JÚNIOR, Aury. *Introdução crítica ao processo penal*. Rio de Janeiro: Lumen Juris, 2004, p. 165.

[442] Idem, ibidem, p. 168.

[443] COUTINHO, Jacinto Nelson de Miranda. Introdução aos princípios gerais do direito processual penal brasileiro. In: *Revista de estudos criminais*. Ano 1, n.1, 2001, p. 29.

[444] Conforme: LOPES JÚNIOR, Aury. Op. cit., p. 168/172.

A MOTIVAÇÃO DAS DECISÕES PENAIS

ção seja o Ministério Público (que, ou atua pessoalmente, ou por meio da polícia judiciária, a qual se coloca em posição de subordinação). Não se desconhece que o modelo do promotor investigador tem sofrido críticas pelo fato de estar ligado, historicamente, a um utilitarismo judicial, assim como por ser, sob as perspectivas psicológica e prática, difícil alcançar a imparcialidade do Ministério Público, que é parte no processo penal. Todavia, pensa-se, malgrado isso, que esse modelo deva ser visto como a via mais adequada para superar o sistema de investigação preliminar policial, o qual é inconveniente por possibilitar à Polícia a discricionariedade de fato para selecionar comportamentos a serem perseguidos. Também surge, ao nosso sentir, como a melhor alternativa em comparação com o modelo do juiz instrutor. Isso porque o juiz instrutor representa, em realidade, o sistema inquisitório (e, portanto, antigarantista), na medida em que a gestão da prova está, desde o início, nas mãos do juiz, que pode, ainda, usar dessa faculdade para defender ou acusar, independentemente de qualquer atuação das partes. À vista disso, tem-se que o modelo do Ministério Público investigador é o sistema que menos defeitos apresenta, ou melhor, o sistema no qual os defeitos podem ser minimizados. É que, na investigação a cargo do Ministério Público, há a previsão, ainda, da figura de um juiz garante, o qual decidirá sobre todas as questões vinculadas a restrições dos direitos fundamentais. Também o juiz garante teria a função de admitir ou não, em uma fase intermediária e contraditória, a acusação proposta pelo Ministério Público. Caso a denúncia seja recebida, a acusação deve ser distribuída para outro juiz presidir o processo e julgá-lo ao final. Com isso, o juiz garante (ou seja, aquele que atuou na investigação preliminar no sentido de salvaguardar os direitos fundamentais) não deve atuar no processo penal em sua fase judicial, pois sua imparcialidade poderia estar comprometida. Entende-se esse modelo como o mais adequado, portanto, em virtude de que ele subordina a atividade policial ao Ministério Público, o qual, por sua vez, também está subordinado ao poder judiciário (na figura de um juiz garante), evitando-se a arbitrariedade policial e a corporificação de um promotor-inquisidor.[445]

## 2.2. O CONTROLE EXTERNO E O CONTROLE INTERNO DA ATIVIDADE JURISDICIONAL: A MOTIVAÇÃO COMO GARANTIA PROCESSUAL E GARANTIA POLÍTICA

### 2.2.1. A publicidade: a transparência no exercício do poder

Indubitavelmente, apresenta-se a publicidade, em rigor técnico, como uma garantia de segundo grau (garantia das garantias), na medida em que sua presença

---

[445] Conforme: LOPES JÚNIOR, Aury. *Sistemas de Investigação preliminar no processo penal*. 2.ed. Rio de Janeiro: Lumen Juris, 2003, p. 63/99 e 261/279. Obviamente, trata-se de uma sugestão que visa a estabelecer um modelo de investigação ideal, que, por isso, não encontra amparo normativo na legislação brasileira.

é indispensável ao controle sobre o respeito das garantias primárias (como, por exemplo, a ampla defesa e o contraditório).[446]

Trata-se, em todos os sentidos, da mais importante característica do modelo acusatório, a qual foi incorporada em virtude das reivindicações e conquistas encampadas pelo pensamento ilustrado. Sua introdução, no processo penal, visou a findar o (combatido) procedimento secreto do sistema inquisitivo.[447] Nessa cena, aponte-se que a publicidade (e também a oralidade):

> (...) resumían el proyecto político del Iluminismo en materia procesal penal y presidían, junto a otras – supresión de los métodos crueles para la investigación de la verdad, con íntima para valorar las pruebas, libertad de defensa, colaboración popular en la administración de justicia –, emanadas de la afirmación del respeto a la dignidad humana, la reacción contra la Inquisición.[448]

É, por intermédio da publicidade, portanto, que se assegura o controle (externo e interno) da atividade judicial, pois os procedimentos de formulação de hipóteses e de determinação da responsabilidade penal devem ser produzidos às claras, submetendo-se ao controle da opinião pública[449] e, principalmente,[450] do imputado e de seu defensor.[451] Com isso, certo é que surge a publicidade "como forma óptima de dissipar quaisquer desconfianças que se possam suscitar sobre a independência e a imparcialidade com que é exercida a justiça penal e são tomadas as decisões".[452]

Vale se consignar, de mais a mais, o claro nexo que há entre a publicidade e a democracia no processo penal. A publicidade, aqui entendida como o mecanismo de projeção da transparência da atividade do Poder Judiciário, coloca-se como o divisor de águas mais seguro entre culturas jurídicas democráticas e as autoritárias. Basta observar-se, nesse sentido, que o princípio da publicidade restou abolido, nos anos mil e oitocentos, por todas as orientações regressivas do pensamento jurídico, as quais defendiam seu afastamento em nome da eficácia da instrução criminal.[453] Não se pode olvidar que a publicidade processual possibilita

---

[446] Conforme: FERRAJOLI, Luigi. *Derecho y razón*. Madrid: Trotta, 2000, p. 616.

[447] Idem, ibidem..

[448] MAIER, Julio. *Derecho procesal penal*. v.I. 2.ed. Buenos Aires: Editores del Puerto, 2004, p. 652.

[449] É correto dizer-se que "a presença do público nas audiências e a possibilidade do exame dos autos por qualquer pessoa representam o mais seguro instrumento de fiscalização popular sobre a obra dos magistrados, promotores públicos e advogados. Em última análise, o povo é o juiz dos juízes. E a responsabilidade das decisões judiciais assume outra dimensão, quando tais decisões hão de ser tomadas em audiência pública, na presença do povo" (GRINOVER, Ada Pellegrini *et al. Teoria Geral do Processo*. 20.ed. São Paulo: Malheiros, 2003, p. 69).

[450] Veja-se que, "ao lado dessa publicidade, que também se denomina popular, outro sistema existe (chamado de publicidade para as partes ou restrita), pelo qual os atos processuais são públicos só com relação às partes e seus defensores, ou a um número reduzido de pessoas. Com isso, garantem-se os indivíduos contra os males dos juízos secretos, mas evitando alguns excessos" (Idem, ibidem, p. 69).

[451] Conforme: FERRAJOLI, Luigi. Op. cit., p. 616.

[452] FIGUEIREDO DIAS, Jorge de. *Direito processual penal*. Coimbra: Coimbra, 2004, p. 222/223.

[453] Conforme: FERRAJOLI, Luigi. *Derecho y razón*. Madrid: Trotta, 2000, p. 617/618.

o reconhecimento de um lugar democrático para e no processo penal, na medida em que ela sugere "o interesse que cada cidadão tem em uma correcta e impoluta administração da justiça penal, ao mesmo tempo que – e isto é muito importante – reforça o sentimento de co-responsabilidade, tanto dos cidadãos como dos órgãos estaduais, naquela administração".[454] Por esse prisma, nota-se que a publicidade "constitui uma garantia política de maior envergadura, sendo inseparável da própria idéia de democracia, expressando acima de tudo uma exigência de transparência nos assuntos públicos, sem a qual não seriam possíveis ou legítimos os controles populares sobre o exercício do poder".[455]

No sistema constitucional e processual penal brasileiro, a publicidade plena constitui-se na regra, sendo a modalidade restrita restringida aos casos nos quais há a defesa da intimidade e interesse social (artigo 5º, inciso LX, da Constituição Federal) e escândalo, inconveniente grave ou perigo de perturbação da ordem (artigo 792, § 1º, do Código de Processo Penal).[456]

### 2.2.2. A (estreita) relação entre a publicidade e a motivação

Serve a motivação como garantia da publicidade dos atos processuais. E, de outro curso, a publicidade serve como garantia do controle da motivação. Ao que se afigura, existe, entre a publicidade e a motivação, uma relação recíproca de instrumentalidade, a qual se funda, essencialmente, na possibilidade de comunicação entre o atuar processual e a sociedade. Em visão mais simplista, é possível ver-se essa dita relação instrumental nestes moldes: por um lado, apenas se pode dar publicidade a uma decisão motivada; e, de outro ângulo, o controle da (validade ou invalidade) da motivação tão-só pode ser levado a efeito caso a decisão seja publicada.[457] Ou seja: a motivação garante a possibilidade de a decisão (com seus motivos e fundamentos) ser publicada; e a publicidade, de sua vez, viabiliza o controle da atividade jurisdicional por parte da sociedade, das partes e dos órgãos jurisdicionais superiores. Dessa arte, cuida-se de garantias de segundo grau (garantia das garantias[458]) que se encontram, em grande medida, entrelaçadas, necessitando uma da outra para exercerem a seu papel garantista, sendo ambas essencias em um Estado que se queira democrático.[459]

---

[454] FIGUEIREDO DIAS, Jorge de. *Direito processual penal*. Coimbra: Coimbra, 2004, p. 223.

[455] GOMES FILHO, Antonio Magalhães. *A Motivação das Decisões Penais*. São Paulo: Revista dos Tribunais, 2001, p. 48.

[456] Conforme: FERNANDES, Antonio Scarance. *Processo Penal Constitucional*. 3.ed. São Paulo: Revista dos Tribunais, 2003. p.68.

[457] Conforme: GOMES FILHO, Antonio Magalhães. Op. cit., p. 104/105.

[458] A expressão "garantias das garantias" é utilizada por Ferrajoli porque a publicidade e a motivação conferem efetividade às demais garantias, que são ditas de primeiro grau (contraditório, ampla defesa, etc). (Conforme: FERRAJOLI, Luigi. *Derecho y razón*. Madrid: Trotta, 2000, p. 616).

[459] Segundo Gascón Abellán, "qué duda que la importancia de la motivación se ve reforzada en un Estado que se quiera democrático, pues la democracia se basa en la participación del pueblo en la adopción de decisiones colectivas, y es un error pensar que la decisión judicial tiene únicamente una dimensión privada, que interesa sólo a las partes directamente afectadas por ella: la sentencia es también un acto público, colectivo, por cuanto

### 2.2.3. A importância da motivação no Estado Democrático de Direito

Sob todos os títulos, a motivação[460] das decisões judiciais se justifica,[461] especificamente, a partir de dois planos de análise: de logo, *(i)* em "caráter endoprocessual", tendo-se em vista que se cuida de garantia constitucional e processual constituída para que as partes (acusação e defesa) possam conhecer as razões da decisão judicial, permitindo, ainda, que o órgão jurisdicional de segundo grau tenha a possibilidade de controlar a atividade jurisdicional da instância inferior; e, por outro ângulo, *(ii)* em um "caráter extraprocessual", porquanto a motivação permite o controle social sobre a atividade jurisdicional,[462] tornando possível, com efeito, a legitimação da função judicial por meio de uma atividade democrática.[463]

Em abrangência mais ampla, pode-se, entretanto, produzir algumas outras considerações processuais e políticas sobre a necessidade da motivação judicial (dentro da perspectiva do Estado democrático de direito), na medida em que,

---

representa el ejercicio de un poder que es público y que, por tanto, ha de ser no sólo interna, sino también externamente controlado. Este control externo del poder del juez se realiza plenamente allí donde sua actuación sea pública y no encubierta; por ello la motivación, en cuanto expresión de las razones del juez, facilita o permite este control" (Conforme: GASCÓN ABELLÁN, Marina. *Los hechos en el derecho: bases arguméntales de la prueba*. Madri: Marcial Pons, 1999, p. 192).

[460] É indispensável apontar-se que a motivação e a fundamentação não são sinônimos, como Giacomolli, argutamente, percebeu: "por motivo se entende a causa ou a condição de uma escolha, a qual direciona a atividade para um fim específico, orientando a conduta humana, sem, no entanto, fornecer uma explicação ou uma justificação. O fundamento é a explicação ou a justificação racional da coisa da qual é causa; a razão do ser. O fundamento permite compreender porque determinada decisão foi ditada num sentido e não em outro; porque é assim e não de outra forma. Em suma, possibilita o entendimento ou a justificação racional da coisa, da qual é causa. O fundamento ou razão suficiente explica por que a coisa pode ser ou comportar-se de determinada maneira. [...] assim, o magistrado fundamenta uma decisão quando justifica, racionalmente, porque está procedendo de determinada maneira, por que faz com que a decisão produza este ou aquele efeito (recolher à prisão, conceder a liberdade, condenar, absolver, aplicar cinco anos e não seis anos de prisão, por exemplo). A motivação se constitui na ação determinante da razão de ser da decisão, nos instrumentos que orientam a explicação da decisão. É o motivo que direciona a ação num sentido ou no outro. portanto, motivar não é sinônimo de fundamentar. A fundamentação pode ser só baseada em motivos de direito, por exemplo, ou só em motivos de fato, ou nos dois. É claro que a fundamentação da decisão terá como base fática e/ou de direito. Toda decisão judicial deverá ser motiva e fundamentada. Motivar é dizer quais as bases fáticas e/ou de direito que permitem a fundamentação, ou seja, a explicação racional da decisão" (GIACOMOLLI, Nereu José. Aproximação à garantia da motivação das decisões criminais. *Revista Ibero-Americana de Ciências Penais*. Ano 6, n.11. Porto Alegre: ESMP, 2005, p. 71/72.)

[461] "Evoluiu a forma de se analisar a garantia da motivação das decisões. Antes, entendia-se que se tratava de garantia técnica do processo, com objetivos endoprocessuais: proporcionar às partes conhecimento da fundamentação para impugnar a decisão; permitir que os órgãos judiciários de segundo grau pudessem examinar a legalidade e a justiça da decisão. Agora, fala-se em garantia de ordem política, em garantia da própria jurisdição. Os destinatários da motivação não são mais somente as partes e os juízes de segundo grau, mas também a comunidade que, com a motivação, tem condições de verificar se o juiz, e por conseqüência a própria Justiça, decide com imparcialidade e com conhecimento da causa. É através da motivação que se avalia o exercício da atividade jurisdicional. Ainda, às partes interessa verificar na motivação se as suas razões foram objeto de exame pelo juiz. A este também importa a motivação, pois, através dela, evidencia a sua atuação imparcial e justa" (FERNANDES, Antonio Scarance. *Processo Penal Constitucional*. 3.ed. São Paulo: Revista dos Tribunais, 2003. p. 129).

[462] Conforme: BADARÓ, Gustavo Henrique Righi Ivahy. Vícios de Motivação da Sentença Penal: ausência de motivação, motivação contraditória, motivação implícita e motivação per relationem. *Revista Brasileira de Ciências Criminais*. n.38. abril-junho 2002. São Paulo: Revista dos Tribunais, 2002, p. 124/125.

[463] Conforme: FERRAJOLI, Luigi. *Derecho y razón*. Madrid: Trotta, 2000, p. 623.

também por meio dessas conotações ampliativas, se mostra possível evidenciar ser essa exigência um princípio fundante da referida estrutura estatal. Vejamos, então.

Tecnicamente, percebe-se que a motivação se coloca como um dos requisitos formais das decisões, com o que, além de receber tratamento constitucional, vem, ainda, disciplinada em leis e códigos processuais, os quais, por meio da sua positivação, pretendem adimplir certas necessidades de racionalização e eficiência da atividade jurisdicional.[464] Nesse sentido, veja-se que a motivação é indispensável para elucidar o conteúdo da decisão, proporcionando, assim, a delimitação da coisa julgada ou a execução da sentença em juízos penal[465] e extrapenal.[466]

De mais a mais, consigne-se que a motivação poderá apresentar um valor psicológico de persuasão em especial ao vencido, o qual, à vista dos argumentos desenvolvidos pelo magistrado, poderá se conformar com a decisão, entendendo-a correta, e, por força disso, deixando de se valer dos meios de impugnação previstos no ordenamento jurídico.[467] Afinal de contas, vale se registrar, nesse particular enfocado, que "uma das funções primaciais de toda a sentença (máxime da penal) é a de convencer os interessados do bom fundamento da decisão",[468] o que, conseqüentemente, até pode conduzi-los a se conformar com a solução proposta. Assim, tem-se que a "fundamentação eficaz é, também, uma forma de legitimar a atuação do Poder Judiciário, na medida em que todos são iguais perante a lei e o cidadão tenderá a conformar-se com a decisão judicial caso essa seja fundamentada em bases racionais, e não apenas por temor ou por respeitar, de forma heterônoma, a autoridade do magistrado".[469]

Em linhas gerais, é bem de se ver que a fundamentação traduz a explicação e a justificação racional da motivação (fática e jurídica) sobre a escolha levada a efeito pelo juiz na sua decisão. Na perspectiva constitucional, além da exteriorização escrita e pública do convencimento do julgador, também adquire relevância o grau de convencimento que essa decisão pode gerar nos agentes envoltos no processo e na comunidade jurídica. Isso porque o conjunto desses elementos (decisão escrita e pública, concretizada com grau de convencimento racional) possibilita o enten-

---

[464] Conforme: GOMES FILHO, Antonio Magalhães. *A Motivação das Decisões Penais*. São Paulo: Revista dos Tribunais, 2001, p. 95.

[465] Conforme: MOREIRA, José Carlos Barbosa. A motivação das decisões judiciais como garantia inerente ao Estado de direito. In: *Temas de direito processual*. 2.série. São Paulo: Saraiva, 1980, p. 86.

[466] Discorrendo sobre a eficácia civil da sentença criminal, Assis realçou a necessidade da análise da fundamentação da sentença absolutória, nestes moldes: "se revela indispensável focalizar a fundamentação da sentença penal absolutória, no exame do assunto aqui versado, pois aos arts. 65, 66 e 67 não basta o singelo juízo de improcedência da ação penal. Eles reclamam a identificação precisa do fundamento sentencial. E como respeitar na demanda reparatória a legítima defesa, porventura adotada na sentença penal e vinculante pelo art. 65 do Cód. de Proc. Penal, se não investigando as razões do ato decisório? Em geral, o dispositivo da sentença, no qual, segundo o art. 386, caput, se mencionará a causa da absolvição, propiciará indício plausível; em vários casos, no entanto, a simples menção ao inciso do art. 386 não mostrará, plenamente, o verdadeiro fundamento do ato" (ASSIS, Araken de. *Eficácia civil da sentença penal*. 2.ed. São Paulo: Revista dos Tribunais, 2000, p. 101).

[467] Conforme: MOREIRA, José Carlos Barbosa. Op. cit., p. 86.

[468] FIGUEIREDO DIAS, Jorge de. *Direito processual penal*. Coimbra: Coimbra, 2004, p. 204.

[469] BALTAZAR JÚNIOR, José Paulo. *Sentença penal*. Porto Alegre: Verbo Jurídico, 2004, p. 52.

dimento necessário às partes para a apresentação de alguma medida impugnativa, assim como viabiliza o controle social acerca da atividade jurisdicional.[470]

O valor fundamental da motivação consiste em ser uma garantia processual cognoscitiva,[471] vinculando o juízo à estrita legalidade no que pese à matéria de direito, bem como à prova no que tange à matéria fática concretizadora da hipótese acusatória. Pela motivação é possível avaliar as decisões judiciais (no direito e nos fatos), legitimando-as por meio de asserções, as quais, de modo aproximativo, são verificáveis e refutáveis.[472] Não se pode olvidar, aqui, que o processo penal, na concepção garantista, deve ser concebido como um modelo:

> (...) de cognición o de comprobación, donde la determinación del hecho configurado por la ley como delito tiene el carácter de un procedimiento probatório de tipo inductivo, que excluye las valoraciones en lo más posible y admite sólo, o predominantemente, aserciones o negaciones – de hecho o de derecho – de las que sean predicables la verdad o la falsedad procesal.[473]

Tem-se como certo, nesse passo, que o núcleo garantista e político da motivação aparece como instrumento para o controle particular e público do Poder Judiciário, visando-se a evitar, assim, a concretização de qualquer arbítrio jurídico. Completa Liebman, ainda, que a motivação, nesse quadro, recebe particular relevo, porque,

> (...) em um estado-de-direito, tem-se como exigência fundamental que os casos submetidos a Juízo sejam julgados com base em fatos provados e com aplicação imparcial do direito vigente; e, para que se possa controlar se as coisas caminharam efetivamente dessa forma, é necessário que o juiz exponha qual o caminho lógico que percorreu para chegar à decisão a que chegou. Só assim a motivação poderá ser uma garantia contra o arbítrio.[474]

Como a sentença "vale para todos como formulação da vontade concreta do Estado para o caso decidido"[475], certo é que "só a fundamentação permite avaliar se a racionalidade da decisão predominou sobre o poder, premissa fundante de um processo penal democrático".[476] Por isso, reclama-se, inquestionavelmente, que a

---

[470] Conforme: GIACOMOLLI, Nereu José. Aproximação à garantia da motivação das decisões criminais. *Revista Ibero-Americana de Ciências Penais*. Ano 6. n.11. Porto Alegre: ESMP, 2005, p. 70.

[471] Segundo Ferrajoli, o requisito da cognição processual "afecta, naturalmente, a aquella única parte de los pronunciamientos jurisdiccionales que viene constituida por sus motivaciones, es decir, por las razones de hecho y de derecho acogidas para su justificación. Tal requisito viene asegurado por lo que llamaré principio de estricta jurisdiccionalidad, que a su vez exige dos condiciones: la verificabilidad o refutabilidad de las hipótesis acusatorias en virtud de su carácter asertivo y su prueba empírica en virtud de procedimientos que permitan tanto la verificación como la refutación" (Conforme: FERRAJOLI, Luigi. *Derecho y razón*. Madrid: Trotta, 2000, p. 36).

[472] Conforme: FERRAJOLI, Luigi. *Derecho y razón*. Madrid: Trotta, 2000, p. 623.

[473] Idem, ibidem, p. 37.

[474] Conforme: LIEBMAN, Enrico Tullio. Do arbítrio à razão: reflexões sobre a motivação da sentença. In: *Revista de Processo*. n.29. jan.-mar. 1983. São Paulo, 1983, p. 80.

[475] Idem. *Eficácia e autoridade da sentença*. Traduzido por: Alfredo Buzaid e Benvindo Aires. 2.ed. Rio de Janeiro: Forense, 1981, p. 141.

[476] LOPES JÚNIOR, Aury. *Introdução crítica ao processo penal*. Rio de Janeiro: Lumen Juris, 2004, p. 253.

decisão deva ser calcada em uma motivação idônea, a qual evidencie ter ocorrido a sua devida justificação.[477] Em resumo, a motivação, nesse quadrante, soa como "la exposición de un razonamiento justificativo mediante el que el juez muestra que la decisión se funda sobre bases racionales idóneas para hacerla aceptable".[478]

Adianta-se ao debate, pelo exposto, que tão-somente uma demonstração racional da situação jurídico-penal proposta satisfaz a exigência inclusa no inciso IX do artigo 93 da Constituição Federal de 1988, tendo o condão de legitimar a função jurisdicional, na medida em que esta representa, no seu âmago, um exercício de poder.[479] Sem dúvida, apresenta-se essa racionalidade perceptível a partir da análise do discurso justificativo da decisão, que deve ter visos de integridade, dialeticidade, correção, assim como nenhuma contradição entre as proposições realizadas, sendo, portanto, claro.[480]

De igual modo relevante para legitimar a atuação jurisdicional, e isso também se adianta, é que a motivação judicial seja de todo casuística, entrelaçando, na fundamentação, as razões (de direito e de fato) ao episódio digno de censura penal posto *sub judice*. Por isso, "o processo supõe, mais que um desenvolvimento normativo das regras substantivas aplicáveis, uma verdadeira criação jurídica relativamente ao caso sub-judice, mesmo nas hipóteses em que formalmente a decisão aparece como mera conclusão silogística das premissas legais".[481] Todavia, essa aventada criação jurídica não quer dizer que o juiz possui a faculdade de atribuir, arbitrariamente, sentidos aos textos legais, como se texto e norma estivessem separados; antes que o juiz faça a sua interpretação do texto, é necessário que ele deixe o texto lhe dizer o seu sentido.[482] Em realidade, essa citada criação jurídica espelha a necessidade de a motivação judicial (e sua fundamentação) ser(em) ligada(s) ao debate (de fato e de direito) travado no processo. Deve(m) a motivação (e, de idêntica sorte, a fundamentação encerrada nela), assim, ser(em) casuística(s), não se reconhecendo validade nas usuais "fórmulas prontas", amoldáveis a várias decisões, tais como "a prova é límpida na direção de condenar o réu", "a pertinência da acusação é irrefutável"[...]. Não há lugar, portanto, para "modelos de argumentação pré-fabricados".[483]

---

[477] Conforme: TARUFFO, Michele. Note sulla garanzia costituzionale della motivazione. In: *Boletim da Faculdade de Direito*. v.LV. Coimbra: Coimbra, p. 29.

[478] Conforme: TARUFFO, Michele. *La prueba de los hechos*. Traduzido por: Jordi Ferrer Beltrán. Madri: Trotta, 2002, p. 435.

[479] Conforme: GIACOMOLLI, Nereu José. Aproximação à garantia da motivação das decisões criminais. *Revista Ibero-Americana de Ciências Penais*. Ano 6. n.11. Porto Alegre: ESMP, 2005, p. 70.

[480] Conforme: GOMES FILHO, Antonio Magalhães. *A Motivação das Decisões Penais*. São Paulo: Revista dos Tribunais, 2001, p. 174/185. Importante se torna registrar que esses aspectos serão trabalhados, nessa dissertação, com um pouco mais de vagar, quando se discorrerá sobre os vícios da motivação.

[481] FIGUEIREDO DIAS, Jorge de. *Direito processual penal*. Coimbra: Coimbra, 2004, p. 48.

[482] Conforme: STRECK, Lenio Luiz. A hermenêutica filosófica e as possibilidades de superação do positivismo pelo (neo)constitucionalismo. In: *Anuário do Programa de Pós-Graduação em Direito* (mestrado e Doutorado) da Unidade Ciências Jurídicas da Unisinos. São Leopoldo : Unisinos, 2004, p. 166/168.

[483] Nessa direção, registre-se o parecer ministerial produzido pelo Procurador de Justiça, Dr. Lenio Luiz Streck, nos autos da apelação criminal n.° *70.012.342.515* (Tribunal de Justiça do Estado do Rio Grande do Sul; Quinta

Faz-se mister, ainda, como adverte Taruffo, que a motivação assegure o real respeito ao princípio da legalidade, estando vinculada à lei.[484] Isso porque a decisão criminal, por apresentar a possibilidade de produzir restrições aos direitos fundamentais individuais, espelha, às claras, um exercício de poder, que deve, portanto, estar submetido à lei, tal qual se exige em um Estado de direito. Sem dúvida, "a idéia de Estado de direito carrega em si a prescrição da supremacia da lei sobre a autoridade pública",[485] encampando-se, nesse quadro, um importante valor de *eliminación de la arbitrariedad en el âmbito de la actividad estatal que afecta a los ciudadanos*".[486] Nessa perspectiva, a motivação surge para demonstrar que a lei foi aplicada validamente no episódio em julgamento.[487] Vale se dizer, em tal passo, que a "legalidade de uma decisão não resulta da simples referência ao texto legal, mas deve ser verificada *in concreto* pelo exame das razões pelas quais o juiz afirma ter aplicado a lei, pois somente tal exame é que pode propiciar o efetivo controle daquela demonstração".[488]

Não se pode perder de vista, à base do exposto acima, que a efetividade da reserva legal não abrange todas as hipóteses da vida real, existindo, por conseqüência, a presença de tipos penais abertos, os quais atribuem, de modo mais intenso, poderes discricionários aos juízes.[489] Em face desse contexto, a motivação das decisões penais mostra-se ainda mais imprescindível.[490] Porque "a idéia básica é igualmente a de admitir a relativa autonomia interpretativo-concretizadora do julgador, mas excluindo-lhe simultaneamente a possibilidade de posições arbitrárias através de uma particular vinculação ao sistema"[491] eleito pela comunidade jurídica, assim como "pela exigência de que a fundamentação, com que seja determinada a significação nova, não possa pôr em causa o sistema no caso de vir a ser utilizada para a solução de outros problemas de interpretação".[492]

---

Câmara Criminal; Relator Desembargador Aramis Nassif): "Violado, pois, o preceito constitucional que trata da fundamentação das decisões judiciais. A fundamentação deve – sempre –, conforme já exposto, estar relacionada às circunstâncias do caso concreto: não pode seguir modelos de argumentação pré-fabricados, sem que encerrem perfeita harmonia e correspondência. Para embasar-se caso presente em precedente pretérito, mister que sejam idênticas as circunstâncias e, para a constatação dessa identidade entre os casos, é imprescindível que se faça a devida análise; deve haver a devida contextualização".

[484] Conforme: TARUFFO, Michele. Note sulla garanzia costituzionale della motivazione. In: *Boletim da Faculdade de Direito*. v. LV. Coimbra: Coimbra, p. 34/35.

[485] STRECK, Lenio Luiz; BOLZAN DE MORAIS, José Luis. *Ciência política e teoria geral do Estado*. 5.ed. Porto Alegre: Livraria do Advogado, 2006, p. 92.

[486] ZAGREBELSKY, Gustavo. *El derecho dúctil: ley, derechos, justicia*. 3.ed. Traduzido por: Marina Gascón. Madri: Trotta, 1999, p. 21.

[487] Conforme: TARUFFO, Michele. *La motivazione della sentenza civile*.Pádova: Cedam, 1975, p. 400.

[488] GOMES FILHO, Antonio Magalhães. *A Motivação das Decisões Penais*. São Paulo: Revista dos Tribunais, 2001, p. 85.

[489] Idem, ibidem.

[490] Idem, p. 86.

[491] NEVES, Castanheira. O princípio da legalidade criminal: o seu problema jurídico e o seu critério dogmático. In: *Boletim da faculdade de Direito de Coimbra*. Número especial. Estudos em homenagem ao Professor Doutor Eduardo Correia. Coimbra: Coimbra, 1984, p. 465/466.

[492] Idem, ibidem, p. 466.

Outrossim, mostra-se indispensável, nessa perspectiva, que a motivação receba a devida publicidade,[493] na medida em que a análise da aplicação correta da lei tão-só se torna aferível nos casos nos quais se pode saber como foi a sua interpretação e a sua aplicação.[494] Isso tudo, pois, evidencia a constrição do magistrado ao princípio da legalidade, como alerta Taruffo:

> (...) il dovere di motivare la decisione costringe il giudice ad attenersi strettamente al principio di legalità, poichè egli as di dover dimostrare com argomentazioni valide che la sua decisione realizza tale principio; più in generale, poi, può considerarsi secondo la legge solo la decisione la cui legalità sai dimostrata e generalmente controllabile.[495]

De outro ângulo, nota-se que a relação de independência do juiz para com a lei encampa outra conseqüência no que tange à motivação: a previsibilidade do conteúdo das decisões judiciais, ou seja, a certeza do direito. É que, em havendo a necessidade de se lastrearem sobre bases racionais, as decisões, ao menos nas suas linhas mais amplas, podem ser antecipadas pelos cidadãos. Mostram-se elas, nessa senda, previsíveis, na medida em que se tornam controláveis por meio da motivação. Indubitavelmente, o direito coloca-se como certo nos casos nos quais as decisões são passíveis de controle, uma vez que, através da análise da motivação, se pode aferir as arbitrariedades judiciais,[496] o que dá ensanchas à apresentação dos meios de impugnação competentes, a fim de expurgá-las do cenário jurídico.

Não pode passar despercebido, de mais a mais, que a necessidade de motivação das decisões judiciais é indispensável por assegurar a efetividade do princípio da separação de poderes, o qual é premissa fundamental do Estado de direito;[497] e isso porque, visto sob uma forma positiva, a separação de poderes "assegura uma justa e adequada ordenação das funções do estado e, conseqüentemente, intervém como esquema relacional de competências, tarefas, funções e responsabilidades dos órgãos constitucionais de soberania".[498] Nessa ordem de idéias, a "separação ou divisão de poderes significa responsabilidade pelo exercício de um poder".[499]

Em rigor técnico, percebe-se, nessa linha, que a motivação desenvolve um importante papel sobre essa dimensão positiva da separação de poderes. É que, como se sabe, o juiz, no exercício das suas funções, principalmente na de julgar, não se coloca como um mero executor da lei; em realidade, o magistrado apresen-

---

[493] Veja-se que a relação entre a publicidade e a motivação foi abordada com mais vagar no item 2.2.2, motivo pelo qual, no particular enfocado acima, se poderá retornar a esse tópico para uma melhor análise sobre esses aspectos.

[494] Conforme: TARUFFO, Michele. Note sulla garanzia costituzionale della motivazione. In: *Boletim da Faculdade de Direito*. v.LV. Coimbra: Coimbra, p. 34/35.

[495] Idem, p. 35.

[496] Conforme: GOMES FILHO, Antonio Magalhães. *A Motivação das Decisões Penais*. São Paulo: Revista dos Tribunais, 2001, p. 86/89.

[497] Idem, ibidem, p. 89.

[498] CANOTILHO, J. J. Gomes. *Direito Constitucional e teoria da Constituição*. 7.ed. Coimbra: Almedina, 2003, p. 250.

[499] Idem, ibidem.

ta um grau de criação do direito, sendo inegável a existência de possibilidade dessa criação na atividade judiciária.[500] Incumbe ao juiz, de fato, definir o significado dos textos legais, esclarecendo o sentido pelo qual eles são empregados, o que dá margem, sempre, a uma certa discricionalidade judicial[501] – a qual é "capítulo que más há influído en orden a admitir la creación judicial del derecho frente a una mera aplicación mecânica del mismo por parte del juez".[502] A decisão judicial, assim, cria o direito.[503] Por força disso, Kelsen já dizia, de há muito, que a aplicação do direito forma "uma moldura dentro da qual existem várias possibilidades de aplicação".[504]

Em face desse contexto (e, sobretudo, à vista de que se deve estabelecer alguns limites à criatividade do juiz, como exposto acima), é que a motivação surge como instrumento por intermédio do qual se pode verificar se o juiz avocou poderes típicos do Legislativo, invadindo a esfera de atribuições do legislador,[505] o que, verdadeiramente, se apresenta defeso em nossa ordem jurídica, por ferir, às inteiras, o princípio da separação de poderes.[506]

A partir do assentamento da posição segundo a qual, no processo penal, se discutem, basicamente, restrições à liberdade e à dignidade do cidadão, tem-se, por certo, que assinalar a relevância da motivação (das decisões judiciais) como

---

[500] Conforme: GOMES FILHO, Antonio Magalhães. Op. cit., p. 88/89.

[501] Conforme: FAYET, Ney. *A sentença criminal e suas nulidades*. 3.ed. Porto Alegre: Síntese, 1979, p. 34/35.

[502] RAMOS MENDEZ, Francisco. *La creación judicial del derecho*. Barcelona: Bosch, 1979, p. 205.

[503] Conforme Streck, "no plano da filosofia hermenêutica (Nova Crítica do Direito), creio que está superado o debate sobre se 'os Tribunais criam ou não Direito'. Parece não restar dúvidas sobre o fato de que as decisões/sentenças interpretativas, aditivas, ou redutivas são criadoras de Direito. Isto porque toda norma é sempre resultado da interpretação de um texto, com o que há sempre um processo de produção/adjudicação de sentido (*Sinngebung*), e não de reprodução de sentido (*Auslegung*)" (STRECK, Lenio Luiz. *Jurisdição Constitucional e Hermenêutica*: uma nova crítica do Direito. Porto Alegre: Livraria do advogado, 2002, p. 460/461).

[504] KELSEN, Hans. *Teoria pura do direito*. Traduzido por: João Baptista Machado. 5.ed. Coimbra: Arménio Amado, 1979, p. 466/467.

[505] Conforme: GOMES FILHO, Antonio Magalhães. *A Motivação das Decisões Penais*. São Paulo: Revista dos Tribunais, 2001, p. 88/89.

[506] Essa, aliás, é a posição perfilhada pelo Supremo Tribunal Federal, como se pode perceber: "Não cabe, ao Poder Judiciário, em tema regido pelo postulado constitucional da reserva de lei, atuar na anômala condição de legislador positivo (RTJ 126/48 – RTJ 143/57 – RTJ 146/461-462 – RTJ 153/765 – 161/739-740 – RTJ 175/1137, v.g.), para, em assim agindo, proceder à imposição de seus próprios critérios, afastando, desse modo, os fatores que, no âmbito de nosso sistema constitucional, só podem ser legitimamente definidos pelo Parlamento. É que, se tal fosse possível, o Poder Judiciário – que não dispõe de função legislativa – passaria a desempenhar atribuição que lhe é institucionalmente estranha (a de legislador positivo), usurpando, desse modo, no contexto de um sistema de poderes essencialmente limitados, competência que não lhe pertence, com evidente transgressão ao princípio constitucional da separação de poderes (STF – Ag. Reg. no Recurso Extraordinário nº 333.341-1/SC – Rel. Min. CELSO DE MELLO – Segunda Turma – D.J. 19.12.2002 – Ementário nº 2096-12). Os magistrados e Tribunais – que não dispõem de função legislativa – não podem conceder, ainda que sob fundamento de isonomia, o benefício da exclusão do crédito tributário em favor daqueles a quem o legislador, com apoio em critérios impessoais, racionais e objetivos, não quis contemplar com a vantagem da isenção. Entendimento diverso, que reconhecesse aos magistrados essa anômala função jurídica, equivaleria, em última análise, a converter o Poder Judiciário em inadmissível legislador positivo, condição institucional esta que lhe recusou a própria Lei Fundamental do Estado. É de acentuar, neste ponto, que, em tema de controle de constitucionalidade de atos estatais, o Poder Judiciário só atua como legislador negativo (RTJ 146/461, rel. Min. Celso de Mello)" (RTJ 175/1137).

veículo encampador da efetividade dos direitos fundamentais,[507] assim como o meio por intermédio do qual os direitos fundamentais coletivos adquirem capacidade de transformar a realidade social.

É de se ver, nesse diapasão, que o reconhecimento dos direitos fundamentais, nos textos constitucionais, não tem o condão, só por si, de modificar muita coisa.[508] Diante disso, a tutela efetiva dos direitos fundamentais é assegurada por garantias secundárias, pois, sem elas, se depararia com uma inobservância desses direitos positivamente estipulados.[509] Enfim, as garantias refletem "quer no direito dos cidadãos a exigir dos poderes públicos a proteção dos seus direitos, quer no reconhecimento de meios processuais adequados a essa finalidade (ex.: direito de acesso aos tribunais para defesa dos direitos, princípios do *nullum crimen sine lege* e *nulla poena sine crimen*, direito de *habeas corpus*, princípio *non bis in idem*)".[510] Importa se observar, entre essas técnicas instrumentais, as restrições impostas aos juízes pelo devido processo legal, o qual, em essência, se consubstancia:

> (...) numa garantia conferida pela Magna Carta, objetivando a consecução dos direitos denominados fundamentais através da efetivação do direito ao processo, materializado num procedimento regularmente desenvolvido, com a imprescindível concretização de todos os seus respectivos corolários, e num prazo razoável.[511]

É a par dessas restrições impostas aos magistrados, destarte, que a motivação se apresenta como garantia dos direitos fundamentais. Isso porque é através da fundamentação que se poderá, por um lado, verificar se restaram observadas as regras do "devido processo"; e, de outro, será igualmente por meio dela que se mostrará possível constatar se restaram aplicadas, de modo válido, as leis impositivas de restrições à liberdade do cidadão, assim como se o conteúdo fático, objeto de estudo pela decisão judicial, foi apreciado corretamente.[512]

É pela motivação (principalmente sobre os fatos versados na causa criminal) que também se observa o respeito ao princípio da presunção de inocência, o qual, na base probatória, deve se associar ao *in dubio pro reo*, fazendo do imputado o beneficiário acerca de situações duvidosas.[513]

---

[507] Conforme: GOMES FILHO, Antonio Magalhães. Op. cit., p. 91/92.

[508] Idem, ibidem, p. 92.

[509] Conforme: FERRAJOLI, Luigi. *Derechos y garantías: la ley del más débil.* 4.ed. Madrid: Editorial Trotta, 2002, p. 37.

[510] CANOTILHO, J. J. Gomes. *Direito Constitucional e teoria da Constituição.* 7.ed. Coimbra: Almedina, 2003, p. 396.

[511] TUCCI, Rogério Lauria; CRUZ E TUCCI, José Rogério. *Devido processo legal e tutela jurisdicional.* São Paulo: Revista dos Tribunais, 1993, p. 19.

[512] Conforme: GOMES FILHO, Antonio Magalhães. *A Motivação das Decisões Penais.* São Paulo: Revista dos Tribunais, 2001, p. 93.

[513] "Ao princípio da presunção de inocência se pode associar o in dúbio pro reo, de tal modo que, uma vez chegados a julgamento, se se concluir que existe uma dúvida razoável quanto as factos pelos quais o argüido vem acusado e quanto à culpa, a sua absolvição aparece como a única atitude legítima a adoptar" (VILELA, Alexandre. *Considerações acerca da presunção de inocência em direito processual penal.* Coimbra: Coimbra, 2000, p. 121.)

De outro prisma, vê-se, conforme já se apontou alhures,[514] que os magistrados, na perspectiva garantista, devem (além de respeitar os direitos fundamentais individuais, pois eles impulsionam garantias contra o exercício abusivo do poder) interpretar/aplicar a Constituição Federal de 1988 no sentido segundo o qual os direitos fundamentais sociais sejam incrementados na sociedade, modificando para melhor a realidade social, por meio do resgate das promessas de modernidade. Nesse lanço, é de rigor ter-se em mente que a motivação se constitui no veículo pelo qual os direitos fundamentais coletivos adquirem capacidade transformadora da realidade social brasileira. É que a motivação retrata o momento no qual o juiz deve confrontar a Constituição com a sociedade para qual ela é projetada, fazendo incidir a justiça social projetada no texto constitucional. A motivação, portanto, dá vida aos direitos fundamentais sociais; ela demonstra se as decisões judiciais submetem-se ao dirigismo constitucional. E mais: é por intermédio dela, ainda, que a sociedade brasileira pode fiscalizar se o Judiciário, no plano concreto/prático, se rendeu à Constituição, exercendo o seu papel de garantidor (dos direitos fundamentais individuais e coletivos), tal qual se exige em um Estado democrático de direito. Nessa linha de idéias, mostra-se pertinente asseverar – tendo-se à frente Streck – que "os juízes têm a obrigação de justificar suas decisões, porque com elas afetam os direitos fundamentais e sociais, além de relevante circunstância de que, no Estado Democrático de Direito, a adequada justificação da decisão constitui-se em um direito fundamental".[515]

Ainda sob a perspectiva constitucional, denota-se que a motivação adquire assaz relevo por demonstrar a existência (ou inexistência) de um efetivo controle de constitucionalidade (com especial ênfase na modalidade difusa[516]), pois o Judiciário, no curso dos processos criminais, deve verificar a validade (ou invalidade) material e formal[517] das leis infraconstitucionais (dispostas nos Códigos Penal e de Processo Penal, assim como em leis penais e processuais extravagantes[518]), o que

---

[514] Vide tópico "O papel do juiz no Estado democrático de direito".

[515] STRECK, Lenio Luiz. *Verdade e consenso: constituição, hermenêutica e teorias discursivas*. Rio de Janeiro: Lúmen Juris, 2006, p. 242.

[516] Sobre esse tema, Canotilho assevera: "A competência para fiscalizar a constitucionalidade das normas é reconhecida a todos os tribunais que, quer por impugnação das partes, quer ex officio pelo juiz, apreciam a inconstitucionalidade das normas aplicáveis ao caso concreto submetido a decisão judicial" (CANOTILHO, J. J. Gomes. *Direito Constitucional e teoria da Constituição*. 7.ed. Coimbra: Almedina, 2003, p. 982).

[517] "A Constituição disciplina o modo de produção das leis e demais espécies normativas primárias, definindo competências e procedimentos a serem observados na sua criação. De parte isso, em sua dimensão substantiva, determina condutas a serem seguidas, enuncia valores a serem preservados e fins a serem buscados. Ocorrerá inconstitucionalidade formal quando um ato legislativo tenho sido produzido em desconformidade com as normas de competência ou com o procedimento estabelecido para seu ingresso no mundo jurídico. A inconstitucionalidade será material quando o conteúdo do ato infraconstitucional estiver em contrariedade com alguma norma substantiva prevista na Constituição, seja uma regra ou um princípio" (BARROSO, Luís Roberto. *O controle de constitucionalidade no direito brasileiro*. São Paulo: Saraiva, 2004, p. 25).

[518] Como aponta Streck, "é importante registrar que, muito embora o controle difuso de constitucionalidade esteja presente entre nós desde a Constituição de 1891, passados, pois, tantos anos, ainda não se pode dizer – nem de longe – que os operadores jurídicos tenham se dado conta da importância desse instituto. A área de conhecimento que menos tem recepcionado o instituto é o direito penal. Com efeito, é praticamente impossível encontrar incidentes de inconstitucionalidade relacionados à matéria penal. Uma das causas desse uso rarefeito advém da própria crise que atravessa a dogmática jurídica que (ainda) confunde vigência com validade, dando a

se corporifica, justamente, na motivação das decisões judiciais, quando todos os pontos (de direito e de fato) são objeto de análise e valoração pelo magistrado.

De um ponto de vista específico, pretende-se realçar que a motivação permite a fundamentação e o controle das decisões tanto "em direito" (por violação de lei ou defeitos de interpretação ou subsunção) como "em fato" (por defeito ou insuficiência de provas ou por inadequada explicação do nexo de convicção e as provas angariadas),[519] com o que se pode assinalar a vinculação da sua garantia com o direito fundamental à tutela judicial efetiva, pois a efetividade jurisdicional deve se assentar na necessidade de as partes conhecerem as razões das decisões, assim como que essas sejam fundadas em um plano racional e com base no direito.[520]

Em vista de todo o sobredito, pode-se afirmar que a exigência da motivação das decisões judiciais se apresenta indispensável à legitimidade do Estado democrático de direito por dois motivos: *(i)* é por seu meio que se evidencia o controle do direito pelo direito, ou seja, a observância ao "mandamento de que a interpretação e aplicação dos preceitos legais se perspective a partir da Constituição e se leve a cabo de acordo com esta",[521] assim como também é através dela que se materializam os direitos fundamentais sociais e individuais; e, por fim, *(ii)* a motivação se constitui no lugar democrático dentro do processo penal, uma vez que ela, ao depois de textualizada e publicada, permite a participação popular no controle do Poder Judiciário, o qual, de seu turno, com a motivação das suas decisões, deve evidenciar que não incursionou nas funções dos outros órgãos do Estado (no caso, o Legislativo).

Dessa sorte – uma vez cumpridos esses registros iniciais, os quais se seguiram à guisa de evidenciar, de modo mais abrangente, a importância da motivação para a estrutura de um Estado democrático de direito – faz-se mister, doravante, observar, em uma visão mais restrita, que, como se afirmou no limiar desse ponto, a motivação representa uma garantia de índole processual e outra de cunho político, mostrando-se indispensável realizar, ainda que de relance, a sua abordagem a partir dessas duas ditas perspectivas. Vejamo-las, então.

### 2.2.3.1. A motivação como garantia processual

Em visão endoprocessual, como já se registrou, denota-se que a necessidade de motivação das decisões se constitui em uma exigência interna ao processo, lastreando-se, basicamente, nos seguintes aspectos: *(a)* permitir às partes o direito de impugnar a decisão, já que a elas se viabiliza o conhecimento sobre os motivos

---

esses dois âmbitos o mesmo status jurídico" (STRECK, Lenio Luiz. *Jurisdição Constitucional e Hermenêutica*: uma nova crítica do Direito. Porto Alegre: Livraria do Advogado, 2002, p. 390).

[519] Conforme: FERRAJOLI, Luigi. *Derecho y razón*. Madrid: Trotta, 2000, p. 623.

[520] Conforme: CORDÓN MORENO, Faustino. *Las garantías constitucionales del proceso penal*. 2.ed. Navarra: Aranzadi, 2002, p. 197.

[521] FIGUEIREDO DIAS, Jorge de. *Direito processual penal*. Coimbra: Coimbra, 2004, p. 75.

condutores da solução lançada pelo juiz; e, por outro lado, *(b)* facilitar o controle jurisdicional de segundo grau sobre a decisão impugnada.[522]

No particular, verifica-se que a motivação aparece prevista na legislação infraconstitucional, na maioria dos casos, em virtude de ser um útil instrumento de razão técnica do funcionamento do processo. Cuida-se de impor ao juízo um momento de verificação e controle crítico da sua decisão, para que se possa depreender se a fundamentação foi racional e jurídica, sendo produzida com fulcro na prova e na norma aplicável ao episódio *sub judice*. Trata-se, ainda, de um mecanismo indispensável para viabilizar o funcionamento do duplo grau de jurisdição,[523] no qual se possibilita à parte inconformada o direito de nova análise da decisão. Na base disso, vê-se que uma das funções da motivação "consiste en hacer posible un posterior control sobre las razones presentadas por el juez como fundamento de la decisión".[524]

Ademais, vê-se que "a exigência de motivação dos provimentos penais integra e completa todo um sistema de garantias penais e processuais penais cuja rigorosa observância constitui condição de legitimidade da imposição de qualquer medida punitiva no Estado de direito".[525] Nesse cenário, a motivação apresenta-se como uma garantia de segundo nível (ou também chamada "garantia das garantias"), porquanto assegura a observância de três garantias primárias do modelo acusatório (assim como de todas as outras que se concretizam a partir dessas ditas garantias processuais primárias), quais sejam: "*la* formulación de la imputación, *con la que se formaliza la hipótesis acusatória y se hace efectiva la contradicción* (nullum iudicium sine accusatione); *la* carga de la prueba *de tal hipótesis, que pesa sobre el acusador (*nulla accusatio sine probatione); *el* derecho de defensa *atribuído al imputado (*nulla probatio sine defensione)".[526]

Inquestionavelmente, a motivação oportuniza a verificação da obediência judicial aos princípios acusatórios acima indicados. Desponta, de igual sorte, que o mesmo fenômeno acontece com os vetores decorrentes desses princípios primários, como, por exemplo, com a garantia da imparcialidade[527] e da independência do juiz.[528]

---

[522] Conforme: TARUFFO, Michele. La fisionomia della sentenza in Itália. In: *Rivista Trimestrale di diritto e procedura civile*. Milão: Dott. A. Giuffrè, 1986 (ano XL), p. 442.

[523] Conforme: TARUFFO, Michele. Note sulla garanzia costituzionale della motivazione. In: *Boletim da Faculdade de Direito*. v.LV. Coimbra: Coimbra, p. 31.

[524] Idem. *La prueba de los hechos*. Traduzido por: Jordi Ferrer Beltrán. Madri: Trotta, 2002, p. 435.

[525] GOMES FILHO, Antonio Magalhães. *A Motivação das Decisões Penais*. São Paulo: Revista dos Tribunais, 2001, p. 97/98.

[526] FERRAJOLI, Luigi. *Derecho y razón*. Madrid: Trotta, 2000, p. 606.

[527] Para Lopes Júnior, "a imparcialidade corresponde exatamente a essa posição de terceiro que o Estado ocupa no processo, por meio do juiz, atuando como órgão supra-ordenado às partes ativa e passiva. Mais do que isso, exige uma posição de terzietà, um estar alheio aos interesses das partes na causa" (LOPES JÚNIOR, Aury. Juízes inquisidores? E paranóicos. Uma crítica à prevenção a partir da jurisprudência do Tribunal Europeu de direitos humanos. In: *Revista de Estudos Criminais*. n.10. Porto Alegre: Notadez, 2003, p. 122).

[528] "A posição do Poder Judiciário, como guardião das liberdades e direitos individuais, só pode ser preservada através de sua independência e imparcialidade. Por isso é de primordial importância, no estudo desse Poder do

De fato, tem-se como correto que a independência e a imparcialidade do juiz não devem ser postas apenas no plano principiológico abstrato. É inequívoco que elas necessitam de uma completa (e concreta, destacamos nós) verificação, a qual só se faz possível por meio da leitura da motivação. Não é suficiente que o juiz seja (diga, ou pense ser) independente e imparcial. Há a necessidade de ele demonstrar esses aspectos através da motivação. E mais: há a necessidade de esses pontos ficarem evidenciados por meio da análise da justificação esboçada na decisão.[529] É a motivação, destarte, que dá vida a essas garantias. Em resumo, "il giudice è indipendente e imparziale solo se dimostra di esserlo nella singola decisione che pronuncia, motivandola in modo che essa risulti fondata su um accertamento oggettivo dei fatti della causa e su un'interpretazione valida ed imparziale della norma di diritto".[530]

Como ponderação última acerca da instrumentalidade processual da motivação, cumpre-se anotar que o mesmo raciocínio, acima desenvolvido, abrange, por óbvio, a análise da observância do princípio fundamental de direito de defesa da parte acusada. Na base disso, impende-se observar que a motivação da sentença (além do controle acerca do alcance do direito de defesa ao longo das atividades processuais) deve ter como escopo a verificação da eficácia dessa defesa no que pese à sua influência no convencimento judicial,[531] porquanto o réu não pode ser condenado sem que se lhe seja garantida a presença de uma defesa técnica capaz de enfrentar a acusação.

Mas, é importante frisar-se, a motivação, assim como serve para instrumentalizar as garantias do cidadão, coloca-se, ainda, de outro lado, como um meio de desmitificação da tese da neutralidade do juiz, porque o magistrado, ao justificar a sua decisão, elege uma das versões propostas pela partes (seja sobre a culpabilidade, seja acerca da inocência do réu), ou, no mínimo, analisa as suas pertinências no que tange à solução da causa, o que se lhe retira a dita posição neutra, ou seja, de "distância" sobre os argumentos e concepções desenvolvidos pelo Ministério Público e pela Defesa (técnica e pessoal). De igual sorte, a queda do mito da neutralidade, no processo penal brasileiro, pode ser vista nos casos nos quais ocorre a

---

Estado, a análise das garantias que a Constituição institui para salvaguardar aquela imparcialidade e aquela independência. Algumas dizem respeito ao Poder Judiciário entendido como um todo, servindo para resguardá-lo da influência de outros poderes; outras concernem diretamente aos órgãos do Judiciário e particularmente a seus juízes. Essas garantias correspondem à denominada independência política do Poder e de seus órgãos, a qual se manifesta no auto governo da magistratura, nas garantias da vitaliciedade, da inamovibilidade e irredutibilidade de vencimentos e na vedação do exercício de determinadas atividades, que garantem às partes a imparcialidade do juiz. Além dessa independ6encia política e estribada nela, existe ainda a denominada independência dos juízes, a qual retira o magistrado de qualquer subordinação hierárquica no desempenho de suas atividades funcionais; o juiz subordina-se somente à lei, sendo inteiramente livre na formação de seu convencimento e na observância dos ditames da sua consciência" (GRINOVER, Ada Pellegrini *et al. Teoria Geral do Processo.* 20.ed. São Paulo: Malheiros, 2003, p. 162).

[529] Conforme: TARUFFO, Michele. Note sulla garanzia costituzionale della motivazione. In: *Boletim da Faculdade de Direito.* v.LV. Coimbra: Coimbra, p. 35.

[530] Idem, ibidem.

[531] Idem, ibidem, p. 36.

*emendatio* ou a *mutatio libelli,*[532] porquanto, nesses momentos processuais, é que o magistrado demonstra, de modo mais cristalino, a sua ideologia e a sua tomada de posição, tornando de todo inadmissível a tese da sua neutralidade. Daí o motivo pelo qual não se pode concordar com a afirmativa de que a sentença tenha um efeito de neutralidade judicial.[533] Ademais, digno de nota que o juiz, enquanto agente do conhecimento, é um ser participativo, construtor da realidade, que faz escolhas e tem posições ideológicas, com o que, nos dias correntes, se consagra a idéia de "dialética da participação", ao invés da concepção dogmática da "neutralidade do sujeito".[534] Veja-se, por fim (mas não menos importante), que o próprio direito não é neutro, pois ele resulta de lutas entre os grupos detentores do poder, sendo marcado pela vontade política e pela dimensão valorativa, inexistindo, na idéia de justiça, qualquer nota de neutralidade.[535]

### 2.2.3.2. *A motivação como garantia política*

Impossível esquecer-se, de outro curso, que a motivação surge, ainda, como uma importante garantia política, na medida em que estabelece limites ao poder jurisdicional à vista de que oportuniza o controle popular sobre o modo de administração da justiça.[536] Coloca-se a obrigação da motivação, portanto, em um pos-

---

[532] Não obstante a Lei n° 11.719, de 20 de junho de 2008, em seus artigos 383 e 384, apresente redação diversa da esposada pelo campo normativo anterior quanto à matéria, ainda assim, em casos tais, permaneceu previsão para tomada de posição por parte do juiz no que tange aos contornos típicos do fato deduzido em juízo, o que evidencia a inviabilidade de (um alegado) *status* de neutro.

[533] Frise-se que Brum destacava que: "como último requisito retórico da sentença, podemos considerar o efeito de neutralidade judicial" (BRUM, Nilo Barros de. *Requisitos Retóricos da Sentença Penal.* São Paulo: Revista dos Tribunais, 1980, p. 84).

[534] De há muito, defende-se a concepção segundo a qual o juiz deveria se portar com neutralidade no que pese às relações de conhecimento travadas pelas partes ao longo do processo. Por meio dessa distância, pensava-se, em grande escala, que o saber do juiz não se encontraria atingido pela imperfeição humana. Em essência, esse entendimento se derivou do método (perfeito) proposto pelo empirismo (COUTINHO, Jacinto Nelson de Miranda. O papel do novo juiz no processo penal. In: COUTINHO, Jacinto Nelson de Miranda (org.). *Crítica à teoria do direito processual penal.* Rio de Janeiro: Renovar, 2001, p. 42), tendo a busca pela neutralidade estes motivos específicos: "1°, a crença em uma razão que tivesse validade universal, servindo de paradigma para todos (crença esta que, de certa forma, seguiu todo o pensamento da história moderna no Ocidente, desde o discurso da Igreja – por influência de Descartes, Bacon, Kant, até chegar em Augusto Comte); 2°, a necessidade de legitimar o discurso do Estado moderno nascente, que vinha falar em nome de toda a nação, uma vez que os sujeitos da história passaram a ser 'iguais' e não era mais possível sustentar os privilégios do clero e da nobreza: o Estado agora é de todos e, finalmente; 3°, a urgência em ocultar que os interesses do Estado, ao contrário do que se acreditava, eram de classes; e não do povo como um todo" (Idem, ibidem, p. 42). Ocorre, entretanto, que a época de aceitar discursos universalistas (como, por exemplo, a idéia do juiz como órgão neutro) já passou. É que, em realidade, o Estado se desenvolveu; e o sujeito, nessa quadra, sabe da sua capacidade de construir a sua história social e pessoal, por meio das suas escolhas axiológicas que toma por referência. (Idem, ibidem, p. 45). Daí que "não por outro motivo as epistemologias contemporâneas, principalmente as críticas, vêem o sujeito do conhecimento como um agente participativo, construtor da realidade, que não tem mais motivos para esconder sua ideologia e escolhas diante do mundo. Torna-se, então, insustentável a tese da neutralidade do sujeito e vige, para todos os efeitos, a idéia de dialética da participação" (Idem, ibidem, p. 45).

[535] Conforme: PORTANOVA, Rui. *Motivações ideológicas da sentença.* Porto Alegre: Livraria do Advogado, 1992, p. 64/65.

[536] Conforme: GOMES FILHO, Antonio Magalhães. *A Motivação das Decisões Penais.* São Paulo: Revista dos Tribunais, 2001, p. 82.

to central do sistema de valor no qual se deve inspirar a administração da justiça no Estado democrático moderno,[537] mormente porque ela torna possível a "participação popular nos assuntos do governo";[538] e, como se sabe, "a participação é um valor democrático inalienável, para a legitimidade do processo político".[539]

Como função política, a motivação deve demonstrar o esforço do juiz sobre a matéria fática,[540] assim como acerca do conteúdo de direito. Sendo assim, a motivação assume uma dimensão pedagógica, de explicação sobre a racionalidade da decisão, o que lhe encampa a necessidade de ser persuasiva, no sentido de evidenciar a sua correção. Com isso, a motivação deve estar entrelaçada com a publicidade, tornando possível um controle democrático e de responsabilização externa do desempenho judicial.[541]

Na garantia política (ou seja: na função extraprocessual), leva-se em linha de conta o controle democrático que pode ser exercido pela sociedade sobre a motivação desenhada na decisão judicial. Dito de modo mais claro: a motivação oportuniza a opinião pública e aos cidadãos em geral o direito de controle sobre a atuação do Poder Judiciário. Com efeito, depois de prolatada a sentença, é que o povo, por meio da publicidade da motivação, pode compreender e valorar as razões por que essa decisão se deve apresentar como um válido exercício do Poder Judiciário.[542] O importante, aqui, frise-se, não é a efetividade desse controle, mas, sim, a sua possibilidade,[543] a qual "serve, ainda que indiretamente e de forma difusa, para condicionar o próprio conteúdo da decisão, na medida em que a necessidade de apresentar à opinião pública um discurso racional e coerente impõe determinado tipo de comportamento ao juiz no momento mesmo em que realiza as opções decisórias".[544] E, como a "população tem direito à justiça prestada por juízes inseridos na realidade social, comprometidos com o objetivo da ordem jurídica justa",[545] as motivações inclusas nas sentenças fazem com que o Judiciário tenha a possibilidade de avaliar o grau de preparação de seus magistrados.[546]

---

[537] Conforme: TARUFFO, Michele. Note sulla garanzia costituzionale della motivazione. In: *Boletim da Faculdade de Direito*. v.LV. Coimbra: Coimbra, p. 37.

[538] GOMES FILHO, Antonio Magalhães. Op. cit., p. 83.

[539] DINAMARCO, Cândido Rangel. Escopos políticos do processo. In: *Participação e processo*. São Paulo: Revista dos Tribunais, 1988, p. 122.

[540] Conforme: GASCÓN ABELLÁN, Marina. *Los hechos en el derecho: bases arguméntales de la prueba*. Madri: Marcial Pons, 1999, p. 200.

[541] Idem, ibidem.

[542] Conforme: TARUFFO, Michele. La fisionomia della sentenza in Itália. In: *Rivista Trimestrale di diritto e procedura civile*. Milão: Dott. A. Giuffrè, 1986 (ano XL), p. 444.

[543] Conforme: GOMES FILHO, Antonio Magalhães. *A Motivação das Decisões Penais*. São Paulo: Revista dos Tribunais, 2001, p. 83.

[544] Idem, ibidem.

[545] WATANABE, Kazuo. Acesso à justiça e sociedade moderna. In: *Participação e processo*. São Paulo: Revista dos Tribunais, 1988, p. 122.

[546] Conforme: GOMES FILHO, Antonio Magalhães. Op. cit., p. 83.

## 2.3. A MOTIVAÇÃO DE DIREITO E A MOTIVAÇÃO DE FATO

### 2.3.1. Decisão, motivação, fundamentação e justificação

É de significativa importância demonstrar-se, conceitualmente, o que se entende por "decisão, motivação, fundamentação e justificação", com o que, ao fim, se evidenciará que essas expressões, muito embora sejam utilizadas como sinônimas, apresentam diferenças substanciais entre si, sendo essa compreensão, destarte, indispensável ao desenvolvimento dessa dissertação.

Impende se observar, nessa perspectiva, que o *motivo* representa a causa ou a condição de uma *decisão*, isto é, de uma "escolha de uma alternativa, que se apresenta como a melhor para a solução do caso",[547] a qual serve para direcionar a atividade para um fim específico; o *fundamento*, de sua vez, é a explicação ou a justificação racional que permite compreender a razão pela qual uma decisão foi ditada em um sentido, e não em outro.[548]

Vê-se, assim, que a "motivação" é a explicação dos motivos do provimento judicial, ou seja, se constitui no instrumento que orienta a explicação da "decisão"; ao passo que a "fundamentação" é a justificação racional capaz de explicar a razão por que se está procedendo de determinada maneira.[549] Enfim, é possível dizer-se que "motivar é dizer quais as bases fáticas e/ou de direito que permitem a fundamentação, ou seja, a explicação racional da decisão".[550]

Ao se entrelaçar as noções de "decisão" e "fundamentação", sustenta-se, em visão mais superficial, que o magistrado, em um primeiro momento, leva a efeito a sua escolha e, depois disso, angaria elementos para justificar o caminho que elegeu.[551] Contudo, uma visão hermenêutica fulmina essa conspícua linha de intelecção. É que, em realidade, o magistrado não decide para, posteriormente, angariar a fundamentação. Ao revés, ele só decide em virtude de que já encontrou o fundamento.[552] Com Streck, verifica-se, nessa senda, constituir-se o fundamento o resultado do modo-de-ser-no-mundo do magistrado que o levou a compreender (no caso, a decidir) daquele modo. Sem dúvida, o fundamento é anterior ao ato

---

[547] Conforme: GOMES FILHO, Antonio Magalhães. Op. cit., p. 112.

[548] Conforme: GIACOMOLLI, Nereu José. Aproximação à garantia da motivação das decisões criminais. *Revista Ibero-Americana de Ciências Penais*. Ano 6. n.11. Porto Alegre: ESMP, 2005, p. 71.

[549] Idem, p. 72.

[550] Idem, ibidem.

[551] Nesse sentido, leia-se: "Aplicada à atividade judicial, tal diferenciação permitiria entrever dois momentos distintos no raciocínio do juiz: numa etapa inicial realiza-se uma atividade voltada à escolha de uma alternativa, que se apresenta como a melhor para a solução do caso (decisão); em seguida, trata-se de selecionar e articular razões que possam ser utilizadas para justificar a decisão tomada (motivação); a diversidade entre esses dois contextos não seria somente estrutural e funcional, mas sobretudo fenomenológica: o primeiro consiste numa atividade; o segundo constitui um discurso" (GOMES FILHO, Antonio Magalhães. *A Motivação das Decisões Penais*. São Paulo: Revista dos Tribunais, 2001, p. 112).

[552] Conforme: STRECK, Lenio Luiz. Hermenêutica (jurídica): compreendemos porque interpretamos ou interpretamos porque compreendemos? Uma resposta a partir do *Ontological Turn*. In: *Anuário do Programa de Pós-Graduação em Direito* (Mestrado e Doutorado). São Leopoldo: Unisinos, 2000, p. 227/228.

explicitativo, porque se traduz no produto do processo compreensivo, o qual, de sua vez, é condição de possibilidade da interpretação.[553] Nesse particular, Streck continua afirmando que:

> (...) é preciso ter claro que a compreensão antecede a qualquer interpretação, o que significa dizer, com todas as letras, que não é a interpretação que conduz a alguma coisa, mas, antes, é a compreensão que atua como condição de possibilidade desse ato interpretativo, que funciona como uma elaboração (explicitação) do que (já) foi compreendido.[554]

Desse modo – e ainda nos passos de Streck – é possível concluir-se que nós só interpretamos quando e porque compreendemos algo antes, de sorte que, na decisão judicial, o fundamento é condição de possibilidade da decisão tomada, pois há um sentido que se apresenta antecipado ao magistrado, no qual a decisão é parte dependente desse fundamento.[555]

Por fim, veja-se que a motivação tem natureza de um discurso justificativo da decisão judicial. A "justificação", nesse andar, se vincula ao fornecimento de "razões persuasivas" que sejam aptas para sustentar, racionalmente, uma decisão.[556]

### 2.3.2. A estrutura normativa da motivação

Como é de conhecimento na comunidade jurídica, o inciso IX do artigo 93 da Constituição Federal de 1988 prescreve que "serão [...] fundamentadas todas as decisões, sob pena de nulidade". O Código de Processo Penal brasileiro, por sua vez, estabelece que são requisitos da sentença, no que tange à motivação, "a indicação dos motivos de fato e de direito em que se fundar a decisão", conforme indica o inciso III do seu artigo 381.

Na base disso, verifica-se que o ordenamento jurídico exige, à validade estrutural da motivação, em resumo, estes requisitos: "1) o enunciado das escolhas do juiz com relação à individualização das normas aplicáveis e às conseqüências jurídicas que delas decorrem; 2) os nexos de implicação e coerência entre os referidos enunciados; 3) a consideração atenta dos argumentos e provas trazidas aos autos".[557] Reclamam-se, como se pode perceber, as presenças de uma motivação de direito e outra motivação de fato. Trata-se, pois, de um modelo normativo es-

---

[553] Conforme: STRECK, Lenio Luiz. Hermenêutica (jurídica): compreendemos porque interpretamos ou interpretamos porque compreendemos? Uma resposta a partir do *Ontological Turn*. In: *Anuário do Programa de Pós-Graduação em Direito* (Mestrado e Doutorado). São Leopoldo: Unisinos, 2000, p. 228.

[554] Idem, ibidem, p. 227/228.

[555] Conforme: STRECK, Lenio Luiz. Hermenêutica (jurídica): compreendemos porque interpretamos ou interpretamos porque compreendemos? Uma resposta a partir do *Ontological Turn*. In: *Anuário do Programa de Pós-Graduação em Direito* (Mestrado e Doutorado). São Leopoldo: Unisinos, 2000, p. 227/228.

[556] Conforme: GOMES FILHO, Antonio Magalhães. *A Motivação das Decisões Penais*. São Paulo: Revista dos Tribunais, 2001, p. 116/117.

[557] GRINOVER, Ada Pellegrini *et al*. *As nulidades no processo penal*. 8.ed. São Paulo: Revista dos Tribunais, 2004, p. 256.

trutural que se prende, em específico, à sentença criminal[558], enquanto ato "autoritativo"[559] e obrigatoriamente documentado,[560] mas que, de outro lado, serve, em linhas gerais, a todos os tipos de decisão do processo penal,[561] as quais, de igual sorte, devem representar um documento textualizado.

### 2.3.3. A motivação de direito e a motivação de fato

Sob todos os títulos, tem-se como certo que a motivação (de direito e de fato[562]) se coloca como condição indispensável à própria validade da decisão judicial,[563] porque "muito mais que uma garantia individual das partes, a motivação

---

[558] Para Bento de Faria, a sentença, no juízo criminal, "é a decisão da causa proferida por Juiz competente, de acordo com a lei e a prova dos autos" (FARIA, Bento. *Código de Processo Penal*. v.I. Rio de Janeiro: Jacintho, 1942, p. 420). Aponta Manzini, outrossim, que a "sentenza penale, in generale, sai l'atto scritto che contiene la decisione con la quale si definisce l'instruzione o il giudizio" (MANZINI, Vicenzo. *Instituzioni di diritto processuale penale*. Roma: Fratelli Bocca, 1917, p. 260). Como discorre Fayet, a sentença, portanto, deve ser definida "como a decisão do juiz que condena ou absolve o réu" (FAYET, Ney. *A sentença criminal e suas nulidades*. 3.ed. Porto Alegre: Síntese, 1979, p. 24). De qualquer sorte, o relevante é que a sentença "contiene los motivos, bajo pena de nulidad" (CORDERO, Franco. *Procedimiento penal*. Traduzido por: Jorge Guerrero. Sta Fe de Bogotá: Temis, 2000, p. 247).

[559] É Liebman quem afirma que a "sentença, como ato autoritativo ditado por um órgão do Estado, reivindica naturalmente, perante todos, seu ofício de formular qual seja o comando concreto da lei ou, mais genericamente, a vontade do Estado, para um caso determinado" (LIEBMAN, Enrico Tullio. *Eficácia e autoridade da sentença*. Traduzido por: Alfredo Buzaid e Benvindo Aires. 2.ed. Rio de Janeiro: Forense, 1981, p. 123).

[560] Realça Couture que, "ao mesmo tempo que um fato e um ato jurídico, a sentença é um documento, elemento material, indispensável, nem regime jurídico evoluído, para refletir sua existência e seus efeitos sobre o ambiente jurídico. Em face dos textos legais, que regulam a forma das sentenças e até mesmo lhes impõe formas solenes do ponto de vista instrumental, o documento escrito é indispensável. Antes que a peça seja firmada pelo juiz, não se pode entender que exista sentença. Esta é ato e é documento" (COUTURE, Eduardo. *Fundamentos do direito processual civil*. Traduzido por: Rubens Gomes de Sousa. São Paulo: Saraiva, 1946, p. 252/253).

[561] Conforme: GOMES FILHO, Antonio Magalhães. *A Motivação das Decisões Penais*. São Paulo: Revista dos Tribunais, 2001, p. 108.

[562] Muito embora se faça a divisão entre motivação de direito e motivação de fato, Rodríguez-Aguilera adverte que "separar radicalmente las cuestiones de hecho de las de derecho no es fácil ni, a veces, posible. La relación entre unas y otras es de tal naturaleza que al determinar las cuestiones de hecho se están configurando las de derecho, y en la interpretación de éstas, de outra parte, se tienen presentes los hechos" (RODRÍGUEZ-AGUILERA, Cesáreo. *La sentencia*. Barcelona: Bosch, 1974, p. 45).

[563] Precisamente sobre o assunto, veja-se Rangel: "O dever de motivação das sentenças judiciais é um dos elementos mais importantes na estrutura do direito processual moderno. A motivação das decisões judiciais quer de facto, quer de direito, é a materialização do raciocínio lógico e objectivo do juiz, quando as fundamenta, o que só é possível com uma rigorosa documentação da prova. Só desta forma se combate o arbítrio nas decisões judiciais e aquilo a que alguns autores denominaram de 'ciência privada do juiz'. A motivação das sentenças judiciais surge como um verdadeiro reforço da dignificação e da independência do poder judicial e constitui uma preocupação do legislador constitucional. (Ex.: Portugal – art. 208° do C.R.P.; Itália – art. 111°; Grécia – art. 117°; Bélgica – art. 97°; Espanha – art. 121°; França – art. 208°; Países latino-americanos: Colômbia – art. 163°; Haiti – art. 120°; México – art. 16°; Peru – art. 277°; Equador – art. 200°: Tribunais Internacionais– Tribunal de Justiça das Comunidades Européias – art. 64°; Tribunal Europeu dos Direitos do Homem art. 50°). Sem a motivação em matéria de facto o recurso da sentença poderá ficar inquinado porque se torna impossível fazer uma averiguação dos motivos que levaram o juiz a decidir de determinada maneira ou a negligenciar certos factos oferecidos pelas partes. O princípio da motivação torna-se assim no verdadeiro elemento da estrutura publicista da Oralidade/Imediação/Concentração e faz girar à sua volta outros princípios fundamentais, tais como, o princípio da livre apreciação da prova pelo juiz e o princípio das instâncias sucessivas com recurso em matéria de facto. Deve existir determinação na decisão para fazer desaparecer a 'res dubio', como requisito essencial da sentença tornando-a uma peça moralizadora porque instala a certeza sob pena de nulidade. Não motivar é retirar

das decisões judiciais é uma exigência inerente ao próprio exercício da função jurisdicional".[564] Mister a presença de motivação nas decisões de índole criminal,[565] com o que "qualquer resolução contida no provimento jurisdicional deve ser motivada, quer incida sobre questões de fato, quer se refira a questões de direito, umas e outras relacionadas com o direito de ação, com a validade do processo ou com o mérito da causa".[566]

### 2.3.3.1. A motivação de direito

Na estrutura de um Estado de direito, há, indiscutivelmente, a submissão de todo o poder à legalidade, o que vale, sobremaneira, às decisões judiciais, as quais devem demonstrar o seu apoio nas regras do ordenamento jurídico.[567] Por esse prisma, vê-se que a observância da lei é uma forma de controlar o excesso, ou seja, o uso não regulado do poder.[568] Nesse modelo estatal, não se coloca adequado, destarte, posicionar-se contra a legalidade, porquanto "as aspirações de segurança jurídica têm de ser atendidas sob pena de ser a sentença considerada ilegal ou arbitrária".[569] Para Bentham, a conformidade da decisão com a lei é o dado que encampa *rectitud* ao ato decisório, sendo que, para esse autor, se compreende:

> (...) por rectitud en las decisiones, es su conformidad con la ley, puesto que sobre la ley se regulan los temores y las esperanzas de los ciudadanos. La ley representa una expectativa. El público que dará satisfecho si la decisión del juez se ajusta a esa expectativa; si la contraría, se habrá establecido un principio de seguridad y, en casos importantes, una alarma proporcional.[570]

Daí por que a decisão judicial deve apresentar um embasamento normativo, sob pena de arbitrariedade. Um discurso justificativo, sem referência concreta a

---

um direito que pode transformar-se numa denegação da justiça" (RANGEL, Rui Manuel de Freitas. *Registro da Prova*: a motivação das sentenças civis no âmbito da reforma do processo civil e as garantias fundamentais do cidadão. Lisboa: Lex, 1996, p. 49/50).

[564] BADARÓ, Gustavo Henrique Righi Ivahy. Vícios de Motivação da Sentença Penal: ausência de motivação, motivação contraditória, motivação implícita e motivação *per relationem*. *Revista Brasileira de Ciências Criminais*. n.38. abril-junho de 2002. São Paulo: Revista dos Tribunais, 2002, p. 125.

[565] "A motivação de fato e de direito é parte indeclinável da sentença. Não se concebe que um Juiz julgue sem dar as razões que o conduzem a sua decisão. O relativo arbítrio que lhe é concedido jamais poderia ter o vulto de dispensá-lo da fundamentação [...]. É a motivação garantia das partes. A motivação é o esteio, é o alicerce da sentença, que, como um prédio, ruirá, se ele não for seguro e firme, por mais bela e vistosa seja sua fachada" (NORONHA, Magalhães. *Curso de Direito Processual Penal*. São Paulo: Saraiva, 1964, p. 284).

[566] GRINOVER, Ada Pellegrini *et al*. *As nulidades no processo penal*. 6.ed. São Paulo: Revista dos Tribunais, 2000, p. 210.

[567] Conforme: GOMES FILHO, Antonio Magalhães. *A Motivação das Decisões Penais*. São Paulo: Revista dos Tribunais, 2001, p. 131.

[568] Conforme: ZAGREBELSKY, Gustavo. *El derecho dúctil: ley, derechos, justicia*. 3.ed. Trad. Marina Gascón. Madri: Trotta, 1999, p. 29.

[569] BRUM, Nilo Barros de. *Requisitos Retóricos da Sentença Penal*. São Paulo: Revista dos Tribunais, 1980, p. 78.

[570] BENTHAM, Jeremías. *Tratado de las pruebas judiciales*. Traduzido por: Manuel Ossorio Florit. v.I. Buenos Aires: Europa-América, 1971, p. 12.

uma lei penal, é insuficiente para servir de esteio a uma decisão, uma vez que se trata de uma opinião carente de sustentação objetiva por não apresentar o devido suporte legal que a sustente.[571]

Com efeito, percebe-se, na sentença criminal, que a submissão à lei já marca seu início no próprio relatório, na medida em que, nesse instante processual, o magistrado deve evidenciar a regularidade do rito no qual teve curso o processo sob sua presidência, demonstrando, nessa linha, a observância a todos os mandamentos da lei processual.[572]

Também na motivação de direito, como se disse, existe a marca da legalidade, pois, nesse momento, o juiz deve colocar às claras a justiça, a correção e a validade das prescrições extraídas do ordenamento jurídico (como, por exemplo, a escolha da norma, a interpretação, a superação de lacunas e antinomias), as quais são destinadas à solução do episódio posto em julgamento.[573] Em síntese, na motivação de direito, o juiz deve demonstrar as razões jurídicas condutoras da aplicação da lei que dá forma ao dispositivo.[574] Nesse passo, a motivação de direito deve ser concebida como a exposição do critério interpretativo por meio do qual o magistrado se vale para aplicar a lei.[575] Portanto, o direito a ser escolhido pelo juiz é um dos temas da sentença.[576]

Por esse prisma, é possível dizer-se que a autoridade da sentença está na sua submissão à lei[577] (que se apresenta válida constitucionalmente, é de rigor se completar). Na motivação de direito, o magistrado, desse modo, deve, afora o critério interpretativo, demonstrar que aplicou a lei, assim como determinar e indicar a lei que restou eleita. Não pode se embasar, apenas e tão-somente, nas suas próprias vontades, na doutrina ou na jurisprudência.[578] Em todos os ângulos, é indispensável a presença de um fundamento normativo, ou seja, ligado à ordem jurídica positiva, com o que se terá uma motivação de direito formalmente constituída, sob pena de nulidade.

### 2.3.3.1.1. A aplicação do direito: os "easy cases" e os "hard cases"

Inicialmente, cumpre-se registrar que a aplicação do direito aos casos práticos pode ser ordenada a partir do reconhecimento da incidência de regras ou

---

[571] Conforme: CARRIÓ, Genaro. Sentencia arbitraria por falta de fundamentación normativa. *Revista Jurídica de Buenos Aires*. n.IV. Buenos Aires: Facultad de Derecho y Ciencias Sociales, 1959, p. 100.

[572] Conforme: BRUM, Nilo Barros de. *Requisitos Retóricos da Sentença Penal*. São Paulo: Revista dos Tribunais, 1980, p. 78.

[573] Conforme: GOMES FILHO, Antonio Magalhães. *A Motivação das Decisões Penais*. São Paulo: Revista dos Tribunais, 2001, p. 130.

[574] Conforme: MANZINI, Vicenzo. *Instituzioni di diritto processuale penale*. Roma: Fratelli Bocca, 1917, p. 264.

[575] Conforme: AMODIO, Ennio. Motivazione della sentenza penale. In: *Enciclopedia del diritto*. v.XXVII. Roma: Giuffrè Editore, 1977, p. 212.

[576] Conforme: CORDERO, Franco. *Procedimiento penal*. Traduzido por: Jorge Guerrero. Sta Fe de Bogotá: Temis, 2000, p. 101.

[577] Conforme: CAVALLO, Vincenzo. *La sentenza penale*. Nápoli: Casa Editrice Dott Eugenio Jovene, 1936, p. 335.

[578] Idem, ibidem.

princípios na situação particular, ocorrendo, nessas ocasiões, um debate de cunho estritamente jurídico, o qual se coloca marcado, em grande medida, pelo caráter argumentativo desenvolvido pelas partes.

É de rigor se consignar, nessa perspectiva, que se pode aventar uma distinção entre regras e princípios, a qual se opera, basicamente, nestes moldes: *(i)* as regras desenvolvem-se dentro de um esquema de "tudo ou nada", isto é, se os fatos estão estipulados por uma regra, ou esta regra é válida (e, por conseqüência, o resultado previsto deve ser alcançado no caso), ou ela é inválida (e, de efeito, não tem qualquer incidência no caso); e *(ii)* os princípios, de outro curso, não reclamam essa lógica do "tudo ou nada", na medida em que, conquanto não-aplicados, conservam suas vigências, sendo possível as suas prevalências em outras ocasiões.[579]

As regras, dessa arte, são conclusivas. Ou elas são aplicáveis ao caso, ou não o são. Vislumbra-se, nessa senda, que as suas aplicações, realmente, são na maneira de "tudo ou nada", porquanto, à vista dos fatos que uma regra estipula, ou essa regra é válida, devendo a sua resposta ser aceita, ou não o é, em nada contribuindo para a decisão.[580]

Diversamente, é possível dizer-se que os princípios se colocam como não-conclusivos, porquanto se deve realizar, em momento antecedente, uma comparação entre aqueles que foram encontrados, a fim de que se possa verificar qual deve prevalecer no caso. Para a aplicação dos princípios, é indispensável, assim, pesar ou ponderar seus valores nas circunstâncias envoltas na hipótese em julgamento.[581] Depois dessa análise, somente um princípio irá ponderar no caso, o que evidencia o caráter competitivo existente entre eles. Assim, os princípios não são contraditórios, pois eles podem conviver em um mesmo ordenamento jurídico, conquanto apenas um tenha incidência no caso singular, por ter se saído vencedor da colisão.[582] Daí que os princípios apresentam uma dimensão de peso ou importância, de modo que o agente, sobre o qual recai o ônus de solucionar o problema jurídico, deve levar em conta a força de cada princípio.[583]

Todavia, não existe essa dimensão nas regras,[584] porque, ao entrarem em conflito, desserve questionar qual tem maior importância (como ocorre com os princípios). Sob todos os títulos, ao se falar em regras, somente dois questionamentos são importantes. O primeiro: uma regra derroga a outra? E o segundo: essa regra não é uma exceção da outra? Nessa linha, observa-se que uma resposta afirmativa, para qualquer um desses questionamentos, soluciona o conflito estabe-

---

[579] Conforme: RODRÍGUEZ, César. *La decisión judicial*: el debate Hart-Dworkin. Bogotá: Siglo del Hombre, 1997, p. 48/50.

[580] Conforme: DWORKIN, Ronald. *Levando os direitos a sério*. Traduzido por: Nelson Boeira. São Paulo: Martins Fontes, 2002, p. 39.

[581] Conforme: RODRÍGUEZ, César. Op. cit., p. 50/51.

[582] Idem. Op. cit., p. 87.

[583] Conforme: DWORKIN, Ronald. Op. cit., p. 42.

[584] Idem. Op. cit., p. 43.

lecido de modo satisfatório,[585] pois a solução para essas perguntas indica que, ou as regras são aplicáveis ao caso, ou não o são. Portanto, é, definitivamente, "tudo ou nada", na medida em que, "se duas regras entram em conflito, uma delas não pode ser válida".[586]

Relevante se anotar, ainda, que podem ocorrer conflitos entre regras e princípios. Nesses casos, a solução origina-se do esquema de colisões entre princípios, porque não se faz a ponderação entre a regra e o princípio, mas entre este e o princípio subjacente à regra.[587]

Nesse lanço, os apontamentos (sobre regras e princípios, acima aventados) indicam que as discussões e debates jurídicos são teóricos, não empíricos. Tais desacordos teóricos mostram que a característica central das práticas jurídicas é o caráter argumentativo. Nessa linha de concepção, a prática jurídica, em essência, é interpretativa, pois a vida do direito consiste em um intercâmbio de argumentos entre sujeitos que oferecem interpretações alternativas acerca do que "realmente diz" o direito no caso debatido.[588] Há, portanto, um processo de interpretação das práticas jurídicas, o qual se subdivide em três momentos. No primeiro, o intérprete identifica as regras e os princípios insertos na prática jurídica. No segundo, o intérprete deve oferecer uma justificativa moral e política dos elementos da prática jurídica identificados na primeira fase. E, por fim, na terceira fase, o intérprete formula reformas para a prática jurídica existente, visando a aproximá-la aos requerimentos de justificação desenvolvida na segunda fase. Essas fases são denominadas, em ordem, de pré-interpretativa, interpretativa e pós-interpretativa. De quebra, registre-se que esses momentos devem ser entendidos como parte de um processo unitário, uma vez que todos os argumentos atravessam essas três etapas interpretativas.[589] Por força do exposto, a interpretação é alçada ao patamar da argumentação, com o que ocorre uma racionalidade de cunho comunicativo, fixando-se, previamente, a maneira de operar em face da indeterminação do direito.[590]

Assim sendo, concebe-se uma teoria do direito como adequada quando ocorre a satisfação dessas três etapas interpretativas, assim como no instante em que se pode justificar a coerção estatal a partir de decisões políticas prévias (como, por exemplo, a Constituição, as leis, as sentenças), ou seja, decisões tomadas por autoridades públicas.[591]

---

[585] Conforme: RODRÍGUEZ, César. *La decisión judicial*: el debate Hart-Dworkin. Bogotá: Siglo del Hombre, 1997, p. 50/51.

[586] DWORKIN, Ronald. *Levando os direitos a sério*. Traduzido por: Nelson Boeira. São Paulo: Martins Fontes, 2002, p. 43.

[587] Conforme: RODRÍGUEZ, César. Op. cit., p. 53.

[588] Idem, Op. cit., p. 62.

[589] Idem, Op. cit., p. 63/64.

[590] Conforme: STRECK, Lenio Luiz. *Verdade e consenso*: constituição, hermenêutica e teorias discursivas. Rio de Janeiro: Lúmen Juris, 2006, p. 197.

[591] Conforme: RODRÍGUEZ, César. *La decisión judicial*: el debate Hart-Dworkin. Bogotá: Siglo del Hombre, 1997, p. 64.

A MOTIVAÇÃO DAS DECISÕES PENAIS

Nessa senda é que surge a teoria do direito da integridade, segundo a qual os casos similares devem ser tratados de modo similar, levando-se em linha de conta que, "en un caso concreto, los principios y reglas que proporcionan la solución adecuada son aquellos que resultan de la aplicación consistente de decisiones políticas pasadas, de acuerdo con una interpretación que ofrezca la mejor justificación política y moral de dichas decisiones".[592] Nesse ângulo, importa, pois, a coerência de justiça e de eqüidade, tendo-se em vista que os direitos e deveres legais foram criados por um único autor, o que conduz os juízes a pautarem seus comportamentos na busca pela identificação das normas a serem aplicadas a partir desse ideal de integridade.[593] Com efeito, verifica-se que, "segundo o direito como integridade, as proposições jurídicas são verdadeiras se constam, ou se derivam, dos princípios de justiça, eqüidade e devido processo legal que oferecem a melhor interpretação construtiva da prática jurídica da comunidade".[594] Avulta, a partir disso, que o direito como integridade apresenta uma nota inflexivelmente interpretativa,[595] exigindo que "um juiz ponha à prova sua interpretação de qualquer parte da vasta rede de estruturas e decisões políticas de sua comunidade, perguntando-se se ela poderia fazer parte de uma teoria coerente que justificasse essa rede como um todo".[596]

Como se pôde verificar, a aplicação de regras, ou a ponderação entre princípios, ou, ainda, entre princípios e regras, se encontra à base da proposta de aplicação do direito com vistas à solução de casos práticos. É, dentro desse cenário, que se apresentam os casos fáceis e os casos difíceis. Os casos fáceis são aqueles solucionados por critério de racionalidade formal, quando apenas uma regra ou um princípio incide no caso particular. Nos casos difíceis, a situação é outra. Precisamente, os *hard cases* surgem quando os fatos e as normas relevantes permitem, ao menos em uma análise superficial, mais de uma solução. Via de regra, isso ocorre quando a norma aplicada apresenta um texto aberto, com expressões lingüísticas vagas.[597]

Nos casos difíceis, não se deve, entretanto, admitir a discricionariedade judicial, como sustenta o positivismo.[598] Mister, em verdade, a adoção de um modelo descritivo-justificativo, o qual se projeta para solucionar esses casos difíceis, sendo o adequado (e o único) admitido em um Estado democrático de direito. Esse modelo apresenta dois elementos. O primeiro vincula-se com a distinção entre

---

[592] Conforme: RODRÍGUEZ, César. *La decisión judicial*: el debate Hart-Dworkin. Bogotá: Siglo del Hombre, 1997, p. 65/66.

[593] Conforme: DWORKIN, Ronald. *O império do direito*. Traduzido por: Jefferson Luiz Camargo. São Paulo: Martins Fontes, 2003, p. 271/272.

[594] Idem, p. 272.

[595] Idem, ibidem.

[596] Idem, p. 294.

[597] Conforme: RODRÍGUEZ, César. *La decisión judicial*: el debate Hart-Dworkin. Bogotá: Siglo del Hombre, 1997, p. 66/68.

[598] Conforme: EGELMANN, Wilson. *Direito natural, ética e hermenêutica*. Porto Alegre: Livraria do Advogado, 2007, p. 182.

regras e princípios, assentando-se que, nos casos nos quais existem lacunas no que tange à aplicação das regras, os princípios se colocam como meios através dos quais se pode completar esses vazios, garantindo a completude do sistema. Com isso, não há lugar à discricionariedade judicial. O segundo elemento, que também se concretiza para evitar a atividade de criação judicial, diz respeito às hipóteses nas quais a dificuldade se origina da colisão de dois ou mais princípios relevantes. Nessas ocasiões, o poder discricional do juiz não vinga, porque existe uma ordem hierárquica entre os diferentes tipos de princípios, a qual se estabelece a partir da distinção entre *políticas* e *princípios em sentido estrito*. As políticas são modelos que pretendem proteger um objeto coletivo, como a seguridade nacional e o crescimento econômico. As políticas justificam-se, assim, pela necessidade de se proteger o bem-estar da comunidade em sua totalidade. Por outro lado, os princípios destinam-se a defender direitos individuais, como o desenvolvimento da personalidade. Os princípios justificam-se na ordem moral, não dependendo, portanto, do proveito que a comunidade possa alcançar a partir dos seus reconhecimentos.[599] Nessa quadra, o importante é anotar que os magistrados fundam (e devem fundar) suas decisões em argumentos de princípios,[600] uma vez que seus argumentos são de consistência jurídica e moral, e não de convivência social.[601] Dessa arte, as decisões judiciais "são e devem ser, de maneira característica, geradas por princípios, e não por políticas".[602]

Por isso, o modelo de decisões judiciais baseado em princípios é o único que justifica e explica adequadamente o papel dos magistrados na perspectiva de um Estado democrático de direito.[603] Pelo prisma do modelo de princípios, o juiz se coloca comprometido com o ideal político da integridade, na medida em que "su deber fundamental es establecer qué decisión está ordenada por la aplicación consistente de las reglas, los principios y las decisiones judiciales existentes en la práctica jurídica de su comunidad".[604]

No cumprimento desse desiderato, sustenta-se que existe a possibilidade de uma resposta correta aos casos difíceis, a qual se concretiza a partir de um ponto de vista interno dos participantes da prática interpretativa. Por ser uma prática interpretativa, o direito deve ser compreendido no "interior" do processo de argumentação em que os participantes reclamam a correção da interpretação das normas. A par desse contexto, os magistrados e os advogados são uníssonos ao reconhecer que as normas, caso corretamente interpretadas, determinam um só

---

[599] Conforme: RODRÍGUEZ, César. *La decisión judicial*: el debate Hart-Dworkin. Bogotá: Siglo del Hombre, 1997, p. 77/78.

[600] Para Dworkin, "os argumentos de princípio são argumentos destinados a estabelecer um direito individual; os argumentos de política são argumentos destinados a estabelecer um objetivo coletivo" (DWORKIN, Ronald. *Levando os direitos a sério*. Traduzido por: Nelson Boeira. São Paulo: Martins Fontes, 2002, p. 141).

[601] Conforme: RODRÍGUEZ, César. Op. cit., p. 78.

[602] DWORKIN, Ronald. Op. cit., p. 132.

[603] Conforme: RODRÍGUEZ, César. Op. cit., p. 80.

[604] Idem. Op. cit., p. 80.

resultado (ou seja: a resposta correta), sendo, ademais, oferecidos argumentos para sustentar essa posição.[605] Isso porque os conceitos jurídicos apresentam uma bivalência (são, portanto, conceitos dispositivos), isto é, "em todos os casos, ou a asserção positiva, de que o caso enquadra-se num contexto positivo, ou a asserção oposta, de que não se enquadra, deve ser verdadeira mesmo quando é controvertido qual delas é verdadeira".[606] Dizendo de modo mais claro: "se é verdade que um traço de promessas constitui ou não um contrato válido, que alguém processado por um delito é ou não responsável por danos, e que alguém acusado de um crime é ou não culpado, então todos os casos em que essas questões são dispositivas têm uma resposta certa".[607] Mormente caso se considere que,

> (...) si el juez realiza ese proceso de integración de normas, principios y valores morales, deberá hallar, concibiendo al derecho como práctica interpretativa, la respuesta correcta para el caso. Porque la red del derecho es una red sin fisuras, dado que los principios completan, eventualmente, las fisuras existentes.[608]

Para a construção da resposta correta, serve-se de um modelo especial de juiz chamado Hércules, o qual apresenta "uma capacidade muito grande, talvez não encontrada em um juiz humano",[609] mas que, de qualquer sorte, se coloca como parâmetro aos demais magistrados.[610]

Inquestionavelmente, um juiz verdadeiro só pode imitar Hércules até certo ponto, pois esse modelo herculeo é dotado de talentos sobre-humanos, possuindo, ainda, um tempo infinito ao seu dispor, por intermédio do qual ele interpreta, às inteiras, todo o direito regente da comunidade.[611] Sendo assim, joga-se com "la metáfora del Juez Hércules, un juez omnisciente, capaz de producir la recta solución para el caso difícil, siempre y cuando, sea capaz también de entender al derecho como integridad e integración".[612] Na concepção de Hércules, ademais, à solução dos casos difíceis, "as leis precisam ser lidas de algum modo que decorra da melhor interpretação do processo legislativo como um todo",[613] o que conduz a uma (indevida) confusão entre as concepções de texto e norma, como se vai demonstrar no próximo tópico.

---

[605] Conforme: RODRÍGUEZ, César. *La decisión judicial*: el debate Hart-Dworkin. Bogotá: Siglo del Hombre, 1997, p. 85/86.

[606] DWORKIN, Ronald. *Uma questão de princípio*. Traduzido por: Luís Carlos Borges. 2.ed. São Paulo: Martins Fontes, 2005, p. 176.

[607] Idem, p. 177.

[608] MARÍA CARCOVA, Carlos. Qué hacen los jueces cuando juzgan? In: *Revista da faculdade de Direito da Universidade Federal do Paraná*. v.35. Porto Alegre: Síntese, 2001, p. 13.

[609] EGELMANN, Wilson. *Direito natural, ética e hermenêutica*. Porto Alegre: Livraria do Advogado, 2007, p. 184.

[610] Idem, ibidem, p. 185.

[611] Conforme: DWORKIN, Ronald. *O império do direito*. Traduzido por: Jefferson Luiz Camargo. São Paulo: Martins Fontes, 2003, p. 294.

[612] MARÍA CARCOVA, Carlos. Qué hacen los jueces cuando juzgan? In: *Revista da faculdade de Direito da Universidade Federal do Paraná*. v.35. Porto Alegre: Síntese, 2001, p. 12.

[613] DWORKIN, Ronald. *O império do direito*. Traduzido por: Jefferson Luiz Camargo. São Paulo: Martins Fontes, 2003, p. 404.

## 2.3.3.1.2. *A interpretação/aplicação do direito a partir da hermenêutica filosófica: a incorreta distinção entre "easy cases" e "hard cases"*

No plano hermenêutico crítico que se abordará,[614] a diferenciação entre casos simples e casos difíceis significa cindir aquilo que não pode ser cindido, ou seja, dividir o próprio compreender[615] – o qual é condição de possibilidade para a interpretação.[616]

Consigne-se, ainda, que a distinção entre *easy cases* e *hard cases* se apresenta como metafísica, porque, antes dessa diferenciação, já existe um compreender antecipador (pré-compreensivo) com caráter existencial, no qual esses dois elementos epistemológicos se encontram enraizados.[617] É como se existissem, portanto, casos fáceis e difíceis desde sempre rotulados, sendo essas concepções apresentadas ao sujeito de forma definitiva.

Com isso, pretende-se dizer, especificamente, que a diferença entre casos simples e casos difíceis se cinge a uma exigência do esquema de interpretação sujeito-objeto,[618] porque,

---

[614] Cuida-se de uma Nova Crítica ao Direito (NCD) proposta por Streck, na qual se busca a desconstrução da metafísica presente no pensamento dogmático do direito. Assim, "o fio condutor da NCD é o 'método' fenomenológico, visto, a partir de Heidegger, como 'interpretação universal', é dizer, como revisão crítica dos temas centrais transmitidos pela tradição filosófica através da linguagem, como destruição e revolvimento do chão lingüístico da metafísica ocidental, mediante o qual é possível descobrir um indisfarçável projeto de analítica da linguagem, numa imediata proximidade com a práxis humana, como existência e faticidade, onde a linguagem – o sentido, · denotação – não é analisada num sistema fechado de referências, mas, sim, no plano da historicidade. Enquanto baseado no método hermenêutico-lingüístico, o texto procura não se desligar da existência concreta, nem da carga pré-ontológica que na existência já vem sempre antecipada. Trata-se, enfim, da elaboração de uma análise antimetafísica, isto porque a partir da viragem lingüística e do rompimento com o paradigma metafísico aristotélico-tomista e da filosofia da consciência, a linguagem deixa de ser uma terceira coisa que se interpõe entre um sujeito e um objeto, passando a ser condição de possibilidade" (STRECK, Lenio Luiz. *Jurisdição Constitucional e Hermenêutica*: Uma Nova Crítica do Direito. Porto Alegre: Livraria do Advogado, 2002, p. 216/217).

[615] Frise-se, nesse particular, que a "compreensão, que faz parte do modo de ser-no-mundo, antecipa qualquer tipo de explicação lógico-semântica, não no sentido temporal, cronológico. Porque estamos no mundo há uma compreensão que se antecipa a qualquer tipo de explicação. Temos uma estrutura do nosso modo de ser que é a interpretação. Por isto, sempre que interpretamos. O horizonte do sentido é-nos dado pela compreensão que temos de algo. O ser humano é compreender. Ele só se faz pela compreensão. Ele só se dá pela compreensão. Compreender é um existencial, que é uma categoria pela qual o homem se constitui. A faticidade, a possibilidade, a compreensão são alguns desses existenciais. O fundamento do compreender é o próprio homem" (STRECK, Lenio Luiz. *Hermenêutica Jurídica e(m) Crise*: uma exploração hermenêutica da construção do Direito. 5.ª ed. Porto Alegre: Livraria do Advogado, 2004, p. 195).

[616] Idem. *Verdade e consenso*: constituição, hermenêutica e teorias discursivas. Rio de Janeiro: Lúmen Juris, 2006, p. 199.

[617] Conforme: STRECK, Lenio Luiz. *Verdade e consenso*: constituição, hermenêutica e teorias discursivas. Rio de Janeiro: Lúmen Juris, 2006, p. 200.

[618] Conforme: STRECK, Lenio Luiz. *Verdade e consenso: constituição, hermenêutica e teorias discursivas*. Rio de Janeiro: Lúmen Juris, 2006, p. 200. Para superar-se o esquema sujeito-objeto, deve-se, segundo Streck: "Conceber a linguagem como totalidade, é dizer, entender que não há mundo sem a mediação do significado, significa romper com a concepção de que há um sujeito cognoscente apreendendo um objeto mediante um instrumento chamado linguagem. Morre, assim, o cogito cartesiano e todas as formas de 'eu' puro, desindexado de cadeias significantes, da superada (?) relação sujeito-objeto passa-se à relação sujeito-sujeito. Essa superação ocorre com a ontologia fundamental (analítica existencial). Com ela, decreta-se a morte da idéia de subjetividade como instauradora da condição de ser-no-mundo do sujeito. Com a ontologia fundamental, o que morre é o sujeito (o arbítrio do sujeito) que se coloca como fundamento do mundo. É evidente que essa mudança de paradigma vai

(...) ao fazer a distinção entre as operações causais-explicativas (deducionismo) destinadas a resolver os casos simples e as "ponderações" calcadas em procedimentos que hierarquizam cânones e princípios (ou postulados hermenêuticos) para solver os casos complexos, reduz-se o elemento essencial da interpretação a uma relação sujeito-objeto.[619]

Trata-se, pois, de uma distinção objetivista, metodológica, de teoria do conhecimento, na qual existem, no debate do caso difícil, uma "insuficiência" no processo de conhecimento, posto que, nessa hipótese, a causalidade se apresenta insuficiente (ao não dar conta do caso, que, de efeito, deixa de ser fácil).[620] Nessa senda, vê-se – quanto à diferenciação entre casos fáceis e difíceis – que a dimensão da causalidade, como registrado acima, vincula a interpretação a uma relação sujeito-objeto, na qual a linguagem se apresenta apenas como instrumento (e não como condição de possibilidade para o acesso ao mundo,[621] inclusive o do direito[622]).

Pode-se, a partir disso, sustentar a existência de um "positivismo de causalidade", o qual não alcança os entes em seu acontecer (na sua compreensão). Nesse aspecto, o equívoco consiste nessa dimensão prévia que separa os casos fáceis dos difíceis. É como se eles já existissem desde sempre demarcados,[623] impondo-nos um método de reprodução dos seus sentidos, o que é inviável na fenomenologia hermenêutica, porquanto o "processo interpretativo/hermenêutico tem (deveria ter) um caráter produtivo".[624]

Nesse quadrante, frise-se que as teorias discursivas desconsideram que, antes da explicação causal, há a pré-compreensão, a qual limita o processo de atribuição de sentido. Veja-se que essa antecipação de sentido, que se apresenta

---

provocar ranhuras e espanto, mormente no seio da comunidade dos juristas. Afinal, para o jurista tradicional, inserido no paradigma epistemológico da filosofia da consciência, é a sua subjetividade que funda os objetos no mundo. Sempre acreditou (e continua acreditando) que á sua descrição, isto é, a sua atividade subjetiva, que faz com que o mundo ou as coisas sejam como elas são" (STRECK, Lenio Luiz. *Hermenêutica Jurídica e(m) Crise*: uma exploração hermenêutica da construção do Direito. 5.ed. Porto Alegre: Livraria do Advogado, 2004, p. 173/174).

[619] Idem. *Verdade e consenso*: constituição, hermenêutica e teorias discursivas. Rio de Janeiro: Lúmen Juris, 2006, p. 201.

[620] Idem. Ibidem, p. 200.

[621] Pondera Gadamer que "a linguagem não é somente um dentre muitos dotes atribuídos ao homem que está no mundo, mas serve de base absoluta para que os homens tenham mundo, nela se representa mundo. para o homem, o mundo está aí como mundo numa forma como não está para qualquer outro ser vivo que esteja no mundo. mas esse estar-aí do mundo é constituído pela linguagem" (GADAMER, Hans-Georg. *Verdade e Método I*. Traduzido por: Flávio Paulo Meurer. Revisão de Enio Paulo Giachini. 6.ed. São Paulo: Vozes, 2004, p. 571). Realça Streck, ademais, que, "como o compreender só é possível se o homem é um ser-no-mundo, nosso acesso a esse mundo só é possível pela linguagem" (STRECK, Lenio Luiz. *Hermenêutica Jurídica e(m) Crise*: uma exploração hermenêutica da construção do Direito. 5.ed. Porto Alegre: Livraria do Advogado, 2004, p. 195).

[622] Pensa-se que "somente pela linguagem – vista como condição de possibilidade e não como mero instrumento ou terceira coisa que se interpõe entre sujeito e objeto – é possível ter acesso ao mundo (do Direito e da vida)" (Idem, ibidem, p. 179).

[623] Conforme: STRECK, Lenio Luiz. *Verdade e consenso*: constituição, hermenêutica e teorias discursivas. Rio de Janeiro: Lúmen Juris, 2006, p. 202.

[624] Idem. *Hermenêutica Jurídica e(m) Crise*: uma exploração hermenêutica da construção do Direito. 5.ed. Porto Alegre: Livraria do Advogado, 2004, p. 95.

forjada na faticidade, não pode ser analisada de modo formal, como se pretende com as regras de argumentação. Tem-se como certo que os elementos existenciais se colocam além das explicações causais, porque resultam de uma autocompreensão incapaz de ser reduzida a relações de causa e efeito. Não se nega que possam existir casos fáceis. O impossível, entretanto, é uma institucionalização de casos simples e casos difíceis, porque o intérprete não escolhe o que seja um caso fácil e um caso difícil. Sem dúvida, o resultado da interpretação não é um produto de convencionalismo. Assinale-se, aqui, que os sentidos ocorrem na intersubjetividade, não se encontrando, portanto, "nas coisas".[625]

Sendo assim – e, ainda, como essa intersubjetividade ocorre *na* e *pela* linguagem,[626] indo além do esquema sujeito-objeto – verifica-se que os sentidos arbitrários estão interditados (pré-juízos inautênticos[627]), com o que, hermeneuticamente, é possível se alcançar respostas adequadas. Afinal, o intérprete não pode dizer qualquer coisa sobre qualquer coisa. Ou seja: o intérprete não pode, por exemplo, atribuir sentidos que despistem a função social da propriedade,[628] assim como sentidos que camuflem a abrangência da ampla defesa e contraditório.

Mostra-se importante esclarecer, nessa linha, que a hermenêutica não significa um veículo autorizador para o intérprete afirmar qualquer coisa sobre um texto. Ao revés, a hermenêutica, nos moldes ora abordados, se apresenta como uma significativa garantia contra o arbítrio.

Isso ocorre porque texto e norma não devem ser compreendidos de modo isolado. Igualmente, não há uma colagem de um no outro. Em rigor, texto e norma se diferenciam à vista da diferença ontológica, pois o texto apenas será na sua norma; a norma, de idêntica forma, tão-só será no seu texto. Há, portanto, uma ligação entre eles – e não uma colagem ou um isolamento. Enfim, texto e norma

---

[625] Idem. *Verdade e consenso*: constituição, hermenêutica e teorias discursivas. Rio de Janeiro: Lúmen Juris, 2006, p. 202/203.

[626] Não há negar-se que "estamos mergulhados em um mundo que somente aparece (como mundo) na e pela linguagem. Algo só é algo se podemos dizer que é algo. Esse poder-dizer é lingüisticamente mediado, porque nossa capacidade de agir e de dizer-o-mundo é limitada e capitaneada pela linguagem" (STRECK, Lenio Luiz. *Hermenêutica Jurídica e(m) Crise*: uma exploração hermenêutica da construção do Direito. 5.ed. Porto Alegre: Livraria do Advogado, 2004, p. 204).

[627] Essa interdição das arbitrariedades por intermédio do reconhecimento de pré-juízos inautênticos tem no tempo um fator de destaque, na medida em que se deve "reconhecer a distância de tempo como uma possibilidade positiva e produtiva do compreender. Não é um abismo devorador, mas está preenchido pela continuidade da herança histórica e da tradição, em cuja luz nos é mostrada toda a tradição" (GADAMER, Hans-Georg. *Verdade e Método I*. Traduzido por: Flávio Paulo Meurer. Revisão de Enio Paulo Giachini. 6.ed. São Paulo: Vozes, 2004, p. 393). Por via própria de conseqüência, "essa distância, além de eliminar os preconceitos de natureza particular, permite o surgimento daqueles que levam a uma compreensão correta. Muitas vezes essa distância temporal nos dá condições de resolver a verdadeira questão crítica da hermenêutica, ou seja, distinguir os verdadeiros preconceitos, sob os quais compreendemos, dos falsos preconceitos que produzem mal-entendidos. Nesse sentido, uma consciência formada hermeneuticamente terá de incluir também a consciência histórica. Ela tomará consciência dos próprios preconceitos que guiam a compreensão para que a tradição se destaque e ganhe validade como opinião distinta" (GADAMER, Hans-Georg. *Verdade e Método I*. Traduzido por: Flávio Paulo Meurer. Revisão de Enio Paulo Giachini. 6.ed. São Paulo: Vozes, 2004, p. 395).

[628] Conforme: STRECK, Lenio Luiz. *Verdade e consenso*: constituição, hermenêutica e teorias discursivas. Rio de Janeiro: Lúmen Juris, 2006, p. 202/203.

não são coisas separadas. A norma é o sentido do texto, sendo o texto um evento, que somente será "algo" na sua norma (ou seja, no seu sentido). Nesse quadro, veja-se que os sentidos são atribuíveis a partir da faticidade (na qual se encontra inserido o intérprete) e do respeito ao conteúdo do texto.[629] Dentro desse prisma, nota-se que temos de estar abertos à própria opinião do texto, uma vez que, para a sua compreensão, é necessário que fiquemos dispostos a ouvir a sua mensagem.[630] Com efeito, imperioso admitir que quem:

> (...) quer compreender não pode se entregar de antemão ao arbítrio de suas próprias opiniões prévias, ignorando a opinião do texto da maneira mais obstinada e conseqüente possível – até que este acabe por não poder ser ignorado e derrube a suposta compreensão. Em princípio, quem quer compreender um texto deve estar disposto a deixar que este lhe diga alguma coisa.[631]

Repita-se, por indispensável: no processo de interpretação hermenêutico-filosófico, faz-se mister o afastamento de todas as formas de decisionismo e discricionariedade. Indubitavelmente, a ausência de um método encampador de "correção" do processo interpretativo não legitima interpretações impulsionadas pela vontade do intérprete. É que, como já se disse, texto e norma não estão separados, de sorte que, como não há essa existência autônoma, a norma se coloca como a construção do sentido do texto levada a efeito pela aplicação.[632] Na compreensão, deve-se ter uma "abertura para a opinião do outro ou para a opinião do texto",[633] o que, conseqüentemente, oblitera o aparecimento de interpretações arbitrárias. Deve-se, assim, permitir que o texto se apresente em sua alteridade, para que, logo em seguida, se possa confrontar sua verdade com as opiniões prévias pessoais.[634]

Completa-se, nesse sentido, que os textos sempre nos dizem algo;[635] e nós os interpretamos no mundo prático em que vivemos. Por isso – segundo Streck – é impossível reproduzir sentido, como se o sentido fosse algo arrancado, apenas e tão-somente, dos textos. Caso contrário, estar-se-ia acreditando no caráter feti-

---

[629] Conforme: STRECK, Lenio Luiz. *Verdade e consenso*: constituição, hermenêutica e teorias discursivas. Rio de Janeiro: Lúmen Juris, 2006, p. 204/205.

[630] Idem. *Hermenêutica Jurídica e(m) Crise*: uma exploração hermenêutica da construção do Direito. 5.ed. Porto Alegre: Livraria do Advogado, 2004, p. 205.

[631] GADAMER, Hans-Georg. *Verdade e Método I*. Traduzido por: Flávio Paulo Meurer. Revisão de Enio Paulo Giachini. 6.ed. São Paulo: Vozes, 2004, p. 358.

[632] Conforme: STRECK, Lenio Luiz. A hermenêutica filosófica e as possibilidades de superação do positivismo pelo (neo)constitucionalismo. In: *Anuário do Programa de Pós-Graduação em Direito* (Mestrado e Doutorado) da Unidade Ciências Jurídicas da Unisinos. São Leopoldo: Unisinos, 2004, p. 166/168.

[633] GADAMER, Hans-Georg. *Verdade e Método I*. Traduzido por: Flávio Paulo Meurer. 6.ed. São Paulo: Vozes, 2004, p. 358.

[634] Idem, p. 358.

[635] Isso ocorre por força da faticidade e do conteúdo da base do texto, de modo que "o texto sempre já traz "em si" um compromisso – que é a pré-compreensão que antecipa esse "em si" – e que é o elemento regulador de qualquer enunciado que façamos a partir daquele texto" (STRECK, Lenio Luiz. *Verdade e consenso*: constituição, hermenêutica e teorias discursivas. Rio de Janeiro: Lúmen Juris, 2006, p. 205).

chista da lei, pondo o direito na direção do positivismo.[636] Nesse ponto, mostra-se importante lembrar Gadamer, quando afirma que "o sentido de um texto supera seu autor não ocasionalmente, mas sempre. Por isso, a compreensão nunca é um comportamento meramente reprodutivo, mas também e sempre produtivo. Basta dizer que, quando se logra compreender, compreende-se de um modo diferente".[637]

Nessa perspectiva, a diferença ontológica entre norma e texto é um elemento fundamental do modo de ser no mundo, o qual já é sempre uma dimensão de mundo que nos determina e que trazemos conosco. Com efeito, esse ser-no-mundo é, ao mesmo tempo, uma dimensão hermenêutica e uma dimensão do enunciado manifestativo do texto (dimensão apofântica). Daí por que se mostra impossível dividir o elemento hermenêutico do elemento apofântico (estrutura do texto).[638] A par da distinção ontológica, é que se dá o sentido, "donde é possível afirmar que a incindibilidade do 'como hermenêutico' do 'como apofântico' é a garantia contra a atribuição arbitrária de sentidos assim como a atribuição de sentidos arbitrários".[639]

Ao nos deparamos com um texto, este já nos surgirá normado (com significado), sendo essa significação apresentada sempre pela aplicação em uma situação determinada. A evidência, existe uma relação entre a incindibilidade da interpretação, da compreensão e da aplicação e o entendimento hermenêutico segundo o qual texto e norma apresentam diferença, mas não devem ser postos como elementos separados, sob pena de admitir-se a tese metafísica de que os conceitos podem ser construídos em abstrato, independentemente das coisas para as quais se referem, de sorte que os sentidos seriam encartados em "coisas-ainda-sem-sentido".[640]

Na visão da hermenêutica, é possível respostas corretas por meio da aplicação, superando-se, desse modo, a cisão (metafísica) do ato interpretativo em conhecimento, interpretação e aplicação. Não se trabalha apenas com textos. Avultam normas nas quais se encontram a normatividade que alcança a realização concreta. Ao superar o modelo interpretativo calcado na fixação abstrata do significado dos textos jurídicos, assim como ao ultrapassar os modelos procedimentais, a hermenêutica cuida da realização concreta do direito. O caso concreto apresenta-se como o lugar desse acontecer do sentido. Daí que uma resposta (ato de aplicação) não se forja com o objetivo de responder outras perguntas, porque, caso a resposta fosse projetada ao futuro, se defenderia uma universalidade, esconden-

---

[636] STRECK, Lenio Luiz. *Verdade e consenso*: constituição, hermenêutica e teorias discursivas. Rio de Janeiro: Lúmen Juris, 2006, p. 205.

[637] GADAMER, Hans-Georg. Op. cit., p. 392.

[638] Conforme: STRECK, Lenio Luiz. *Verdade e consenso*: constituição, hermenêutica e teorias discursivas. Rio de Janeiro: Lumen Juris, 2006, p. 205.

[639] Idem, ibidem.

[640] Idem, p. 207.

do-se a singularidade do caso.[641] Por conta disso, é que a menção a acórdãos,[642] nas decisões judiciais, "pode confortar uma orientação ou demonstrar a viabilidade jurídica de um entendimento, mas nunca fundar, de per si, a decisão".[643]

Nessa base (e levando-se em conta, ainda, que o caso concreto não se repete), vislumbra-se que a resposta é, simplesmente, *uma* para aquele caso, seja ela correta ou não. Trata-se de uma resposta conteudística[644] (e não metódica[645]), que se funda em um contraponto pós-metafísico, "a partir do qual o "caso" é produto de uma análise conteudística que se constrói no interior de uma intersubjetividade".[646] Pode-se, então, concluir que:

> (...) a única resposta acarretaria uma totalidade, em que aquilo que sempre fica de fora de nossa compreensão seria eliminado. O que sobre, o não dito, o ainda-não-compreendido, é o que pode gerar, na próxima resposta a um caso idêntico, uma resposta diferente da anterior. Portanto, não será a única resposta; será, sim, "a" resposta.[647]

Pelo prisma hermenêutico, é possível afirmar-se que se encontre sempre "a" resposta, não sendo ela única, tampouco uma entre várias possíveis. Fundando-se em uma linha conteudística, bem como na incindibilidade entre texto e norma[648] e entre fundamentação e aplicação, "a" resposta surge como síntese hermenêutica, por intermédio da qual se manifesta a coisa mesma.[649] No caminho desses passos,

> (...) é preciso deixar claro, pois, que a arbitrariedade (positivista) – que possibilita múltiplas respostas – é eliminada pelo processo unitário da compreensão, ainda que ela seja a base

---

[641] STRECK, Lenio Luiz. *Verdade e consenso*: constituição, hermenêutica e teorias discursivas. Rio de Janeiro: Lúmen Juris, 2006, p. 210/213.

[642] "A importância que se atribui às decisões do Poder Judiciário, quer dizer, da jurisprudência lato sensu, é o forte elemento diferenciador dos dois maiores sistemas jurídicos vigentes. Dito de outro modo, o papel da jurisprudência somente pode ser precisado em relação direta com a lei escrita. A contribuição da jurisprudência sempre será, por isso, diferente da que é trazida pelo legislador. Com efeito, enquanto o legislador estabelece comandos com validade *erga omnes*, a jurisprudência, produto de decisões (normas individuais) dos juízes e tribunais, tem (apenas) o caráter de produzir efeito inter partes" (STRECK, Lenio Luiz. *Súmulas no direito brasileiro: eficácia, poder e função*. 2.ed. Porto Alegre: Livraria do Advogado, 1998, p. 70).

[643] Idem. *Verdade e consenso*: constituição, hermenêutica e teorias discursivas. Rio de Janeiro: Lúmen Juris, 2006, p. 216.

[644] Idem, ibidem, p. 210/213.

[645] "Como a hermenêutica de matriz gadameriana (que não difere neste sentido da matriz da ontologia fundamental) não é um método, mas, sim, filosofia; é a condição-de-ser-no-mundo do intérprete que vai determinar o sentido. A pergunta pelo sentido do texto é uma pergunta pelo modo como esse sentido se dá, qual seja, através do intérprete, inserido na tradição, que compreende esse sentido. Não se interpreta, assim, um texto (jurídico) desvinculado da antecipação de sentido representado pelo sentido que o intérprete tem (no caso que para o Direito mais interessa, da Constituição). Assim, a hermenêutica deixa de ser metódica e normativa para ser filosófica" (Idem. *Hermenêutica Jurídica e(m) Crise*: uma exploração hermenêutica da construção do Direito. 4.ed. Porto Alegre: Livraria do Advogado, 2004, p. 212).

[646] STRECK, Lenio Luiz. *Verdade e consenso*: constituição, hermenêutica e teorias discursivas. Rio de Janeiro: Lúmen Juris, 2006, p. 217.

[647] Idem, ibidem, p. 213.

[648] Conforme: STRECK, Lenio Luiz. *Hermenêutica Jurídica e(m) Crise*: uma exploração hermenêutica da construção do Direito. 4.ed. Porto Alegre: Livraria do Advogado, 2004, p. 218/220.

[649] Idem. *Verdade e consenso*: constituição, hermenêutica e teorias discursivas. Rio de Janeiro: Lúmen Juris, 2006, p. 215.

de qualquer diferença. Desde que o "caso concreto" passou para o centro das preocupações dos juristas, abandona-se a multiplicidade de respostas, uma vez que somente em abstrato é possível encontrar respostas variadas. O caso (que é, e somente pode ser, concreto) demandará somente uma resposta (que é a resposta).[650]

Projetando-se por essa senda, tem de se consignar, por fim, que qualquer resposta correta necessariamente se apresenta como amoldável à Constituição Federal,[651] na medida em que, para ser válida, uma norma (aqui, entendida como produto da interpretação de um texto, o qual, de seu turno, sempre é um evento) deve estar de acordo com aspirações constitucionais.[652]

### 2.3.3.1.3. A verdade processual de direito de Ferrajoli

Na realidade, sabe-se que uma justiça penal capaz de desvendar "a verdade" é uma utopia; todavia, uma justiça penal vazia de verdade equivale a um sistema de arbitrariedade.[653] Por isso,

(...) el concepto de verdad procesal es, en suma, fundamental además de para la elaboración de una teoría del proceso, también por los usos que de él se hacen en la práctica judicial. Y no se puede prescindir de él, salvo que se opte explícitamente por modelos penales puramente decisionistas, sino a costa de una profunda incomprensión de la actividad jurisdiccional y de la renuncia a su forma principal de control racional.[654]

Importante se gizar, nesse ângulo, que o juízo penal se constitui em um saber-poder, ou seja, em uma combinação entre conhecimento (verdade) e decisão (poder). Nessa quadra, as garantias legais e processuais (além de garantias de liberdade) são também garantias da verdade. Ainda, o saber-poder apresenta-se para mais ou para menos conforme o grau de realização e satisfação das garantias legais e processuais. Com isso, percebe-se que um sistema garantista se encontra, em plano inicial, estruturado a partir da definição de verdade formal (ou processual) e da análise das condições pelas quais uma tese jurisdicional é (ou não) verificável e verificada.[655]

---

[650] STRECK, Lenio Luiz. *Verdade e consenso*: constituição, hermenêutica e teorias discursivas. Rio de Janeiro: Lúmen Juris, 2006, p. 215.

[651] "A construção das condições para a concretização da Constituição implica um (cuidadoso) olhar hermenêutico, a partir da noção de *applicatio*, que supera a noção metafísica que, de forma equivocada, separa o processo de interpretação da Constituição do processo de interpretação dos textos infraconstitucionais, como se a Constituição fosse uma capa de sentido, que serviria para dar sentido a textos infraconstitucionais 'dispersos no mundo' [...]. Na verdade, a construção das condições para a concretização da Constituição implica entender a Constituição como uma dimensão que banha todo o universo dos textos jurídicos, transformando-os em normas, ocorre sempre a partir de um ato aplicativo, que envolve toda a historicidade e a faticidade, enfim, a situação hermenêutica em que se encontra o jurista/intérprete" (STRECK, Lenio Luiz. *Hermenêutica Jurídica e(m) Crise*: uma exploração hermenêutica da construção do Direito. 4.ed. Porto Alegre: Livraria do Advogado, 2004, p. 321).

[652] Conforme: STRECK, Lenio Luiz. *Verdade e consenso*: constituição, hermenêutica e teorias discursivas. Rio de Janeiro: Lúmen Juris, 2006, p. 229/230.

[653] Conforme: FERRAJOLI, Luigi. *Derecho y razón*. Madrid: Editorial Trotta, 2000, p. 45.

[654] Idem, p. 47.

[655] Idem, p. 45/46.

Mister analisar-se, assim, o conceito de verdade processual partindo-se do significado de "verdadeiro", o qual se associa às proposições que motivam um pronunciamento judicial. No âmbito da jurisdição penal (no qual o nexo entre a validez da decisão e a verdade da motivação é assaz forte por imposição do princípio da estrita legalidade), nota-se que uma proposição pode ser decomposta em duas outras proposições: uma fática e outra de direito. Ambas são cognoscitivas à medida que sua verdade ou sua falsidade pode se apresentar a partir da investigação empírica. Há, portanto, uma verdade fática que é comprovada pela prova do fato investigado e sua imputação ao sujeito incriminado; e outra jurídica, a qual é comprovada pela interpretação dos enunciados normativos que qualificam o fato como delito. Em tal passo, verifica-se que a comprovação de uma das proposições é uma questão de fato solucionável pela via indutiva, ao passo que a outra se vincula a uma questão de direito resolúvel por meio de dedução, conforme o significado das palavras empregadas pela lei. Isso evidencia que a análise do conceito de verdade processual abarca as noções de verdade fática e de verdade de direito.[656]

Tem-se de referir, nessa linha, que nenhuma dessas operações condutoras da verdade processuais (quais sejam: nem a indução constituída pela prova do fato, tampouco a dedução constituída pela sua qualificação jurídica) representa um silogismo prático, ou seja, uma implicação cujas premissas e cujas conclusões aparecem proposições normativas. As premissas e as conclusões dessas inferências – as quais, diga-se de passagem, formam, em conjunto, a motivação – têm a forma de proposições afirmativas, sendo que premissas e conclusões normativas aparecem apenas na conjunção da motivação com uma ou mais normas.[657]

Indo além do modelo unitário de Beccaria,[658] Ferrajoli propõe três silogismos judiciais (indução, dedução e disposição), por intermédio dos quais entende composto o raciocínio judicial, sendo que cada inferência é logicamente antecedente das outras. Vejamo-los, pois:

> 1) una inferencia inductiva (prueba o inducción fáctica), cuya conclusión de hecho, CH, es que "Ticio ha cometido el hecho H" (por ejemplo, ha ocasionado a Cayo heridas curadas en más de cuarenta días) y cuyas premisas son el conjunto de las pruebas recogidas; 2) una inferencia deductiva (subsunción o deducción jurídica), cuya conclusión de derecho, CJ, es que "Ticio ha cometido el delito G" (en nuestro caso, lesiones graves) y cuyas premisas son las tesis CH y la definición jurídica (parcial) "el hecho H (por ejemplo, de quien causa a otros heridas curadas en más de cuarenta días) configura (conforme al art. 590 del código penal) el delito G (en nuestro ejemplo lesiones graves); 3) un silogismo práctico (o disposición), cuya conclusión dispositiva CD es la norma "Ticio debe ser castigado con la pena P" y cuyas remisas son las tesis CJ y la norma "el que cometa el delito G debe ser castigado con la pena P".[659]

---

[656] Conforme: FERRAJOLI, Luigi. *Derecho y razón*. Madrid: Editorial Trotta, 2000, p. 47/48.

[657] Idem, ibidem, p. 64.

[658] Para Beccaria haveria apenas um silogismo: "em cada delito, o juiz deve formular um silogismo perfeito: a premissa maior deve ser a lei geral; a menor, a ação em conformidade ou não com a lei: a conseqüência, a liberdade ou a pena. Quando o juiz for coagido, ou quiser formular mesmo que só dois silogismos, estará aberta a porta à incerteza" (BECCARIA, Cesare. *Dos delitos e das penas*. Traduzido por: Lúcia Guidicini e Alessandro Berti Contessa. São Paulo: Martins Fontes, 1991, p. 48).

[659] FERRAJOLI, Luigi. Op. cit., p. 64.

Como se pode perceber, tão-só o terceiro silogismo apresenta normas, com o que é qualificado como prático. Os dois primeiros, que são os únicos interessantes aos fins da verdade processual, constituem-se em silogismos teóricos, sendo que, nas suas ausências, a motivação é indecisa e vazada apenas na discricionariedade do juiz, porquanto não haverá silogismos, mas, sim, valorações faltas de qualquer referência empírica.[660]

Em termos evolutivos, pode-se dizer que a inferência judicial tem seu primeiro passo com a prática de um fato interessante ao direito penal, o qual concretiza uma hipótese acusatória. Durante o processo criminal, contrasta-se a hipótese acusatória por meio da atividade probatória. Para ser digna de validade, essa hipótese deve ser confirmada por mais de um fato, assim como resistente às contraprovas defensivas. Ao fim desse processo de conhecimento, o juiz assenta um fato como provado, formulando uma hipótese sobre a ocorrência do evento objeto de análise judicial. A hipótese probabilística deve observar, ainda, as garantias processuais que configuram o marco normativo regido pela presunção de inocência, a partir da qual a indução judicial irá se desenvolver. O certo é que a inferência indutiva permite ir do *thema probandi* descrito na hipótese acusatória aos fatos probatórios que representam a sua explicação. Cumprida essa etapa, deve-se dar a volta, tratando essa inferência de modo dedutivo. Na inferência dedutiva, os fatos probatórios se constituirão em uma primeira premissa, a qual, colocada em relação com a outra, permitirá ter como provado o fato de que se trata.[661] Conforme descreve Andrés Ibáñez, esta última inferência apresenta:

(...) indubitáveis vantagens, sob o ponto de vista do controle da qualidade do curso de argumentação do juiz: por um lado, lhe obriga a ordenar o material probatório já con-

---

[660] FERRAJOLI, Luigi. Op. cit., p. 64/65.

[661] Conforme: ANDRÉS IBÁÑEZ, Perfecto. Sobre a motivação dos fatos na sentença penal. Traduzido por: Lédio Rosa de Andrade. In: ANDRADE, Lédio Rosa de. *Valoração da prova e sentença penal*. Rio de Janeiro: Lumen Júris, 2006, p. 96/98. Andrés Ibáñez, em outro texto, exemplifica ainda mais esse procedimento, ao ponderar: "Em geral, a imputação que se deve provar aparece formada por um conjunto de afirmações de fato, às vezes de grande complexidade. Deste modo, a hipótese acusatória, que tem por objeto o fato principal, isto é, a imputação, é suscetível de ser decomposta em um conjunto de sub-hipóteses, relativas aos diversos fatos secundários, que serão objeto de prova de forma individualizada. Apresentada a hipótese, a simples contestação desta, e a(s) hipótese(s) alternativa(s), quando for o caso, desenvolve-se a atividade probatória: geralmente testemunhas, e também documentos, perícias, etc., todos examinados em contraditório. O objetivo desta fase é comprovar se a hipótese da acusação, que se apresenta dotada, em princípio, de qualidade explicativa, pode ou não ser provada. No tratamento do resultado dos meios de prova, deve-se operar, a princípio, de forma individualizada, isto é, com cada um deles separadamente, atendendo à qualidade da fonte e às particularidades – a correção – do procedimento de obtenção do elemento ou elementos de prova: a credibilidade da testemunha conforme o caráter de sua relação com o objeto de prova, com sujeitos implicados, os eventuais interesses em jogo; a espontaneidade ou a falta de espontaneidade nas respostas, em relação à qualidade das perguntas; o conteúdo ou a carência de conteúdo empírico das afirmações, etc. Depois, os dados assim obtidos serão colocados em confronto com os obtidos de outras fontes de prova [...]. Deste modo, consegue-se dispor de uma variedade de elementos de convicção que podem ou não servir para provar as hipóteses da acusação. Se esta estiver certa, isto é, se a ação criminosa houver sido produzida por quem e como nela se sustenta, deverá ter ocorrido o desencadeamento de certos efeitos constatáveis na realidade por meio da prova. A finalidade desta é comprovar empiricamente se ocorreu ou não desta forma. Se se pode rastrear na realidade os indícios ou vestígios que tornariam a explicação plausível" (ANDRÉS IBÁÑEZ, Perfecto. Sentença penal: formação dos fatos, análise de um caso e indicações práticas de redação. In: *Revista de Estudos Criminais*. Ano 4, n.14. Porto Alegre: Notadez, 2004, p. 19).

trastado, a verificar a forma em que o foi, e a fazer explícitas as máximas de experiência empregadas; e, por outro, permite também apreciar com mais facilidades até que ponto um e outras, em sua interação, explicam e em que medida, ou não explicam, no caso concreto.[662]

Na medida em que se pode analisar a verdade processual (de direito e de fato) pela investigação empírica, o termo "verdadeiro" (das proposições) pode ser invocado sem implicações metafísicas,[663] porquanto se vale de um sentido de correspondência. Com efeito, é "posible hablar de la investigación judicial como la búsqueda de verdad en torno a los hechos y a las normas mencionadas en el proceso y usar los términos verdadero y falso para designar la conformidad o la disconformidad de las proposiciones jurisdiccionales respecto de aquéllos".[664] Como se mostra impossível alcançar a perfeita correspondência entre "a verdade" do fato ocorrido e a do *sub judice*, cogita-se, portanto, em uma verdade aproximativa.[665]

De tal arte, uma vez esclarecidos esses aspectos preliminares, cuidaremos, por ora e em rápidas linhas (vez que não se apresenta como o escopo dessa dissertação o estudo específico da verdade processual), da verdade processual jurídica, deixando a verdade processual fática para o item no qual se abordará a motivação sobre os fatos.

Pode-se, nesse passo, remarcar que a verificação jurídica é resultado de uma inferência dedutiva embasada em uma subsunção do fato à lei, a qual apresenta a natureza de um procedimento classificatório,[666] "pois diz respeito à qualificação jurídica dos fatos passados a partir do rol de opções que as categorias jurídicas oferecem".[667] Enfim, "la verdad procesal jurídica es una verdad que podemos llamar clasificatoria, al referirse a la clasificación o calificación de los hechos históricos comprobados conforme a las categorías suministradas por el léxico jurídico y elaboradas mediante la interpretación del lenguaje legal".[668]

Essa inferência dedutiva (acima aventada) coloca-se na forma de uma proposição condicional, a qual é vazada nestes moldes: no antecedente, ela leva a conjunção da definição legal do conceito jurídico classificatório e da tese fática que descreve o fato provado; no conseqüente, ela apresenta a classificação do fato provado dentro da classe de fatos denotados pelo conceito jurídico classificatório. Ocorre, entretanto, que as expressões jurídicas admitem uma pluralidade de inter-

---

[662] ANDRÉS IBÁÑEZ, Perfecto. Sobre a motivação dos fatos na sentença penal. In: ANDRADE, Lédio Rosa de. *Valoração da prova e sentença penal*. Rio de Janeiro: Lumen Júris, 2006, p. 99.

[663] Conforme: FERRAJOLI, Luigi. *Derecho y razón*. Madrid: Editorial Trotta, 2000, p. 49.

[664] Idem, ibidem.

[665] Idem, p. 51.

[666] Idem, p. 54.

[667] LOPES JÚNIOR, Aury. *Introdução crítica ao processo penal*. Rio de Janeiro: Lumen Juris, 2004, p. 266.

[668] FERRAJOLI, Luigi. Op. cit., p. 52.

pretações distintas, assim como o fato, em análise, pode apresentar classificações não jurídicas, o que concretiza dificuldades quanto à efetividade do silogismo. De efeito, é indispensável, para que se apresente um silogismo como válido, que as formulações das proposições fáticas sejam construídas em termos (total ou parcialmente) jurídicos.[669]

### 2.3.4. A motivação de fato

Indiscutivelmente, a motivação sobre os fatos é necessária como uma garantia de racionalidade e de controle da valoração das provas; trata-se, pois, da exposição de um arrazoamento justificativo por meio do qual o juiz demonstra que sua decisão se funda em alicerces racionais idôneos, devendo, por isso, fazer-se aceitável.[670]

Na motivação de fato, apresenta-se, de modo mais latente, a discricionariedade judicial,[671] adentrando o juiz, ao valorar as provas angariadas no processo, em um campo assaz problemático do discurso justificativo.[672] Mostra-se indispensável, de conseqüência, um maior controle[673] sobre esse particular, para que

---

[669] FERRAJOLI, Luigi. Op. cit., p. 54/55.

[670] Conforme: TARUFFO, Michele. *La prueba de los hechos*. Traduzido por: Jordi Ferrer Beltrán. Madri: Trotta, 2002, p. 435.

[671] A problemática da valoração das provas, no campo da motivação das sentenças criminais, já foi objeto de comentários por Boschi. Vejamos: "As provas colhidas no inquérito ou no processo podem, com efeito, refletir a maior ou menor compreensão, repúdio, isenção, parcialidade, de policiais, peritos, órgãos do Ministério Público, sem considerarmos que as partes (institucionalmente parciais) como é óbvio farão todo o esforço para fazer preponderar no julgamento a sua própria interpretação sobre elas. Além disso, há outras variáveis objetivas que interferem na produção e na perenização da prova, nomeadamente a testemunhal, que é a mais comum e freqüente, empalidecendo o brilho do conhecido princípio da verdade real. Inobstante presumir-se que as pessoas, quando depõem, o fazem com o nítido propósito de dizer a verdade e de contribuir para com a boa distribuição da Justiça, o que mostra o cotidiano (e nos demonstram os *experts* em psicologia judiciária) é que elas quando conseguem lembrar os fatos nem sempre conseguem narrá-los com clareza e precisão nas audiências. Problemas relacionados à maior ou menor capacidade de retenção do fenômeno ou de seus detalhes na memória; à maior ou menor capacidade de reproduzi-los verbalmente na delegacia e no fórum, diante de desconhecidos, sob olhares inquisitivos do MP e do defensor; em decurso do tempo; às naturais imprecisões com datas, distâncias, cores, tipos de roupa, etc., bem evidenciam o quanto a prova, nem sempre, se apresenta aos olhos do juiz livre de perplexidades. Todos esses aspectos exigem do juiz, portanto, um grande esforço para compreender, valorar e decidir com segurança e convicção, precisando, quase sempre, identificar e desprezar contradições sobre aspectos periféricos (as pequenas contradições, em realidade, atestam a idoneidade e não a indignidade da prova!), sabendo, enfim, que, por não serem as provas de plena certeza, sua sentença apontará, na melhor das hipóteses, a alta probabilidade de como os fatos aconteceram – para o efeito de reconhecer ou não a culpabilidade do acusado" (BOSCHI, José Antonio Paganella. A Sentença Penal. *Revista de Estudos Criminais*. n.5. Porto Alegre: Notadez, 2002, p. 73/74).

[672] Conforme: GOMES FILHO, Antonio Magalhães. *A Motivação das Decisões Penais*. São Paulo: Revista dos Tribunais, 2001, p. 145.

[673] No que se refere ao controle das decisões de primeira instância, já assentou a doutrina da Sala Segunda do Tribunal Supremo da Espanha que "la sentencia no puede omitir 'la consideración crítica de las pruebas practicadas, así como el razonamiento lógico que le lleva a la admisión y configuración de las conclusiones incorporadas al factum y, en definitiva, a la admisión de culpabilidad y subsiguiente responsabilidad del procesado'" (RIVES SEVA, Antonio Pablo. *La Prueba en el Proceso Penal* – Doctrina de la Sala Segunda del Tribunal Supremo. 3.ed. Navarra: Aranzadi, 1999, p. 41).

não se encampem, por intermédio da decisão judicial, abusos contra os direitos fundamentais[674] e as (intituladas) sentenças arbitrárias.[675]

Nesse passo, a concepção da motivação, como justificação racional do juízo, encontra apoio singular na exigência de controle sobre essa discricionariedade, obrigando o magistrado a justificar suas próprias eleições, assim como permitindo um juízo posterior sobre elas, tanto no processo, como fora dele.[676]

Sobre esse último aspecto, é de se ver que a ampliação do campo do observável da decisão (para os destinatários diretos e, principalmente, para terceiros) se apresenta como uma importante exigência da justificação do ato, na medida em que há uma exposição deste à opinião pública,[677] a qual, pela sua análise, poderá controlar e até mesmo questionar a atuação do Poder Judiciário. Como existe a abertura da sentença para a totalidade dos jurisdicionados, bem como ao próprio Poder Judiciário, surgem exigências formais, mas de intenso conteúdo político-garantista.[678]

Nesse quadro, denota-se que o tratamento da questão fática, pela sentença, viabiliza o reconhecimento explícito daquilo que efetivamente essa ocasião se consubstancia: ser um sinônimo do momento de exercício do poder judicial.[679] Isso porque uma sentença condenatória afeta os sujeitos concernidos em seus direitos fundamentais, se constituindo em um ato de poder do Estado, precisamente, pelo fato de ser o meio de implementação da pena legal.[680]

---

[674] "[...] a liberdade na apreciação das provas não se confunde com uma autorização para que o juiz adote decisões arbitrárias, mas apenas lhe confere a possibilidade de estabelecer a verdade judicial sob sua responsabilidade, com base em critérios objetivos e de uma forma que seja repetível mentalmente e portanto controlável. Trata-se, assim, de uma liberdade de seleção e de valoração dos elementos probatórios obtidos que, à semelhança dos procedimentos consagrados pelas ciências empíricas, reclama sobretudo controles sobre a introdução das provas no processo e sobre a sua utilização pelo juiz na formação do convencimento. Esses controles de racionalidade podem operar ex ante, pela seleção do material probatório, feita em caráter abstrato pelo legislador (pense-se, por exemplo, nas restrições legais à admissibilidade de certas provas) ou pelo próprio juiz – com a participação das partes em contraditório – nas situações concretas, tanto em relação à seleção como à avaliação das provas, ou ex post, quando a validade do raciocínio judicial pode ser verificada por outros sujeitos por meio do exame da motivação. Nessa ótica, a motivação representa um eficiente antídoto contra o subjetivismo do juiz, pois por seu intermédio é que se exterioriza o raciocínio desenvolvido para se chegar à conclusão sobre a verdade fatual, permitindo controlar a objetividade e a correção das escolhas realizadas. Mais do que isso, essa função de controle exercida pela motivação não se esgota naquela dimensão externa a *posteriori*, projetando-se também sobre o próprio procedimento de decisão, de modo a evitar a contaminação do julgamento por sugestões de 'certeza subjetiva' – tão freqüentes nessa matéria – que não possam ser depois justificadas" (GOMES FILHO, Antonio Magalhães. *A Motivação das Decisões Penais*. São Paulo: Revista dos Tribunais, 2001, p. 147/148).

[675] "'Sentença arbitrária', é a expressão que aparece às vezes com o sentido de que o juiz decidiu 'ao arrepio da lei' e, outras vezes, com o sentido de que os fatos se passaram de outra forma que não aquela na qual o juiz acreditou, concluindo-se, pois, que houve erro na apreciação da prova. Por assim dizer, no primeiro caso, a arbitrariedade da sentença consistiria no 'erro de direito' do juiz e, no segundo caso, no 'erro de fato' do julgador" (BRUM, Nilo Barros de. *Requisitos Retóricos da Sentença Penal*. São Paulo: Revista dos Tribunais, 1980, p. 8).

[676] Conforme: TARUFFO, Michele. *La prueba de los hechos*. Traduzido por: Jordi Ferrer Beltrán. Madri: Trotta, 2002, p. 436.

[677] Conforme: ANDRÉS IBÁÑEZ, Perfecto. Valoração da prova e sentença penal. In: ANDRADE, Lédio Rosa de. (org.). *Valoração da prova e sentença penal*. Rio de Janeiro: Lumen Júris, 2006, p. 61/62.

[678] Idem. "Carpintaria" da sentença penal (em matéria de "fatos"). In: ANDRADE, Lédio Rosa de (org.). *Valoração da prova e sentença penal*. Rio de Janeiro: Lumen Júris, 2006, p. 120/121.

[679] Idem. ibidem.

[680] ANDRÉS IBÁÑEZ, Perfecto. Valoração da prova e sentença penal. In: ANDRADE, Lédio Rosa de (org.). *Valoração da prova e sentença penal*. Rio de Janeiro: Lumen Júris, 2006, p. 66/67.

Além do mais, esse poder também é visto por outro norte: o juiz, na reconstrução dos fatos, é mais soberano, dificilmente controlável, e, por isso, tende a ser mais arbitrário.[681] Oportunamente, Andrés Ibáñez pondera que, na matéria fática, "se abre uma ampla margem de apreciação a critério do operador judicial, quem, por isto, tem a responsabilidade da opção e da racionalidade ou irracionalidade desta".[682]

À vista dessas margens de discricionariedade, a sentença, para não se constituir em um ato de arbítrio, deve ser fundada em razões objetiváveis, ou seja, susceptíveis de verbalização, assim como dignas de serem consideradas intersubjetivamente válidas.[683] Renova-se, aqui, portanto, em face desses aspectos, a necessidade "garantista" de controle sobre a atividade judicial no particular de que se cuida, o que somente se mostra possível pela presença de uma justificação sobre os caminhos trilhados para a concretização do ato de decidir. É que "a exigência de motivação responde a uma finalidade de controle do discurso, neste caso probatório, do juiz, com o objetivo de garantir até o limite do possível a racionalidade de sua decisão, no marco da racionalidade legal",[684] ou seja, nos moldes da estrita legalidade antes trabalhados.

Deve-se frisar, além do mais, quanto à discricionariedade judicial, que a reconstituição dos fatos é altamente problemática, pois ocorre, sempre, de forma indireta, por meio de uma atividade probatória em que atuam órgãos e pessoas investidas de interesses ou concepções diversas sobre o episódio criminoso.[685] Seguindo essa linha de concepção, nota-se que, "concluída a instrução criminal, vê-se o juiz frente à possibilidade de configurações contraditórias igualmente verossímeis",[686] sendo "com esse material heterogêneo e problemático que ele tem o dever de proclamar a verdade fática",[687] a qual é derivada de sua conclusão sobre o material probatório produzido ao longo da persecução criminal.[688] Fazzalari torna-

---

[681] ANDRÉS IBÁÑEZ, Perfecto. Valoração da prova e sentença penal. In: ANDRADE, Lédio Rosa de (org.). *Valoração da prova e sentença penal*. Rio de Janeiro: Lumen Júris, 2006, p. 66/67.

[682] Idem. A argumentação probatória e sua expressão na sentença. In: ANDRADE, Lédio Rosa de (org.). *Valoração da prova e sentença penal*. Rio de Janeiro: Lumen Júris, 2006, p. 45.

[683] Idem, ibidem, p. 47.

[684] Idem. Valoração da prova e sentença penal. In: ANDRADE, Lédio Rosa de (org.). *Valoração da prova e sentença penal*. Rio de Janeiro: Lumen Júris, 2006, p. 107.

[685] Conforme: BRUM, Nilo Barros de. *Requisitos Retóricos da Sentença Penal*. São Paulo: Revista dos Tribunais, 1980, p. 53.

[686] Idem, ibidem, p. 54.

[687] Idem, ibidem.

[688] "La verdad procesal como verdad aproximativa. La imposibilidad de formular un criterio seguro de verdad de las tesis judiciales depende del hecho de que la verdad 'cierta', 'objetiva' o 'absoluta' representa siempre la 'expresión de un ideal' inalcanzable. La idea contraria de que se puede conseguir y aseverar una verdad objetiva o absolutamente cierta es en realidad una ingenuidad epistemológica que las doctrinas jurídicas ilustradas del juicio como aplicación mecánica de la ley comparten con el realismo gnoseológico vulgar. Tampoco las teorías científicas, aun cuando generalmente compartidas y corroboradas por repetidos controles, son calificables nunca como 'verdaderas' en el sentido de que se pueda excluir con certidumbre que contengan o impliquen proposiciones falsas. Al contrario, sabemos por experiencia que toda teoría científica está destinada a ser superada antes o después por otra teoría en contradicción con alguna de sus tesis que, por ello, será abandonadas un día como

se pertinente ao perceber que *o juiz deve, antes de tudo, reconstruir a situação de fato (estrutura a situação jurídica substancial, objeto de questões) com base nas alegações e nas provas.*[689] É dentro dessa perspectiva que avulta ao magistrado, portanto, a escolha entre duas versões conflitantes entre si: uma absolutória, outra condenatória.[690]

Veja-se que, "encarada do ponto de vista das partes, a prova é também, uma forma de provocar a convicção do magistrado".[691] Nesse passo, as provas colocam-se como bases sobre as quais se desenvolverão os argumentos construídos pelo juiz para evidenciar o acerto da sua decisão,[692] motivo pelo qual o magistrado

---

falsas. Como máximo, podemos – y debemos – pretender que en cuanto descubramos la falsedad de una o varias tesis de una teoría, ésta debe ser rechazada o reformada. La 'verdad' de una teoría científica y, más en general, de cualquier argumentación o proposición empírica es siempre, en suma, una verdad no definitiva sino contingente, no absoluta sino relativa al estado de los conocimientos y experiencias llevadas a cabo en orden a las cosas de que se habla: de modo que, siempre, cuando se afirma la 'verdad' de una o varias proposiciones, lo único que se dice es que éstas son (plausiblemente) verdaderas por lo que sabemos, o sea, respecto del conjunto de los conocimientos confirmados que poseemos. Para expresar esta relatividad de la verdad alcanzada en cada ocasión se puede muy bien usar la noción sugerida por Popper de 'aproximación' o 'acercamiento' a la verdad objetiva, entendida ésta como un 'modelo' o una 'idea regulativa' que 'somos incapaces de igualar' pero a la que nos podemos acercar: a condición, no obstante, de que no se asocien a tal noción connotaciones desorientadoras de tipo ontológico o espacial, sino sólo el papel de un principio regulativo que nos permite aseverar que una tesis o una teoría son más plausibles o más aproximativamente verdaderas y, por tanto, preferibles a otras por causa de su mayor 'poder de explicación' y de los controles más numerosos favorablemente superados por ellas. Todo esto vale con mayor razón para la verdad procesal, que también puede ser concebida como una verdad aproximativa respecto del ideal ilustrado de la perfecta correspondencia. Este ideal permanece nada más que como un ideal. Pero éste es precisamente su valor: es un principio regulativo (o un modelo límite) en la jurisdicción, así como la idea de verdad objetiva es un principio objetivo (o un modelo límite) en la ciencia. En el plano semántico, en efecto, la verdad de las tesis judiciales no difiere en principio de la verdad de las teorías científicas. Las diferencias pueden registrarse, si acaso, en orden a dos cuestiones: algunos límites específicos de este tipo de verdad que, como se verá en el próximo apartado, se aparta del modelo ideal de la correspondencia también por causa de factores intrínsecos a los universos empíricos sobre los que versan las proposiciones jurisdiccionales; y, por otro lado, las condiciones semánticas y pragmáticas, también específicas, de la verificabilidad y de la verificación procesal. Nunca se insistirá bastante en esta segunda diferencia. Ni las condiciones de uso del término 'verdadero', ni las condiciones para aseverar que una tesis judicial es verdadera son independientes del modo como está formado el sistema legal con referencia al cual la verdad procesal es predicable, sino que están estrechamente legadas a las técnicas legislativas y jurisdiccionales normativamente admitidas y practicadas por él. Estas técnicas, como mostraré en los apartados 9 y 10, son las garantías penales y procesales, en ausencia de las cuales no se puede hablar de verdad en el proceso ni siquiera en sentido aproximativo. De ello se sigue una específica responsabilidad civil y política de la ciencia y la teoría del derecho: las cuales, a diferencia de las ciencias naturales, tienen la particular característica, por la influencia que ejercen sobre la legislación y la jurisdicción, de contribuir a construir, y sólo de representar o reconstruir, su objeto de indagación" (FERRAJOLI, Luigi. *Derecho y razón*. Madrid: Trotta, 2000, p. 50/51).

[689] FAZZALARI, Elio. *Instituições de Direito Processual*. Traduzido por: Elaine Nassif. São Paulo: Bookseller, 2006, p. 455/456.

[690] "Qualquer juízo não pode resolver senão em uma condenação ou absolvição e é precisamente a certeza conquistada do delito que legitima a condenação, como é a dúvida, ou, de outra forma, a não conquistada certeza do delito, que obriga à absolvição" (MALATESTA, Nicola Framarino Dei. *A lógica das provas em matéria criminal*. Traduzido por: Paolo Capitanio. São Paulo: Bookseller, 1996, p. 82).

[691] COUTURE, Eduardo. *Fundamentos do direito processual civil*. Traduzido por: Rubens Gomes de Sousa. São Paulo: Saraiva, 1946, p. 137.

[692] Nesse sentido, anote-se, uma vez mais, Brum: "as provas, tomada essa palavra na sua acepção de meios de prova (documentos, testemunhos, perícias etc.), nada mais são que suportes sobre os quais vai agir um cabedal de recursos argumentativos fornecidos pela lei, doutrina e jurisprudência específicas. É a aplicação desse saber

deve justificar a admissibilidade[693] e a relevância dos dados probatórios à causa.[694] É certo que o juiz deve se manifestar sobre a prova. Descabe, aqui, acreditar que os fatos se explicam por si mesmos. Isso, é bom que se diga, nunca é assim! O juízo de fato poderá ser mais ou menos elementar, mas, de qualquer forma, deverá ser produzido.[695]

Dizer sobre os fatos é individualizar a melhor narração possível para o caso particular. A narrativa dos fatos, que se coloca à base da decisão, deve ser persuasiva, fundada na prova e dotada de um lastro adequado de verossimilhança.[696] É nítida, nesse cenário, a importância da valoração da prova, a qual se apresente dividida em dois instantes, como assevera Gomes Filho:

> (...) o primeiro é constituído por uma apreciação isolada sobre a aptidão de cada elemento obtido para servir de fundamento ao convencimento judicial (atendibilidade, idoneidade, credibilidade, autenticidade da prova); o segundo é representado pelo conjunto de operações inferenciais, realizadas a partir do material informativo reputado idôneo, com o objetivo de atingir o resultado da prova, que é a reconstrução dos fatos sobre os quais incidirá a decisão.[697]

Como se pode observar, o juiz, em um primeiro momento, deve encampar o estudo detido e particular de cada elemento probatório, a fim de depreender se a prova está livre de vícios tendentes a macular a sua idoneidade, credibilidade e autenticidade.[698] Com efeito – vencida essa etapa preliminar –, surge, como co-

---

ou dessa arte em cima da massa das provas que vai dar sentido ao conjunto probatório" (BRUM, Nilo Barros de. *Requisitos Retóricos da Sentença Penal*. São Paulo: Revista dos Tribunais, 1980, p. 70).

[693] "Nas decisões sobre admissibilidade, compete ao juiz verificar a presença de determinadas exigências feitas pelo legislador para o ingresso da prova no processo e sua posterior valoração ou, na formulação mais habitual, a inexistência de proibições, que acarretam a inadmissibilidade ou inutilizabilidade da prova" (GOMES FILHO, Antonio Magalhães. *A Motivação das Decisões Penais*. São Paulo: Revista dos Tribunais, 2001, p. 151).

[694] "Mais delicada e problemática é a justificação das decisões que dizem respeito à seleção do material probatório por exigências de caráter lógico, que se traduzem nos critérios de pertinência e relevância. Trata-se, então, de verificar se as provas a serem introduzidas no processo são efetivamente úteis ao julgamento ou, ao contrário, representam perda de tempo ou fator de confusão para o espírito do julgador" (GOMES FILHO, Antonio Magalhães. *A Motivação das Decisões Penais*. São Paulo: Revista dos Tribunais, 2001, p. 151/152).

[695] Conforme: ANDRÉS IBÁÑEZ, Perfecto. Sobre a motivação dos fatos na sentença penal. In: ANDRADE, Lédio Rosa de (org.). *Valoração da prova e sentença penal*. Rio de Janeiro: Lumen Júris, 2006, p. 110.

[696] Conforme: TARUFFO, Michele. Funzione della prova: la funzione dimostrativa. In: *Rivista trimestrale di diritto e procedura civile*. Ano LI. n.3. Milão: Giuffrè, 1997, p. 565/566.

[697] GOMES FILHO, Antonio Magalhães. *A Motivação das Decisões Penais*. São Paulo: Revista dos Tribunais, 2001, p. 154.

[698] "Assim, e até porque não seria razoável que o raciocínio decisório pudesse ser realizado a partir de dados falsos ou de outra forma inaceitáveis, o passo inicial do procedimento da valoração consiste numa nova seleção das provas já reputadas admissíveis, pertinentes e relevantes, agora com a finalidade de determinar-lhes a credibilidade racional. É certo que essa tarefa de seleção também é realizada ou facilitada pelo próprio legislador, de forma preventiva e abstrata, ao estabelecer determinados procedimentos e técnicas de controle quando da introdução do material probatório no processo. Pensem-se, como exemplos, na proibição de certos depoimentos, no compromisso que devem prestar as testemunhas e peritos, na vedação do compromisso quando se tratar de pessoas de alguma forma suspeitas, as contraditas, as acareações, os esclarecimentos dos peritos, as argüições de falsidade de documento etc. do mesmo modo, deve ser igualmente considerado o controle in fieri da idoneidade probatória, realizado no próprio contexto da aquisição do material instrutório: as constatações imediatas sobre a espontaneidade, a rapidez e a segurança nas respostas, a não-contradição nos depoimentos das testemunhas são exemplos claros de como isso ocorre. Aliás, nessa espécie de controle assume importância fundamental o

rolário, a própria atividade de valoração das provas – e com ela o próprio juízo de fato –, na qual, "partindo dos elementos obtidos e considerados idôneos à formação do convencimento, o juiz realiza as operações inferenciais necessárias à determinação do enunciado factual que será adotado como premissa do raciocínio decisório final".[699]

Na valoração da prova, "cabe ao juiz analisar os elementos obtidos e deles extrair as suas conclusões quanto às afirmações sobre os fatos da causa, sendo, aqui, claro, que se impõe com maior rigor a justificação das escolhas do juiz nessa matéria".[700] Não se trata, portanto, de considerar o valor isolado de cada prova; em realidade, importa a conexão capaz de existir entre as informações de cada prova e a hipótese de fato a ser comprovada no processo. Necessário se faz, nessa senda, o cumprimento de uma apreciação completa do conjunto probatório, para que se possa tornar certa a situação de fato fixada como base ao julgamento.[701]

Na base disso, motivar os fatos, na concepção de Taruffo, significa explicitar, em uma argumentação justificativa, as razões permissíveis de atribuição de uma eficácia determinada a cada meio de prova, e que, sobre essa estrutura, fundamenta a eleição a favor da hipótese sobre os fatos que, com provas disponíveis, há um grau de confirmação lógica mais elevado. Esse conceito supõe que a motivação deve dar conta dos dados empíricos assumidos como prova, das inferências que partindo deles se vão formular e dos critérios utilizados para extrair suas conclusões probatórias. De igual sorte, a motivação deve levar em linha de conta os critérios através dos quais se justifica a valoração conjunta dos distintos elementos de prova, bem como as razões que fundamentam a eleição final para que a hipótese sobre o fato esteja justificada.[702]

De todos os ângulos, exsurge a necessidade de o livre convencimento ser fundado em bases racionais, não existindo mais espaço para um sistema de prova legal, o qual teve vigência durante o marco do processo inquisitivo, quando somente determinadas provas serviam para comprovar a "veracidade" dos fatos imputados.[703] A par dessa perspectiva, o livre convencimento motivado nada mais é que uma liberdade de seleção e de valoração das provas angariadas, sendo indispensável a presença de "controles" de racionalidade sobre a introdução do material probatório no processo, bem como acerca da sua utilização pelo magistrado.[704]

---

contraditório, pois não só a presença, mas especialmente a ativa participação dos interessados nos atos de instrução, com contraditas e reperguntas, muito contribui para a determinação do valor dos elementos produzidos" (GOMES FILHO, Antonio Magalhães. *A Motivação das Decisões Penais*. São Paulo: Revista dos Tribunais, 2001, p. 154/155)

[699] Idem, p. 157.

[700] Idem, p. 154.

[701] Idem, p. 157/158.

[702] Conforme: TARUFFO, Michele. *La prueba de los hechos*. Traduzido por: Jordi Ferrer Beltrán. Madri: Trotta, 2002, p. 436.

[703] Conforme: JAÉN VALLEJO, Manuel. *La prueba en el proceso penal*. Buenos Aires: Ad-Hoc, 2000, p. 26.

[704] Conforme: GOMES FILHO, Antonio Magalhães. *A Motivação das Decisões Penais*. São Paulo: Revista dos Tribunais, 2001, p. 147/148.

O juiz é livre para obter o seu convencimento, pois não está vinculado a regras legais sobre o peso de cada prova.[705] Todavia, essa liberdade não significa arbitrariedade, isto é, não significa que o poder de valoração seja ilimitado.[706] Para se ter um discurso justificativo controlável, o magistrado deve estar vinculado "a las leyes de la lógica, de la experiencia y a los conocimientos científicos".[707]

Também para tornar a atividade judicial digna de fiscalização, há, como se disse, a necessidade de se trabalhar com *controles* de racionalidade, os quais:

> (...) podem operar *ex ante*, pela seleção do material probatório, feita em caráter abstrato pelo legislador (pense-se, por exemplo, nas restrições legais à admissibilidade de certas provas) ou pelo próprio juiz – com a participação das partes em contraditório – nas situações concretas, tanto em relação à seleção como à avaliação das provas, ou *ex post*, quando a validade do raciocínio judicial pode ser verificada por outros sujeitos por meio do exame da motivação.[708]

Digno de nota, na perspectiva de controle ao livre convencimento, evitando-se a concretização de arbítrios, que se apresenta vedada a valoração de provas extrajudiciais a fim de encampar a condenação do réu. Porque não há, nos atos de investigação, a devida eficácia das garantias processuais encerradas nas constituições modernas (como a ampla defesa, o contraditório, a publicidade e a oralidade), o que impossibilita que os elementos angariados na fase do inquérito policial sejam considerados meios de prova capazes de receber valor no momento da sentença.[709] O processo penal, conforme já se registrou em várias passagens, deve receber uma leitura constitucional, a partir da qual os dados colhidos na marcha do inquérito policial não merecem qualquer repercussão na decisão final, porque gestados longe dos domínios das garantias constitucionais antes referidas. Pode-se, destarte, esposar a conclusão de Carnelutti, para quem:

> (...) la eficacia de las pruebas asumidas en el curso de la encuesta, debe limitarse a los fines de la encuesta; tales pruebas pueden servir solamente para la decisión del ministerio público sobre el punto de si debe o no debe pedir la autorización de juez para castigar, no, en cambio, para la decisión del juez de si la autorización debe darse o no.[710]

À guisa de encerramento, tem-se que um magistrado, que assuma o dever de motivar de modo profissional e honesto, deverá projetar esforço em prol de eliminar, de seu discurso, elementos cuja utilização não seja susceptível de justificação racional, para, então, desenvolver sua atuação unicamente na seara do racionalmente justificável.[711]

---

[705] Conforme: JAÉN VALLEJO, Manuel. Op. cit., p. 27.

[706] Conforme: FLORIAN, Eugenio. *De las pruebas penales*. Tomo I. 3.ed. Traduzido por: Jorge Guerrero. Bogotá: Temis, 1982, p. 365.

[707] JAÉN VALLEJO, Manuel. *La prueba en el proceso penal*. Buenos Aires: Ad-Hoc, 2000, p. 30.

[708] GOMES FILHO, Antonio Magalhães. Op. cit., p. 148.

[709] Conforme: LOPES JÚNIOR, Aury. *Introdução crítica ao processo penal*. Rio de Janeiro: Lumen Juris, 2004, p. 258.

[710] CARNELUTTI, Francesco. *Derecho procesal civil y penal*. Traduzido por: Santiago Sentis Melendo. Buenos Aires: Europa-América, 1971, p. 111.

[711] Conforme: ANDRÉS IBÁÑEZ, Perfecto. A argumentação probatória e sua expressão na sentença. In: ANDRADE, Lédio Rosa de (org.). *Valoração da prova e sentença penal*. Rio de Janeiro: Lumen Júris, 2006, p. 48.

### 2.3.4.1. A valoração conjunta das provas

A partir da seleção dos elementos angariados ao processo de cunho criminal, o magistrado irá incursionar no próprio juízo de fato, quando, então, realizará operações inferenciais indispensáveis ao encampamento da conclusão da causa. Mesmo não sendo esse o objetivo dessa pesquisa, entende-se necessário realizar algumas rápidas considerações (as quais, diga-se de passagem, não têm a pretensão de esgotar o tema) sobre as teorias que analisam o procedimento intelectual desenvolvido para se alcançar a verdade processual do caso debatido no processo.

### 2.3.4.1.1. O modelo dedutivo de Carnelutti

Em seus escritos sobre a prova civil,[712] Carnelutti apontou a dedução como o esquema lógico do juízo de fato. Naquela oportunidade, definiu a dedução como um procedimento de natureza estritamente lógica, no qual o juiz elabora um silogismo em que a premissa menor está constituída pela posição do fato percebido por meio da prova e a premissa maior constituída através de uma norma ligada às máximas da experiência, sendo possível, assim, realizar uma projeção acerca da existência ou da inexistência do fato a provar.[713]

Com fulcro nisso, Carnelutti exemplificou essa operação (a qual definiu como sendo de "naturaleza estrictamente lógica"[714]) por intermédio desta singela hipótese de silogismo: "los testigos capaces y no sospechosos dicen la verdad; dos testigos capaces y no sospechosos afirman que el caballo fue vendido por Ticio e Cayo; luego es cierto que el contrato de compra-venta del caballo tuvo lugar entre Ticio y Caio".[715]

Para Carnelutti, as normas vinculadas às máximas da experiência "pertenecen a todos los campos: al del saber técnico o al de los conocimientos comunes, al de las ciencias naturales o al de las morales, al de la psicología o al de la economía".[716] Digno de nota, no particular, que da maior ou menor segurança dessas regras depende o maior ou o menor fundamento da conclusão, isto é, o grau maior ou menor de verossimilhança do fato aceito pelo juiz. Com efeito, quanto menos exceções a regra admita, tanto mais fácil será verificar a concordância ou a repugnância do fato a se provar e o fato percebido, na base do qual o juiz o reputa existente ou inexistente.[717]

De qualquer sorte, destaca-se que, "uma vez traduzidos a regras gerais os critérios da experiência, o juízo de fato recebia certa estampagem normativa e o

---

[712] Conforme: CARNELUTTI, Francesco. *La prueba civil.* Traduzido por: Niceto Alcalá-Zamora y Castillo. 2.ed. Buenos Aires: Depalma, 2000, p. 273.

[713] Idem, p. 62/67.

[714] Idem, p. 63.

[715] Idem, ibidem.

[716] Idem, p. 64/65.

[717] Idem, p. 65.

tratamento lógico de uma inferência dedutiva, da qual a máxima de experiência vinha a constituir a premissa maior".[718] A partir desse quadro, vislumbra-se que a máxima da experiência adquiriu importância por dois motivos – quais sejam: por primeiro, porquanto tornou possível, por intermédio da apelação, um controle lógico sobre o juízo de fato; por segundo, uma vez que corporificou uma dimensão ideológica ao reconhecer que a norma da máxima da experiência é fruto da constatação sobre o modo de produção de fenômenos e comportamentos sociais.[719]

Malgrado Carnelutti tenha realizado referência à presença de elementos técnicos na norma da premissa maior do silogismo, nota-se que, geralmente, as máximas da experiência "são noções ministradas pela cultura média da sociedade, em relação às quais – até em razão de sua definição como dados do conhecimento privado do juiz – não se exige prova".[720] Trata-se de um juízo hipotético de caráter geral (isto é, independente do caso a ser decidido no processo e das circunstâncias singulares envoltas nele), o qual se chega mediante a experiência[721] em sociedade. De mais a mais, é de ver-se que, por serem regras de conhecimento comum da sociedade, as máximas da experiência apresentam, na sua formulação,

> (...) elementos vagos, heterogêneos, mutáveis e ambíguos, confundindo-se muitas vezes com generalizações sem qualquer fundamento, preconceitos, julgamentos morais, vulgarizações pseudocientíficas, que hoje em dia são difundidos com freqüência pelos meios de comunicação, assumindo indevidamente a condição de regras certas e universais, qualidades que em alguns casos não possuem.[722]

Por isso, é necessário realizar um controle sobre as máximas da experiência, a fim de se evitar o arbítrio judicial, o qual poderá se efetivar caso a sentença utilize regras não aceitas no meio social, ou regras contrariadas pelos conhecimentos científicos, ou, ainda, caso essas regras se coloquem em desacordo com outras regras eleitas pela comunidade.

Tem de se referir, por fim, que o esquema lógico-dedutivo de Carnelutti, atualmente, tem gerado críticas em razão de que a sua lógica não assegura a correção do resultado alcançado, pois "a verdade da conclusão somente poderia ser aceita sob a condição de serem verdadeiras as premissas; assim, mesmo que fosse possível adotar como premissa maior uma regra universal e incontestável, restaria sempre o problema da eventual falsidade da premissa menor".[723]

---

[718] ANDRÉS IBÁÑEZ, Perfecto. Sobre a motivação dos fatos na sentença penal. In: ANDRADE, Lédio Rosa de (org.). *Valoração da prova e sentença penal*. Rio de Janeiro: Lumen Júris, 2006, p. 100.

[719] Conforme: ANDRÉS IBÁÑEZ, Perfecto. Sobre a motivação dos fatos na sentença penal. In: ANDRADE, Lédio Rosa de (org.). *Valoração da prova e sentença penal*. Rio de Janeiro: Lumen Júris, 2006, p. 100/101.

[720] GOMES FILHO, Antonio Magalhães. *A Motivação das Decisões Penais*. São Paulo: Revista dos Tribunais, 2001, p. 165.

[721] Conforme: MARCHEIS, Chiara Besso. Probabilità e prova: considerazioni sulla struttura del giudizio di fatto. In: *Rivista Trimestrale di Diritto e Procedura Civilei*. Ano XLV. Milão: Giuffrè, 1991, p. 1129/1130.

[722] GOMES FILHO, Antonio Magalhães. Op. cit., p. 165.

[723] Idem, Op. cit., p. 160.

## 2.3.4.1.2. A Abdução

Em face disso, apresentou-se o modelo da abdução como um meio de elucidar a natureza lógica do juízo dos fatos. Com a abdução, pretende-se reconstruir um evento pretérito por meio de duas etapas: inicialmente, visa-se a apontar todas as possíveis causas do acontecimento, sublinhando as hipóteses mais prováveis à sua perfectibilização; em seguida, vai se selecionar a hipótese que se coloca como a mais provável em vista das diversas causas possíveis.[724]

Em síntese, a abdução pode ser considerada a "adoção provisória de uma inferência explicativa passível de verificação experimental e que visa a encontrar, juntamente com o caso, também a regra".[725] É possível diferenciar-se quatro tipos de raciocínio abdutivo: abdução hipercodificada, abdução hipocodificada, abdução criativa e metabdução. Na abdução hipercodificada, a lei é dada de maneira automática ou semi-automática. Por outro lado – isto é: no caso de abdução hipocodificada – a regra deve ser selecionada dentre uma série de regras equiprováveis postas ao nosso dispor pelo conhecimento corrente de mundo. Entretanto, existem situações – e nessa hipótese se encarta a abdução criativa – nas quais a lei deve ser inventada *ex novo*, como ocorrem nas descobertas revolucionárias que mudam um paradigma científico estabelecido. Derradeiramente, tem-se a metabdução quando se acredita que certa regra já foi reconhecida, mas ela, na realidade, se cuida de uma inovação.[726]

## 2.3.4.1.3. A verdade processual fática de Ferrajoli[727]

Já Ferrajoli trabalha com a idéia de construção da verdade processual fática, a qual entende como sendo "un tipo particular de verdad histórica, relativa a proposiciones que hablan de hechos pasados, no directamente accesibles como tales a la experiência".[728]

Como acentua Lopes Júnior, o magistrado, nesse ponto, assemelha-se a um historiador, na medida em que tem de interpretar fatos passados, os quais, no entanto, lhe são apresentados no presente, motivo pelo qual invoca um raciocínio indutivo para se chegar à hipótese provável.[729] Dizendo de outro modo: "isso, quer dizer, o intento de determinação dos fatos 'provados' do passado, através da

---

[724] Conforme: GOMES FILHO, Antonio Magalhães. *A Motivação das Decisões Penais*. São Paulo: Revista dos Tribunais, 2001, p. 161.

[725] ECO, Umberto. *Os limites da interpretação*. São Paulo: Perspectiva, 1995, p. 201/202.

[726] Idem, ibidem, p. 202/203.

[727] Sobre os passos dos três silogismos propostos por Ferrajoli a fim de se alcançar a verdade processual de fato, reporta-se o leitor ao item "A verdade processual de direito de Ferrajoli", porque, no início dos escritos lá postos, se abordou a matéria fática. Faz-se isso, portanto, com o objetivo de evitar-se desnecessária tautologia.

[728] FERRAJOLI, Luigi. *Derecho y razón*. Madrid: Editorial Trotta, 2000, p. 52.

[729] Conforme: LOPES JÚNIOR, Aury. *Introdução crítica ao processo penal*. Rio de Janeiro: Lumen Juris, 2004, p. 266.

análise de fatos 'probatórios' do presente, confere à atividade as características da inferência indutiva".[730]

É de se ver, nesse lanço, que a investigação criminal não se projeta apenas para angariar dados e peças de convicção, mas, sobretudo, com o desiderato de produzir novas fontes de prova, como o interrogatório, as testemunhais, a pericial [...]. Desse modo, verifica-se que o magistrado se depara, na verdade, com provas produzidas sobre o fato delitivo que é objeto do juízo.[731] Não há um confronto, obviamente, com o fato em si, pois ela já aconteceu, faz parte do passado.

Nisso repousa a semelhança do juiz com o historiador, porque inexiste uma observação direta sobre o episódio; há, em realidade, uma observação acerca das provas, as quais são experiências de acontecimentos presentes, ainda que interpretadas como sinais de fatos pretéritos.[732] Tudo ocorre, portanto, de uma forma indireta. Dito mais simples, isso é como se as provas fossem projeções por intermédio das quais se apresentasse à frente do juiz uma situação próxima à ocorrida no passado. O passado não retorna ao presente. Ao juiz ele é apresentado por meio das provas angariadas no curso do processo criminal. De modo indireto, pois.

Não se pode esquecer, contudo, que existe uma diferença significativa entre o historiador e o juiz, a qual, nas palavras de Andrés Ibáñez, é aquela "determinada pela situação estatutária de passividade do juiz, que é uma garantia de uma 'imparcialidade desapaixonada' que nunca estará ao alcance do historiador".[733] Na perspectiva de um processo de cunho acusatório, o juiz, ao contrário da tarefa desincumbida pelo historiador, não produz provas, porque se depara com os elementos trazidos pelas partes no curso do contraditório.

A par desse quadro, a verdade processual fática é o resultado de uma ilação de fatos "provados" do passado com fatos "comprobatórios" do presente. Essa dita ilação pode ser representada como uma inferência indutiva em que se levam nas premissas a descrição do fato que se vai explicar e as provas praticadas. A sua conclusão, como em todas as inferências indutivas, tem o valor de uma hipótese probabilística em ordem na conexão causal entre o fato aceito como provado e o conjunto de fatos adotados como probatórios. Então, a sua verdade não está demonstrada como logicamente deduzida das premissas, mas provada como logicamente provável (ou razoavelmente plausível) de acordo com as induções.[734]

Muito embora a inferência indutiva proposta por Ferrajoli tenha (ou pretenda ter) um caráter objetivo, impende-se, necessariamente, trazer à luz uma relevância que não se deve desconhecer, qual seja: a inferência dedutiva possibilita um tra-

---

[730] ANDRÉS IBÁÑEZ, Perfecto. Sobre a motivação dos fatos na sentença penal. In: ANDRADE, Lédio Rosa de (org.). *Valoração da prova e sentença penal*. Rio de Janeiro: Lumen Júris, 2006, p. 82.

[731] Conforme: FERRAJOLI, Luigi. *Derecho y razón*. Madrid: Editorial Trotta S.A., 2000, p. 52/53.

[732] Idem, ibidem, p. 52/53.

[733] ANDRÉS IBÁÑEZ, Perfecto. Sobre a motivação dos fatos na sentença penal. In: ANDRADE, Lédio Rosa de (org.). *Valoração da prova e sentença penal*. Rio de Janeiro: Lumen Júris, 2006, p. 80.

[734] Conforme: FERRAJOLI, Luigi. *Derecho y razón*. Madrid: Editorial Trotta S.A., 2000, p. 53.

balho reflexivo do juiz sobre os fatos no âmbito das explicações probabilísticas, as quais permitem afirmar algo apenas com alto grau de probabilidade.[735] Com isso, Andrés Ibáñez pretende realçar que a probabilidade implica uma margem de incerteza e liberdade de escolha entre caminhos, de sorte que, quando se estão em jogo bens pessoais altamente sensíveis, a incerteza representa, por sua vez, uma forma de poder que, por ser inevitavelmente discricionário, jamais será às inteiras controlável.[736]

Com efeito, para que essa margem de incerteza possa ser reduzida ao máximo possível, mostra-se crucial que a inferência "tenha sempre um referente empírico bem identificável, que faça possível afirmar com rigor se as proposições relativas a ele são verdadeiras ou falsas, evitando que sob a aparência de enunciados descritivos se formulem só juízos de valor".[737]

---

[735] Conforme: ANDRÉS IBÁÑEZ, Perfecto. Sobre a motivação dos fatos na sentença penal. In: ANDRADE, Lédio Rosa de (org.). *Valoração da prova e sentença penal*. Rio de Janeiro: Lumen Júris, 2006, p. 95.

[736] Idem, ibidem.

[737] Idem ,p. 96.

# 3. A motivação das decisões penais no judiciário brasileiro

## 3.1. OS VÍCIOS DA MOTIVAÇÃO QUE OBSTRUEM A EFETIVAÇÃO DAS GARANTIAS PROCESSUAL E POLÍTICA

Realçadas as concepções mais gerais sobre a motivação em matéria de direito e em matéria de fato, cumpre-se, doravante, analisar, em rápidas linhas, alguns vícios da motivação que, por se revestirem de extrema gravidade, obstruem a sua expressão processual e política.

### 3.1.1. A ausência de motivação

Sob todos os títulos, o vício mais grave da motivação se constitui na ausência total de um discurso no qual sejam enunciadas as razões (de fato e de direito) do provimento, uma vez que essa balda impossibilita a expressão dos motivos do convencimento judicial, o que, em grande medida e inquestionavelmente, oblitera o controle (social e das partes) sobre a atividade jurisdicional, assim como a "auto-reflexão crítica (o auto-controlo) do juiz em relação à sua própria decisão".[738] Conseqüentemente, é certo que "uma decisão criminal, mormente a que implica restrições ao *status libertatis*, sem motivação, não encontra adequação constitucional".[739] Ocorre idêntico defeito quando existe a ausência de fundamentação acerca de um aspecto que deveria ser analisado em virtude do dispositivo da decisão,[740] ou seja,

---

[738] CORTÊS, António Ulisses. *A fundamentação das decisões no processo penal*. Lisboa: Universidade Católica. Revista Direito e Justiça, v.XI, tomo 1, 1997, p. 302.

[739] GIACOMOLLI, Nereu José. Aproximação à garantia da motivação das decisões criminais. *Revista Ibero-Americana de Ciências Penais*. Ano 6. n.11. Porto Alegre: ESMP, 2005, p. 70.

[740] Conforme: BADARÓ, Gustavo Henrique Righi Ivahy. Vícios de Motivação da Sentença Penal: ausência de motivação, motivação contraditória, motivação implícita e motivação per relationem. *Revista Brasileira de Ciências Criminais*. n.38. abril-junho de 2002. São Paulo: Revista dos Tribunais, 2002, p. 128.

(...) a própria omissão gráfica de qualquer documento sobre o iter do raciocínio decisório constitui a forma mais evidente de violação do dever constitucional, pois revela que a decisão não foi fruto de uma ponderada reflexão sobre os elementos de fato e de direito disponíveis nos autos, mas representa ato de pura vontade pessoal de seu autor.[741]

Afirma-se, portanto, que há ausência de motivação *extrínseca* nas hipóteses nas quais o juiz não indica os elementos embasadores de seu convencimento, e existe carência de motivação *intrínseca* toda a vez em que a decisão não leva em linha de consideração dados que, se examinados, poderiam implementar uma solução diversa da eleita.[742]

Importante advertir-se que há ausência de motivação, ainda, nos casos nos quais, sob a falsa aparência de motivação, se apresentam modelos pré-fabricados, textos que nada dizem, afirmações genéricas e vazias de conteúdo, que podem, facilmente, figurar em uma série indeterminada de decisões. A motivação apenas aparente equivale, em realidade, à inexistência de qualquer documento com escopo justificativo.[743]

Finalmente, entende-se que uma decisão judicial falta de qualquer motivação é integralmente não-garantista, uma vez que, ao não indicar os motivos de fato e de direito que embasaram a decisão, o magistrado deixa de decidir com critérios que podem ser conhecidos e controlados pelas partes e pela sociedade. A ausência de motivação importa a impossibilidade de se encampar qualquer controle sobre a atividade judicial, a qual, ao deliberar sobre aspectos de um processo criminal, representa um ato de poder por impor restrições ao direito de liberdade, reclamando, portanto, supervisão para não se cair em arbitrariedades. Pensa-se que uma decisão dessa estirpe é sobremaneira antigarantista, porque, além de impossibilitar a fiscalização sobre a atividade judicial, retira a garantia cognoscitiva da motivação. Ao se depararem com uma motivação não-motivada, o réu e sua defesa técnica não têm possibilidade de perceber se os seus argumentos e se suas provas foram avaliadas pelo juiz, o que frustra a ampla defesa e o contraditório.

### 3.1.2. A motivação incompleta

Cumpre observar-se que o primeiro requisito da motivação, à luz da Constituição Federal de 1988, é a "integridade", na medida em que – ao realçar que todas as decisões serão fundamentadas – se prescreve a necessidade de "todo" o provimento ser justificado. Com isso, é certo que todas as questões controvertidas

---

[741] GOMES FILHO, Antonio Magalhães. *A Motivação das Decisões Penais*. São Paulo: Revista dos Tribunais, 2001, p. 185.

[742] Conforme: BADARÓ, Gustavo Henrique Righi Ivahy. Vícios de Motivação da Sentença Penal: ausência de motivação, motivação contraditória, motivação implícita e motivação per relationem. *Revista Brasileira de Ciências Criminais*. n.38. abril-junho de 2002. São Paulo: Revista dos Tribunais, 2002, p. 128.

[743] Conforme: GOMES FILHO, Antonio Magalhães. *A Motivação das Decisões Penais*. São Paulo: Revista dos Tribunais, 2001, p. 186.

(apresentadas ao juiz no curso da marcha do processo criminal) devem ser, antes e separadamente, solucionadas, para que se possa, depois disso, encampar a decisão sobre tais aspectos.[744] Verifica-se, à base disso, que:

> (...) devem ser necessariamente objeto de justificação todos os elementos estruturais de cada particular decisão, como a escolha e interpretação da norma, os diversos estágios do procedimento de verificação dos fatos, a qualificação jurídica destes etc., bem como os critérios (jurídicos, hermenêuticos, cognitivos, valorativos) que presidiram as escolhas do juiz em face de cada um desses componentes estruturais do procedimento decisório.[745]

A "integridade" justifica-se, em resumo, para que a motivação, sob a ótica constitucional, seja considerada válida. Isso porque é inegável, nesse lanço, a impossibilidade de se "conceber uma fundamentação em que não estejam justificadas todas as opções adotadas ao longo desse percurso decisório, sob pena de frustrar-se o imperativo constitucional".[746] Indiscutivelmente, "la motivación debe expresar el iter lógico seguido por el juez, sin saltos ni lagunas".[747]

Surge a motivação "incompleta" nos casos nos quais não se atenta para essa exigência da *integridade*, ou seja, quando as várias escolhas determinantes da conclusão não se apresentaram justificadas à luz das características estruturais do provimento examinado,[748] o que condena a decisão à pena de nulidade, vez que se fere, às inteiras, a garantia cognoscitiva da motivação.

Em um processo penal de índole garantista, o réu tem o direito de conhecer todos os aspectos que conduziram o juiz a tomar a decisão condenatória ou absolutória, isto é, a acolher a hipótese de acusação ou a da defesa. Pensa-se que o requisito da integridade se justifica como uma opção garantista, na medida em que o réu e sua defesa técnica, ao analisarem todos os caminhos trilhados para se chegar à decisão, podem aferir se o provimento judicial embasou-se em critérios racionais e, por conseqüência, capazes de serem contraditados à luz de argumentos e confrontados a partir da própria prova colhida ao processo.

### 3.1.3. A motivação não-dialética

Conforme se viu antes (ao se discorrer sobre o tema da importância da motivação ao Estado democrático de direito), a exigência de motivação se destina, entre outras razões, a efetivar as garantias individuais, sendo, por força disso, de-

---

[744] Conforme: GOMES FILHO, Antonio Magalhães. *A Motivação das Decisões Penais*. São Paulo: Revista dos Tribunais, 2001, p. 174/175.

[745] Idem, p. 175.

[746] Idem, ibidem.

[747] LEONE, Giovanni. *Tratado de Derecho procesal penal*. Traduzido por: Santiago Sentís Melendo. v.II. Buenos Aires: Ediciones Jurídicas Europa-América, 1963, p. 376.

[748] Conforme: GOMES FILHO, Antonio Magalhães. *A Motivação das Decisões Penais*. São Paulo: Revista dos Tribunais, 2001, p. 186/187.

nominada de garantia das garantias. Nessa senda, veja-se, apenas para (re)lembrar, que é por meio da motivação que se observa o respeito (ou desrespeito) ao contraditório constitucional.

Dessa arte, a motivação, para ser completa e válida, além de justificar as escolhas condutoras da decisão (requisito *integridade*), deve demonstrar que todos os elementos, trazidos por força do contraditório, foram levados em consideração. Nem poderia, aliás, ser diferente, pois os dados, produzidos à base do contraditório, se destinam a influenciar o convencimento do juiz, o que, só por si, evidencia que a decisão não deve ser um *monólogo*.[749] Com efeito, tem-se como certo que a "motivación debe referirse a todas las cuestiones que han sido planteadas por las partes, así como también a las cuestiones que, aun en ausencia de comportamiento específico de las partes, constituyan en concreto objeto de indagación".[750]

A decisão, em realidade, deve ter visos de "dialeticidade", na medida em que se mostra indispensável à análise de todos os pontos alçados à discussão pelas partes. É, por isso, que se afirma ser uma decisão motivada apenas nos casos nos quais o magistrado evidencie ter sopesado/avaliado todas as contribuições geradas a partir e dentro do contraditório,[751] principalmente no que pese às atividades defensivas, as quais "objetivam efetivamente provocar a decisão sobre uma questão pertinente à discussão da causa e que resultam, portanto, na ampliação da atividade cognitiva judicial".[752] Assim, a motivação deve alcançar todas as provas[753] e argumentos defensivos[754] trazidos ao processo. Pensa-se que esse entendimento impera por força da Constituição Federal de 1988 (a qual, apenas para consignar, prevê a ampla defesa, o contraditório, o devido processo legal e a garantia de motivação das decisões judiciais), de modo que o juiz deve observar o conjunto principiológico constitucional para legitimar a sua atuação.

Uma decisão não-dialética significa, pelo exposto, uma nódoa revestida de assaz gravidade, porque revela a falta de uma cognição adequada e a violação do

---

[749] Conforme: GOMES FILHO, Antonio Magalhães. *A Motivação das Decisões Penais*. São Paulo: Revista dos Tribunais, 2001, p. 176.

[750] LEONE, Giovanni. *Tratado de Derecho procesal penal*. Traduzido por: Santiago Sentís Melendo. v.II. Buenos Aires: Ediciones Jurídicas Europa-América, 1963, p. 376.

[751] Conforme: GOMES FILHO, Antonio Magalhães. Op. cit., p. 177.

[752] Idem, Op. cit., p. 188.

[753] Conforme: GASCÓN ABELLÁN, Marina. *Los hechos en el derecho*: bases arguméntales de la prueba. Madri: Marcial Pons, 1999, p. 202. Entende-se que a regra segundo a qual os fatos notórios não necessitam de motivação não pode ser acolhida sem maiores cautelas. Pensa-se que o juiz, ao se valer de um fato dito notório, deve justificar que não resta dúvida sobre a notoriedade desse episódio (isto é: seu caráter público). Ademais, essa análise é indispensável para demonstrar que o fato notório é de conhecimento público mesmo e não se constitui em conhecimento privado do juiz. Nesse sentido, veja-se: GASCÓN ABELLÁN, Marina. *Los hechos en el derecho*: bases arguméntales de la prueba. Madri: Marcial Pons, 1999, p. 203/206.

[754] Já entendeu o Supremo Tribunal Federal que: "Omissão, pelo acórdão do Tribunal estadual, do exame de alegação alternativa do ora paciente, sobre haver sido consumado, ou simplesmente tentado, o crime de roubo cometido. Habeas corpus, em parte, deferido, para que, mantida a condenação, venha aquela Corte a apreciar a questão relativa à causa de diminuição da pena, prevista no art. 14, II, do Código Penal" (HC 74979/SP, Primeira Turma, Rel. Min. Octavio Gallotti, DJU 13.06.97).

contraditório.[755] Também uma decisão desse tipo representa um meio de garantir o alcance de uma verdade aproximativa (e, por isso, aceitável) acerca do episódio em julgamento. É que, como se viu,[756] o juízo penal se constitui em um saber-poder, isto é, na combinação entre conhecimento (verdade formal) e decisão (poder). Nesse cenário, o contraditório representa uma garantia da de uma verdade aproximativa. Caso exista um respeito efetivo a ele, o juiz terá mais condições de avaliar se uma tese deve (ou não) ser refutada. Também sob esse aspecto, portanto, tem-se a necessidade de a motivação se apresentar de modo dialetizado.

### 3.1.4. A motivação contraditória

Padecerá a decisão de sério defeito caso apresente, em seu discurso justificativo, incompatibilidade entre suas variadas asserções. É de se registrar, nesse quadrante, que se trata de nódoa reveladora da falta de correção no curso do raciocínio decisório, a qual torna inviável o seu controle por impossibilitar, aos destinatários da motivação, o conhecimento sobre as razões da decisão, o que fulmina, em grande escala, a sua função de garantia.[757]

Existem, basicamente, três hipóteses de contradição no discurso justificativo. A primeira "è quella di contraddizione tra la pronuncia contenuta nel dispositivo e le conclusioni cui mette capo la motivazione".[758] Essa balda também ocorre, em campo mais ampliativo, quando há contradições entre as várias conclusões resultantes da motivação e as respectivas afirmações inclusas no dispositivo.[759] Deve-se questionar, nesse ponto enfocado, "se a parte dispositiva da sentença e a motivação estão, do ponto de vista jurídico, lógicas e coerentes, de forma a constituírem elementos inseparáveis de um ato unitário, que se interpretam e se iluminam reciprocamente".[760] A segunda vincula-se à incompatibilidade entre diversas argumentações apresentadas em um mesmo contexto justificativo.[761] E, finalmente, a terceira se prende ao "vizi logici nell'ambito della singola argomentazione giustificativa, ovvero del singolo motivo (considerando per semplicità solo il caso in cui si tratti del motivo único o principale rispetto ad un punto deciso)".[762] Como exemplifica Gomes Filho, essa nódoa pode ocorrer nestes dois casos: "pense-se numa afirmação sobre a correção de determinada interpretação da lei e, em segui-

---

[755] Conforme: GOMES FILHO, Antonio Magalhães. *A Motivação das Decisões Penais*. São Paulo: Revista dos Tribunais, 2001, p. 188.

[756] Veja-se, alhures, no tópico "A verdade processual de direito de Ferrajoli".

[757] Conforme: GOMES FILHO, Antonio Magalhães. Op. cit., p. 193.

[758] TARUFFO, Michele. *La motivazione della sentenza civile*. Pádova: Cedam, 1975, p. 561.

[759] Conforme: GOMES FILHO, Antonio Magalhães. Op. cit., p. 194.

[760] LIEBMAN, Enrico Tullio. Do arbítrio à razão: reflexões sobre a motivação da sentença. In: *Revista de Processo*. n.29. Janeiro-março de 1983. São Paulo, 1983, p. 80.

[761] Conforme: GOMES FILHO, Antonio Magalhães. *A Motivação das Decisões Penais*. São Paulo: Revista dos Tribunais, 2001, p. 194.

[762] TARUFFO, Michele. *La motivazione della sentenza civile*. Pádova: Cedam, 1975, p. 567.

A MOTIVAÇÃO DAS DECISÕES PENAIS

da, na adoção de tese oposta; ou na valoração positiva de uma prova para concluir-se, em seguida, não estar provado o fato respectivo, e assim por diante".[763]

De um ponto de vista mais estrito – e, tendo-se claro que o grande valor da decisão é a sua clareza de raciocínio – é possível, portanto, sustentar-se que, em ocorrendo um discurso justificativo contraditório, inexiste um pronunciamento jurisdicional motivado,[764] na medida em que "uma motivação contraditória não é verdadeira motivação".[765]

### 3.1.5. A motivação implícita

Em casos tais, verificam-se lacunas no discurso justificativo das decisões, de modo que, para não se invalidar esse ato judicial, poder-se-ia sustentar que "os motivos que justificam a solução de uma questão servem, implicitamente, para atender à mesma finalidade em relação a outro ponto em que não foram explicitadas as razões do convencimento judicial".[766]

No entanto, pensa-se que essa conspícua linha de intelecção não se mostra correta. É que, sob esse prisma, reclama ser abordado, com mais vagar, o fato de a motivação servir para assegurar que as decisões sejam o resultado de uma apreciação judicial efetiva acerca de todos os pontos (de fato e de direito) aventados no curso da marcha processual. Sabe-se que as atividades processuais, em seu conjunto, representam uma garantia ao correto desempenho do poder, na medida em que asseguram uma metodologia destinada à solução de problemas concretos. À vista disso, não se mostraria razoável admitir que os magistrados proferissem decisões longe dos domínios dos resultados alcançados nessas atividades, como se fosse possível guiar as suas escolhas pela simples vontade pessoal.[767] Sem dúvida, o magistrado se encontra vinculado às leis que corporificam os procedimentos processuais, não podendo julgar à ilharga das suas formas, assim como dos dados angariados a partir dos seus desenvolvimentos. Certamente por força disso, é que Gomes Filho realça o dever de a motivação evidenciar a ocorrência da análise e valoração de todos os elementos trazidos ao processo, sejam eles de direito, sejam eles de fato, pois essa atividade intelectual representa o próprio alicerce da decisão.[768]

---

[763] GOMES FILHO, Antonio Magalhães. *A Motivação das Decisões Penais*. São Paulo: Revista dos Tribunais, 2001, p. 194.

[764] Conforme: BADARÓ, Gustavo Henrique Righi Ivahy. Vícios de Motivação da Sentença Penal: ausência de motivação, motivação contraditória, motivação implícita e motivação per relationem. *Revista Brasileira de Ciências Criminais*. n.38. abril-junho de 2002. São Paulo: Revista dos Tribunais, 2002, p. 129.

[765] Idem, p. 129.

[766] GOMES FILHO, Antonio Magalhães. Op. cit., p. 197.

[767] Conforme: GOMES FILHO, Antonio Magalhães. *A Motivação das Decisões Penais*. São Paulo: Revista dos Tribunais, 2001, p. 97.

[768] Conforme: GOMES FILHO, Antonio Magalhães. *A Motivação das Decisões Penais*. São Paulo: Revista dos Tribunais, 2001, p. 97.

Completa-se, aqui, que essa análise e essa valoração devem ser explícitas. Dizer algo implicitamente equivale a não-dizer. Afinal de contas, como se motiva, implicitamente, uma escolha? À guisa de resposta a essa pergunta, alguns julgados afirmam que o juiz agasalha uma tese jurisdicionalmente e refuta a outra de maneira implícita, sendo que, nesse procedimento, há a análise conjunta de todos os dados.[769] Ou seja: ao escolher um argumento, o juiz não precisaria analisar, frontalmente, os outros levantados pelas partes, pois quando escolhe um, refuta os demais de modo implícito, ocorrendo, como se disse, uma análise conjunta da integralidade dos aspectos apresentados à decisão. Acrescenta-se, ainda, à linha exposta, a indispensabilidade de uma relação entre as questões efetivamente analisadas e as implicitamente resolvidas.[770]

Ora, admitir-se isso é reconhecer que a decisão esboça, em seu discurso, determinadas lacunas, pontos omissos. Em face disso, cumpre-se questionar: será que a Constituição Federal, em seu artigo 93, inciso IX, considera válida uma motivação lacunosa? Será que essa motivação satisfaz a necessidade/exigência de as partes (e também a sociedade) conhecerem e avaliarem as atividades do Poder Judiciário? Será que uma motivação vazia legitima o exercício de poder por parte do juiz, mormente no direito penal e processual penal, que lidam com restrições às liberdades individuais? Indubitavelmente – levando-se em linha de conta a necessidade de uma leitura constitucional do processo penal – a resposta, para todas essas perguntas, só pode ser uma: não! Pensa-se ser óbvio que não! Impossível admitir-se a denominada motivação *implícita*, e isso sobremaneira no processo penal.[771] Verdadeiramente, a não-manifestação judicial explícita sobre todos os elementos e argumentos, encartados no processo, implementa gravoso prejuízo às partes e à sociedade. Às partes, porque elas não têm a plena possibilidade de conhecer o estudo judicial acerca de todos os seus argumentos, suas provas e suas contraprovas produzidos ao longo da marcha processual, causando a decisão implícita, à vista disso, dificuldades quanto à compreensão da escolha (condenatória ou absolutória) levada a efeito pelo magistrado. À sociedade, porquanto, ao não conhecer inteiramente todos os elementos produzidos pelas partes, assim como a análise judicial que recaiu sobre eles, ela não pode, de modo completo, avaliar/fiscalizar o curso da marcha processual e a sua decisão final, o que obstaculiza a democratização do processo de índole criminal. Importante trazer ao debate, ademais, o entendimento de Fernandes, para quem:

> É, realmente, inadmissível a motivação implícita. O juiz, no exercício de sua função jurisdicional, quando produz o principal ato de sua atividade, fazendo atuar a vontade da lei

---

[769] Por exemplo: Superior Tribunal de Justiça; Recurso especial nº 433.686/RS; Quinta Turma; Rel. Min. FÉLIX FISCHER; DJ 26/08/2002.

[770] Conforme: BADARÓ, Gustavo Henrique Righi Ivahy. Vícios de Motivação da Sentença Penal: ausência de motivação, motivação contraditória, motivação implícita e motivação per relationem. *Revista Brasileira de Ciências Criminais*. n.38. abril-junho de 2002. São Paulo: Revista dos Tribunais, 2002, p. 131.

[771] Conforme: TUCCI, Rogério Lauria. *Direitos e garantias individuais no processo penal brasileiro*. 2.ed. São Paulo: Revista dos Tribunais, 2004, p. 236.

ao caso concreto, deve primar pela clareza e pela precisão, refutando ou acolhendo as alegações das partes. Não se pode aceitar que, para não invalidar a sentença, o tribunal vislumbre, apesar da omissão judicial, suprimento em outros fundamentos da sentença, deles extraindo, de maneira implícita, a motivação inexistente.[772]

Malgrado tudo isso, questiona-se de novo: como é possível saber que os motivos de um ponto servem a outro se o juiz não registrou essa intenção na sentença? Não se desconhece, à guisa de (tentativa de) resposta, que se pode recorrer à lógica para tentar encampar a validez da motivação implícita.[773] Só que isso, de *per se*, é insuficiente, por dois motivos:

(...) da un lato, la contrapposizione lógica tra due asserzioni non è sempre di necessária alternativà, sicchè è posibile che l'una non contenga in sé le ragioni di esclusione dell'atra. De un altro lato, non sempre le soluzioni possibili di una questione sono soltanto due, ed anzi in línea di principio lê scelte del giudice vertono su un raggio alquanto ampio di possibilità diverse e non necessariamente contrapposte sul piano logico.[774]

Socorrer-se da lógica é, sob todos os títulos, uma simplificação excessiva e inaceitável do problema.[775] Por isso, a motivação deve ser explícita. Muito mais relevante que saber o resultado, é ter a possibilidade de conhecer os motivos condutores desse resultado.[776] Afinal, a motivação se constitui na tarefa de tornar explícito o que se encontrava implícito.[777] Daí se pode, definitivamente, concluir que, "ou há motivação específica e expressa, ou não há motivação".[778] E mais: a motivação implícita é uma renúncia à própria motivação.[779]

Assim, ressoa claro que a motivação implícita se apresenta antigarantista em razão de negar que o valor fundamental do princípio da motivação reside na sua garantia cognoscitiva (isto é: na fundamentação ou na falta de fundamentação das hipóteses acusatórias formuladas à luz das provas e contraprovas[780]). O princípio

---

[772] FERNANDES, Antonio Scarance. *Processo penal Constitucional*. 3.ed. São Paulo: Revista dos Tribunais, 2002, p. 133.

[773] Conforme: BADARÓ, Gustavo Henrique Righi Ivahy. Vícios de Motivação da Sentença Penal: ausência de motivação, motivação contraditória, motivação implícita e motivação *per relationem*. *Revista Brasileira de Ciências Criminais*. n.38. abril-junho de 2002. São Paulo: Revista dos Tribunais, 2002, p. 131.

[774] TARUFFO, Michele. *La motivazione della sentenza civile.*Pádova: Cedam, 1975, p. 436. Também Badaró entende ser essa uma visão equivocada e simplista do problema, porque, "de um lado, a contraposição lógica entre duas asserções nem sempre é necessariamente alternativa, já que é possível que uma não contenha em si as razões de exclusão da outra. De outro lado, nem sempre as soluções possíveis de uma questão são somente duas, podendo o juiz escolher diversas possibilidades" (BADARÓ, Gustavo Henrique Righi Ivahy. Op. cit., p. 131).

[775] Conforme: TARUFFO, Michele. *La motivazione della sentenza civile.*Pádova: Cedam, 1975, p. 436.

[776] Conforme: BADARÓ, Gustavo Henrique Righi Ivahy. Vícios de Motivação da Sentença Penal: ausência de motivação, motivação contraditória, motivação implícita e motivação per relationem. *Revista Brasileira de Ciências Criminais*. n.38. abril-junho de 2002. São Paulo: Revista dos Tribunais, 2002, p. 132.

[777] Conforme: BETTIOL, Giuseppe. *Istituzioni di diritto e procedura penale*. Padova: Cedam, 1966, p. 221.

[778] BADARÓ, Gustavo Henrique Righi Ivahy. Op. cit., p. 132.

[779] Conforme: ANDRÉS IBÁÑEZ, Perfecto. Sobre a motivação dos fatos na sentença penal. In: ANDRADE, Lédio Rosa de (org.). *Valoração da prova e sentença penal*. Rio de Janeiro: Lumen Júris, 2006, p. 104/105.

[780] Conforme: FERRAJOLI, Luigi. *Derecho y razón*. Madrid: Trotta, 2000, p. 606.

da motivação "expresa, y al mismo tiempo garantiza, la naturaleza cognoscitiva y no potestativa del juicio, vinculándolo derecho a la estricta legalidad y de hecho a la prueba de la hipótesis acusatoria".[781]

### 3.1.6. A Motivação *Per Relationem*

Também na hipótese, que ora se aborda, há a presença de lacunas, as quais são preenchidas (não por meio de operações lógicas, mas) através da integração expressa ao texto justificativo da motivação colocada em outro documento,[782] de modo que se pode dizer que, na motivação *per relationem*, existe uma inversão cronológica da motivação, porquanto a motivação do ato já havia se concretizado em momento anterior à perfectibilização do ato judicial em si.[783]

Dizendo de outro modo: identifica-se a motivação *per relationem*, como relata Taruffo, quando o juiz não elabora uma justificação autônoma *ad hoc* a certo ponto, mas se vale do reenvio a justificação inclusa em um outro documento (sentença).[784] Essa motivação exige, portanto, o reenvio a um ato distinto do que se encontra em exame.[785]

Dificilmente se poderá dizer, em casos tais, que as funções endoprocessuais da motivação restaram frustradas, na medida em que as partes e os órgãos jurisdicionais (julgadores das impugnações) conhecem o documento ao qual o juiz se reporta. Entretanto, idêntica conclusão não incide ao se falar na sua garantia política, porque a dificuldade de acesso aos textos referidos pela decisão obstaculiza o controle difuso[786] sobre a atividade do Poder Judiciário.[787]

Observa-se, de mais a mais, que a motivação *per relationem* não satisfaz, de modo adequado, a (indispensável) função garantista da efetiva e adequada cognição judicial[788] sobre os pontos da causa decidida, porque, na maioria dos casos, há a omissão judicial sobre a valoração crítica dos argumentos esposados, ou a não-consideração de elementos supervenientes que se mostrem capazes de alterar a conclusão adotada pelo texto avocado.[789]

---

[781] Idem, p. 623.

[782] Conforme: GOMES FILHO, Antonio Magalhães. *A Motivação das Decisões Penais*. São Paulo: Revista dos Tribunais, 2001, p. 199.

[783] Conforme: BADARÓ, Gustavo Henrique Righi Ivahy. Op. cit., p. 135.

[784] Conforme: TARUFFO, Michele. Op. cit., p. 422.

[785] Conforme: AMODIO, Ennio. Motivazione della sentenza penale. In: *Enciclopedia del diritto*. v.XXVII. Roma: Giuffrè Editore, 1977, p. 230.

[786] Trata-se, pois, do controle realizado pelas partes e pela sociedade em geral.

[787] Conforme: TARUFFO, Michele. *La motivazione della sentenza civile*.Pádova: Cedam, 1975, p. 425.

[788] Conforme: CARVALHO, Salo de; CARVALHO, Amilton Bueno de. *Aplicação da pena e garantismo*. 3.ed. Rio de Janeiro: Lumen Juris, 2001, p. 34.

[789] Conforme: GOMES FILHO, Antonio Magalhães. *A Motivação das Decisões Penais*. São Paulo: Revista dos Tribunais, 2001, p. 200.

---

A MOTIVAÇÃO DAS DECISÕES PENAIS

Verifica-se, contudo, que a motivação *per relationem* tem sido utilizada nos casos em que acórdãos se limitam a confirmar o acerto da decisão monocrática.[790] Necessário se faz, nessas hipóteses, para admiti-la, a existência, no mínimo, destes três requisitos: *(i)* a análise, pela decisão colegiada, de todos os argumentos novos impulsionadores da impugnação,[791] para que seja garantida a efetiva cognição judicial sobre a integralidade dos aspectos trazidos ao debate, evitando-se, assim, que o duplo grau de jurisdição se apresente como mero rito de passagem, o que lhe retiraria a função que lhe recai de controle da instância inferior;[792] *(ii)* na indicação do *porquê* se confirma as razões da decisão atacada:[793] se faz mister que "il giudice dimostri di aver avuto presenti e di aver fatto proprie le ragioni addotte dal giudice inferiore",[794] o que visualizará a existência de uma valoração crítica dos motivos desenvolvidos pelo ato impugnado; e *(iii)* a transcrição do texto da decisão cuja motivação é aderida pelo Tribunal, o que servirá para possibilitar o controle da sociedade e das partes acerca da atividade judicial.

No ponto em estudo, esses são os requisitos mínimos e indispensáveis para que a motivação do órgão de segundo grau (a qual se desenvolveu de modo *per relationem*) possa cumprir a sua função processual e política, tendo validade na perspectiva constitucional.

No que tange à motivação *per relationem* se invocando um precedente judicial, mister anotar-se sua invalidade, pois um caso não se reproduz nos mesmos moldes e circunstâncias que outro, de modo que um julgado anterior até pode servir para embasar uma linha de raciocínio em um determinado julgamento, mas jamais fundamentar uma decisão só por si. Realmente, acórdãos não devem ser utilizados à guisa de pautas gerais nas decisões. A menção a eles, como ensina Streck, "pode confortar uma orientação ou demonstrar a viabilidade jurídica de um entendimento, mas nunca fundamentar, de per si, a decisão".[795]

Por último, consigne-se a impossibilidade da motivação *per relationem* nas hipóteses em que o magistrado, na sentença, invoca, como razão de decidir, o tex-

---

[790] Conforme: BADARÓ, Gustavo Henrique Righi Ivahy. Vícios de Motivação da Sentença Penal: ausência de motivação, motivação contraditória, motivação implícita e motivação per relationem. *Revista Brasileira de Ciências Criminais*. n.38. abril-junho de 2002. São Paulo: Revista dos Tribunais, 2002, p. 135.

[791] Idem, ibidem, p. 135.

[792] Pondera Bettiol que, "num regime político aberto, admitir-se-á sempre a possibilidade de um segundo juiz – se investido mediante a interposição do recurso – reexaminar a decisão de um juiz hierarquicamente inferior. Trata-se do princípio do duplo grau de jurisdição" (Conforme: BETTIOL, Giuseppe. *Instituições de direito e de processo penal*. Traduzido por: Manuel da Costa Andrade. Coimbra: Coimbra, 1974, p. 302).

[793] Conforme: GOMES FILHO, Antonio Magalhães. *A Motivação das Decisões Penais*. São Paulo: Revista dos Tribunais, 2001, p. 200. Por outro lado, Grinover, Fernandes e Gomes Filho asseveram ser "importante anotar que não pode o juiz deixar de fundamentar com a afirmação de que adota como razões de decidir as alegações de uma das partes (motivação ad relationem). Pode até acolhê-las, usando-as na justificação de sua decisão, mas deve expressamente transcrever os pontos aceitos e incorporados à sentença, ao lado de outros que constituem o enunciado de sua argumentação pessoal" (GRINOVER, Ada Pellegrini *et al. As nulidades no processo penal*. 8.ed. São Paulo: Revista dos Tribunais, 2004, p. 257).

[794] TARUFFO, Michele. *La motivazione della sentenza civile*. Pádova: Cedam, 1975, p. 423.

[795] STRECK, Lenio Luiz. *Verdade e consenso*: constituição, hermenêutica e teorias discursivas. Rio de Janeiro: Lúmen Juris, 2006, p. 216.

to estampado nas alegações finais do Ministério Público. Nesse caso, mesmo que o juiz analise a pertinência das razões ministeriais, o ato jurisdicional será nulo. É que, em rigor, a simples ratificação das alegações derradeiras da acusação tonifica um gravoso prejuízo, que jamais deve ser aceito em um processo penal de índole acusatório – qual seja: a perda de efetividade da garantia da ampla defesa. Em hipóteses tais, vislumbra-se, às claras, que a atividade defensiva não teve qualquer poder impactante no convencimento judicial. E o pior: como se invocou o texto ministerial, jamais se poderá saber o motivo pelo qual as razões defensivas não serviram para cumprir esse desiderato.

Ademais, a motivação *per relationem*, nos moldes ora trabalhados, impossibilita, como já se disse, uma efetiva cognição judicial, pois, "ainda que o Ministério Público tente antecipar e rebater os argumentos defensivos e mesmo que a defesa do acusado procure redargüir as prováveis teses de acusação, dificilmente todos os argumentos serão analisados".[796]

### 3.1.7. A falta de correspondência com os dados inclusos nos autos

Tem de se registrar, nesse tópico, que, para a validade constitucional da motivação, se deve ponderar uma característica essencial: a sua "correção". Dito de outro modo: a motivação deve guardar relação de pertinência com os elementos existentes no processo, porque, conforme já se discorreu, ela deve ser concebida como uma garantia da cognição efetiva. Portanto, mesmo que o discurso justificativo se apresente coerente, a motivação será considerada inválida se não se logrou justificar a decisão a partir do conteúdo do conjunto de provas encartado no processo criminal. É a análise do discurso justificativo à luz desse conteúdo que viabiliza o controle da decisão judicial, dado esse que é, indubitavelmente, uma das principais funções da motivação.[797]

Em face de todo o exposto, verifica-se que o vício em exame se corporifica nas hipóteses nas quais dados inexistentes nos autos foram colocados à base da decisão; ainda, quando elementos de provas não deveriam servir ao julgamento, como, por exemplo, no caso de provas ilícitas, as quais têm a sua introdução proibida no processo.[798]

### 3.1.8. A sanção constitucional de nulidade

A partir da Constituição Federal de 1988, especificamente tendo-se em vista o teor do inciso IX do artigo 93, "não pode haver mais qualquer dúvida acerca da indispensabilidade de motivação de todos os atos emanados de agente do Poder

---

[796] BADARÓ, Gustavo Henrique Righi Ivahy. Vícios de Motivação da Sentença Penal: ausência de motivação, motivação contraditória, motivação implícita e motivação *per relationem*. *Revista Brasileira de Ciências Criminais*. n.38. abril-junho de 2002. São Paulo: Revista dos Tribunais, 2002, p. 137.

[797] Conforme: GOMES FILHO, Antonio Magalhães. *A Motivação das Decisões Penais*. São Paulo: Revista dos Tribunais, 2001, p. 178/179.

[798] Idem, ibidem, p. 189/192.

A MOTIVAÇÃO DAS DECISÕES PENAIS

Judiciário – juiz ou tribunal – que ostentem conteúdo decisório",[799] sob pena de nulidade. Também, por força do texto constitucional, para a validade da motivação, a decisão judicial "deve apresentar-se racional, completa e compreensível",[800] pois uma motivação ausente dessas características não será, em essência, uma verdadeira motivação na perspectiva da exigência inclusa nessa Carta Magna.

Com efeito, os vícios de motivação abordados conduzem, inapelavelmente, ao reconhecimento de nulidade absoluta da decisão judicial por desrespeito a preceito constitucional, sendo, em casos tais, sempre o prejuízo presumido e manifesto, com o que, percebida a nódoa, o magistrado ou o Tribunal deve reconhecê-la e declará-la de ofício, ou seja, sem a necessidade de provocação das partes.[801] Impende-se atentar, entretanto, que esse imperativo não alcança nulidades (por vício de motivação) capazes de beneficiar a acusação,[802] a qual deve, sempre, aventar essas baldas através dos meios de impugnação cabíveis.[803]

## 3.2. ALGUNS ASPECTOS PONTUAIS SOBRE A MOTIVAÇÃO DAS DECISÕES PENAIS

### 3.2.1. O recebimento da denúncia ou queixa

Sendo recebida a denúncia ou a queixa, há, na realidade prática, uma significativa mudança na situação do sujeito, na medida em que, de cidadão comum, ele passa a ser considerado réu em um processo criminal. Sem dúvida, cuida-se de uma importante decisão criminal, porquanto modifica o *status* de cidadania. Não há, pois, como considerá-la um simples despacho ordinário, o qual prescinde de qualquer motivação.[804] Muito pelo contrário: é evidente e incontestável o conteúdo decisório desse ato processual.[805] De mais a mais, como de modo pertinente argumenta Giacomolli, "a própria Constituição Federal determina a motivação de um mero ato administrativo (art. 93, X), com maior razão, em face das conseqüên-

---

[799] TUCCI, Rogério Lauria. *Direitos e garantias individuais no processo penal brasileiro.* 2.ed. São Paulo: Revista dos Tribunais, 2004, p. 233.

[800] GRINOVER, Ada Pellegrini *et al. As nulidades no processo penal.* 8.ed. São Paulo: Revista dos Tribunais, 2004, p. 255.

[801] Conforme: GRINOVER, Ada Pellegrini *et al. As nulidades no processo penal.* 8.ed. São Paulo: Revista dos Tribunais, 2004, p. 24 e 29.

[802] É, nesse sentido, que se apresenta a Súmula 160 do Supremo Tribunal Federal: "É nula a decisão do tribunal que acolhe contra o réu nulidade não argüida no recurso da acusação, ressalvados os casos de recurso de ofício".

[803] Conforme: GOMES FILHO, Antonio Magalhães. *A Motivação das Decisões Penais.* São Paulo: Revista dos Tribunais, 2001, p. 204.

[804] Conforme: GIACOMOLLI, Nereu José. Aproximação à garantia da motivação das decisões criminais. *Revista Ibero-Americana de Ciências Penais.* Ano 6. n.11. Porto Alegre: ESMP, 2005, p. 84.

[805] Conforme: GIACOMOLLI, Nereu José. Aproximação à garantia da motivação das decisões criminais. *Revista Ibero-Americana de Ciências Penais.* Ano 6. n.11. Porto Alegre: ESMP, p. 88.

cias e efeitos que produz, o recebimento de uma acusação formalizada há de ser motivado".[806] Mormente porque – recorda Lopes Júnior – "o momento de receber a acusação é uma importante possibilidade de o sujeito passivo reverter a marcha, demonstrando que não existem indícios suficientes para justificar a situação mais grave que supõe o processo".[807]

Impossível se admitir, destarte, qualquer validade na "motivação" de "recebo a denúncia" ou "recebo a queixa". Como se pode perceber pela clarividência dessa redação, decisões tais não expressam o motivo da alteração do *status* de cidadão para cidadão processado, muito menos explicam, racional e explicitamente, os motivos condutores do impulso da ação penal. A toda evidência, a simples decisão "recebo a denúncia" ou "recebo a queixa" não apresenta qualquer motivação e, de conseqüência, qualquer fundamentação,[808] o que se mostra inconcebível.

Portanto, observando-se o processo penal através da lente constitucional, pensa-se ser exigível que a decisão de recebimento da denúncia (ou queixa) seja motivada. Mormente porque o inquérito policial é um sistema de investigação antigarantista, no qual há uma subcultura policial que "possui seus próprios modelos preconcebidos: estereótipo de criminosos potenciais e prováveis; vítimas com maior ou menor verossimilitude; delitos que 'podem' ou não ser esclarecidos etc.".[809] Há, segundo Lopes Júnior, uma discricionariedade de fato da autoridade policial, a qual desenvolve seus trabalhos de acordo com critérios próprios, isto é, parâmetros que não encontram respaldo normativo. Por exemplo, crimes de maior impacto social (como homicídios, latrocínios, estupros...), assim como a postura do suspeito, no sentido de invocar seus direitos constitucionais na marcha da investigação preliminar, podem acarretar um exercício desenfreado de poder por parte da polícia.[810]

Por tudo isso, entende-se que, ao analisar a viabilidade da proposta acusatória, o juiz deve sopesar se os dados colhidos por esse modelo de investigação preliminar são suficientes para impor ao cidadão o peso e as amarguras de um processo criminal. O discurso justificativo, contudo, não necessita ser extremamente profundo,[811] uma vez que, como existe apenas um juízo provisório de culpabilidade nesse instante, a fundamentação "há de se restringir à motivação adequada aos limites do thema decidendum, ou seja, da viabilidade acusatória, a qual se satisfaz

---

[806] Idem, ibidem, p. 84.

[807] LOPES JÚNIOR, Aury. *Sistemas de investigação preliminar no processo penal*. 2.ed. Rio de Janeiro: Lumen Juris, 2003, p. 173.

[808] Conforme: GIACOMOLLI, Nereu José. Aproximação à garantia da motivação das decisões criminais. *Revista Ibero-Americana de Ciências Penais*. Ano 6. n.11. Porto Alegre: ESMP, 2005, p. 85.

[809] LOPES JÚNIOR, Aury. *Sistemas de investigação preliminar no processo penal*. 2.ed. Rio de Janeiro: Lumen Juris, 2003, p. 66.

[810] Idem, ibidem, p. 66/67.

[811] Excetuam-se, aqui, as hipóteses nas quais há a existência de um contraditório antes do recebimento (ou não) da peça inicial acusatória (por exemplo, nos processos de competência originária dos Tribunais, na antiga Lei de Falências, no procedimento sumaríssimo da Lei nº 9.099/95). Nessas hipóteses, todos os pontos levantados pela defesa técnica devem ser analisados e enfrentados pela decisão de instauração da pretensão acusatória, sob pena de nulidade por afronta ao princípio da ampla defesa e da garantia da motivação.

com indícios suficientes de autoria, demonstração da materialidade e da presença dos requisitos dos artigos 41 e 43 do Código de Processo Penal".[812]

### 3.2.2. A decretação da prisão preventiva

Como a cautelaridade no processo penal não é o tema dessa dissertação, trabalhar-se-á, nas linhas que se seguirão, apenas com a prisão preventiva, a qual, entre todas as modalidades de segregações processuais, se coloca como a mais importante, pois seus fundamentos, conforme aponta Gomes Filho, devem servir de pressupostos para as outras modalidades dessa espécie de segregação.[813]

Com efeito, veja-se que, em um processo garantista, a liberdade é a regra, sendo a prisão de natureza cautelar uma exceção, a qual somente se pode encampar por meio de decisão devidamente justificada (artigos 5º, inciso LXI, e 93, inciso IX, da Constituição Federal). A prisão de índole processual encontra-se, pois, revestida pela nota da excepcionalidade.[814]

Inquestionavelmente, o primeiro requisito a ser demonstrado pela decisão judicial impositiva da segregação cautelar do cidadão é a *necessidade* dessa medida excepcional no que tange ao curso e à efetividade do processo criminal quanto à aplicação da pena.

Impossível utilizá-la, pois, como um meio de tornar viável o cumprimento antecipado de eventual pena privativa de liberdade. Até mesmo porque o princípio da presunção de inocência (artigo 5º, inciso LVII, da Constituição Federal) oblitera essa linha de entendimento, de sorte que "só se justificaria a prisão durante o processo quando tivesse natureza cautelar, ou seja, quando fosse necessária em face de circunstâncias concretas da causa".[815] É que, "se a apuração da responsabilidade penal do sujeito ativo do crime pode desenvolver-se sem que se o prive do *status libertatis*, não seria legal e nem humano decretar-se sua prisão cautelar, quando inteiramente desnecessária essa medida extrema".[816] Trata-se, aqui, de uma necessidade apresentada de modo *estrito*, ou seja, vinculada à marcha e à efetividade do processo, como ocorre, por exemplo, para garantir a instrução

---

[812] GIACOMOLLI, Nereu José. Op. cit., p. 86.

[813] Conforme: GOMES FILHO, Antonio Magalhães. *A Motivação das Decisões Penais*. São Paulo: Revista dos Tribunais, 2001, p. 220.

[814] O caráter de excepcionalidade da segregação cautelar tem sido o entendimento do Supremo Tribunal Federal brasileiro, conforme demonstra o voto do Ministro Celso de Mello, no julgamento do *Habeas Corpus* nº 80.719-SP (D.J. de 28.09.2001): "Todos sabemos que a privação cautelar da liberdade individual é qualificada pela nota da excepcionalidade. Não obstante o caráter extraordinário de que se reveste, a prisão preventiva pode efetivar-se, desde que o ato judicial que a formalize tenha fundamentação substancial, com base em elementos concretos e reais que se ajustem aos pressupostos abstratos – juridicamente definidos em sede legal – autorizadores da decretação dessa modalidade de tutela cautelar penal (*RTJ 134/798*, Rel. p/ o acórdão Min. CELSO DE MELLO)".

[815] FERNANDES, Antonio Scarance. *Processo penal Constitucional*. 3.ed. São Paulo: Revista dos Tribunais, 2002, p. 301.

[816] ROCHA, Francisco de Assis do Rêgo Monteiro. *Curso de Direito Processual Penal*. Rio de Janeiro: Forense, 1999, p. 426.

criminal, ou, também, a fim de assegurar a aplicação da pena. Essa necessidade embasa-se, portanto, na idéia de utilidade, de utilidade ao processo ou à aplicação da pena, por isso a denominamos de "necessidade estrita".

Ainda pelo prisma da necessidade, poder-se-á falar em uma necessidade mais abrangente, a qual consistiria na demonstração de que a prisão preventiva não representa uma situação mais gravosa que a situação apresentada em caso de condenação criminal. Sendo assim, a prisão preventiva mostra-se incabível (e, por conseqüência, de todo ilegal) nos casos nos quais o cidadão, se condenado, poderá cumprir a pena no regime aberto, semi-aberto, ou, ainda, tê-la substituída por sanções restritivas de direitos.[817] Isso porque, nessas hipóteses, a segregação de índole cautelar terá visos de punição, a qual, é bom registrar-se, será mais gravosa que a própria condenação. Dizendo de outro modo: a cautelaridade terá mais impacto que a própria pena. Aqui, a necessidade da medida deve ser compreendida "fora" das questões processuais. Não se cuida de debater a utilidade da prisão ao processo. Em verdade, trata-se de analisar se a medida é proporcional, se não representa um ato de severidade por parte do poder estatal. Como não se discute, frontalmente, questões processuais, pode-se, então, aventar a existência de uma "necessidade de espectro mais amplo" à validade da prisão processual. Assim, a motivação que levar a efeito a prisão preventiva deve evidenciar a proporcionalidade dessa medida.

Por último, a medida constritiva deve ser analisada a partir da necessidade de se resguardar a ordem pública e a ordem econômica. Também nesse ponto a necessidade não está restrita ao curso ou à eficácia do processo criminal, motivo pelo qual se enquadra na visão mais *ampla* sobre a imperiosidade da quebra da regra da liberdade.

Em vista dessas considerações, nota-se que o aspecto a ser observado, para a implementação da prisão preventiva, se vincula, especificamente, com a "neces-

---

[817] Acertadamente, a jurisprudência vem decidindo nesse mesmo diapasão, como se observa: "Prisão antecipada. Necessidade de verificação do *periculum in mora* e *fumus boni iuris* da necessidade e utilidade da medida. Se, de antemão, se verifica cabível o sursis ou a substituição da pena privativa de liberdade por restritiva de direitos, não há necessidade ou utilidade na custódia cautelar. A Constituição Federal estabeleceu que a liberdade, em sua sistemática, é a regra. Exceção à essa regra, é a prisão antecipada do agente apontado como praticante de crime. Em razão disso, moderna jurisprudência vem vicejando no sentido de se desprezar a natureza do delito como razão suficiente para decretar-se a custódia antecipada. Também em razão desse princípio, vem sendo enaltecido pela jurisprudência mais recente, que o fato do paciente ter residência fixa, ocupação lícita e ser primário, são circunstâncias que merecem consideração na análise conjuntural feita para romper-se com a apontada regra constitucional, que sufraga a liberdade do cidadão como verdadeiro apanágio. Via de conseqüência, os requisitos que ensejam a decretação da custódia cautelar estão, insista-se, hoje, atrelados a necessidade e utilidade da medida. Conclui-se, em razão disso, que o simples *fumus boni iuris* e o *periculum in mora* reclamam análise que objetivem ressaltar, também, a utilidade e sobretudo, a necessidade da prisão antecipada, ou seja, antes de seu correto tempo e que corresponde a sentença final com trânsito em julgado. Por outras palavras, se analisada a questão, chega-se a conclusão provisória que a prisão definitiva do paciente não acontecerá ainda que condenado, a antecipação de sua custódia não deve ocorrer, se for possível a concessão do sursis ou mesmo na hipótese de substituição de penas. Falta à custódia antecipada pretendida, aquilo que Couture denominava de instrumentalidade hipotética, tornando inútil e desnecessária a antecipação da prisão postulada". (TACrim/SP, SER nº 1.361.993/7, 11ª Câm., rel. juiz Fernandes de Oliveira, j. 08.09.03, v.u.). (In: Boletim de Jurisprudência do IBCCrim nº 134, janeiro/2004, p. 769)

sidade (restrita e ampla)" da segregação cautelar, sob pena de tornar a liberdade a exceção e a prisão a regra. Tem-se como certo que a necessidade, desse modo, norteia a adoção (ou não) da prisão preventiva, com o que o juiz, em sua decisão, deve abordá-la e enfrentá-la, para que, só assim, possa justificar validamente o recolhimento antecipado ao estabelecimento prisional.

Complementando esse ponto, cumpre-se ponderar, ainda, que a análise acerca da necessidade da custódia deve ser respaldada nos requisitos legais dessa medida, pois, conforme se trabalhou quando se discorreu sobre a motivação de direito, um discurso judicial, em um Estado de direito, tem de estar sempre amparado normativamente. Nesse lanço, Gomes Filho recorda que o magistrado (para depreender o *"fumus boni iuris* e o *periculum in mora"*[818]) deve observar três exigências inclusas no ordenamento jurídico-penal:

a) se a providência é admissível, diante da gravidade da infração, nos termos do citado art. 313; b) se existe uma probabilidade de condenação, pela constatação dos requisitos probatórios mínimos indicados pela lei – prova da existência do crime e indício suficiente de autoria –, que constituem o mencionado fumus boni iuris (art. 312, parte final); c) se ocorre, ainda, o perigo de que a liberdade do acusado possa comprometer a ordem pública ou a ordem econômica, prejudicar a regular realização da instrução do processo, ou frustrar a futura execução de uma pena que possa vir a ser imposta (art. 312, primeira parte).[819]

Dessa arte, o magistrado, na motivação da decisão que decreta a prisão preventiva, deve demonstrar a presença da necessidade dessa segregação à luz desses requisitos, justificando, assim, a excepcionalidade da restrição antecipada da liberdade. Para tanto, não basta "a mera repetição das palavras da lei ou o emprego de fórmulas vazias e sem amparo em fatos concretos".[820] Incumbe ao magistrado a construção de um discurso judicial idôneo e racional, o qual se apresente capaz de encontrar respaldo nos dados de provas angariados ao processo.

Sem sombra de qualquer dúvida, esse discurso merece controle sobre a sua racionalidade, na medida em que há expressões abertas como *"ordem pública* e *ordem econômica*, cujo conteúdo fortemente emotivo pode propiciar a ruptura dos padrões de legalidade e certeza jurídica, fundamentais na matéria examinada, autorizando os juízes a formular definições puramente persuasivas, que encobrem juízos de valor".[821] Por isso, não se consideram válidas constitucionalmente, no

---

[818] "A prisão preventiva constitui a mais característica das cautelas penais; a sua imposição deve resultar do reconhecimento, pelo magistrado competente, do *fumus boni juris* (prova da existência do crime e indícios suficientes de autoria – art. 312, parte final, CPP), bem assim do *periculum in mora* (garantia da ordem pública, da ordem econômica, conveniência da instrução criminal ou para assegurar a aplicação da lei penal – art. 312, primeira parte, CPP)" (Conforme: GRINOVER, Ada Pellegrini *et al. As nulidades no processo penal*. 8.ed. São Paulo: Revista dos Tribunais, 2004, p. 356).

[819] GOMES FILHO, Antonio Magalhães. *A Motivação das Decisões Penais*. São Paulo: Revista dos Tribunais, 2001, p. 221.

[820] GRINOVER, Ada Pellegrini *et al. As nulidades no processo penal*. 8.ed. São Paulo: Revista dos Tribunais, 2004, p. 358.

[821] GOMES FILHO, Antonio Magalhães. *A Motivação das Decisões Penais*. São Paulo: Revista dos Tribunais, 2001, p. 225.

particular de que se cuida, as (vazias) justificativas de "inquietação social", "credibilidade da Justiça", "sensação de impunidade", "necessidade de acautelar a credibilidade da justiça", "clamor público", "estrépito da mídia",[822] por exemplo. Isso porque, segundo Giacomolli,

> (...) não é função do Poder Judiciário, mormente do magistrado, ao decidir o caso concreto, motivar a prisão na necessidade da segurança pública, pois estaria extrapolando sua função essencial, cumprindo uma atribuição de outros Poderes do Estado e da República, em detrimento do exercício de sua função de garante dos direitos e das liberdades fundamentais, quebrantando o pacto político da repartição de funções.[823]

É de se ver que a simples alusão à "prova da existência do crime e indícios suficientes de autoria" não se constitui em motivo idôneo, vez que, a ser válido, encamparia a obrigatoriedade da prisão preventiva em todos os processos criminais. Inquestionavelmente, há, em todas as ações penais, "prova da existência do crime e indícios suficientes de autoria", pois, sem eles, a denúncia sequer deveria ser recebida.[824] Nessa perspectiva, imperioso se admitir que a prisão preventiva, a ser essa "justificativa" admissível, seria compulsória – o que se coloca longe da área de abrangência de um processo penal acusatório, sendo, portanto, inaceitável.

Igualmente, a simples fuga do réu, a partir da Constituição Federal de 1988, deixou de ser uma justificativa revestida de validez, por força da garantia ao silêncio (artigo 5º, inciso LXIII),[825] porque "o não comparecimento do agente, tanto na fase investigatória, quanto em juízo, não poderá pesar contra seu direito de liberdade".[826] De mais a mais, agregue-se a essa linha de entendimento o fato de o cidadão ter o direito de questionar a validade do decreto prisional, não existindo qualquer "dever jurídico" de se recolher à prisão em virtude de uma decisão que considere ilegal.[827] Entender o contrário seria retirar-lhe o próprio direito de resistência.

---

[822] GIACOMOLLI, Nereu José. Aproximação à garantia da motivação das decisões criminais. *Revista Ibero-Americana de Ciências Penais*. Ano 6. n.11. Porto Alegre: ESMP, 2005, p. 79.

[823] Idem, ibidem, p. 79/80.

[824] Faz-se mister realçar que esse é o entendimento da jurisprudência, como se verifica pela simples leitura do voto do Ministro Luiz Vicente Cernicchiaro, quando do julgamento do *habeas corpus* nº 3.388-4 (STJ, Sexta Turma, j. 08.08.95, DJ 09.10.95, p. 33.615.): "o despacho de prisão preventiva está às fls. 36/37 (lê). O conteúdo acentua a existência da prática do delito. Essa extensão é útil para arrimar o recebimento da denúncia, todavia, insuficiente para gerar constrangimento ao exercício do direito de liberdade. A prisão cautelar reclama algo mais, ou seja, além da probabilidade do delito a demonstração fundamental da necessidade da cautelar. Prisão é instituto de exceção. Não pode se transformar em regra. Insuficiente afirmar que a cidade ficará aliviada com o recolhimento do paciente".

[825] Conforme: GIACOMOLLI, Nereu José. Aproximação à garantia da motivação das decisões criminais. *Revista Ibero-Americana de Ciências Penais*. Ano 6. n.11. Porto Alegre: ESMP, 2005, p. 77.

[826] Conforme: Idem, ibidem..

[827] "Não cabe prisão preventiva pelo só fato de o agente – movido pelo impulso natural da liberdade – ausentar-se do distrito da culpa, em ordem a evitar, com esse gesto, a caracterização da situação de flagrância". (STF; 2.ª Turma, HC-80719/SP; Relator Min. Celso de Mello; Publicação DJ 28-09-01, p. 37). Em outro julgado, decidiu esse mesmo Tribunal que: "Não pode o decreto de prisão preventiva carente de fundamentação idônea validar-se com a fuga posterior do acusado, que não tem o ônus de submeter-se à prisão processual cuja validade pretenda

Finalmente, "é preciso observar que a justificação sobre a presença das apontadas exigências cautelares deve ser individualizada, sempre que houver mais de um acusado no mesmo processo".[828] Isso em razão de que a motivação é considerada uma garantia processual, de sorte que o cidadão, constrangido em sua liberdade, tem o direito de saber, de forma individualizada e pessoal, os motivos pelos quais se entendeu sua prisão cautelar necessária. Em visão extraprocessual, pensa-se que também se deve alcançar à sociedade idêntica faculdade, a fim de que os cidadãos possam fiscalizar o correto exercício da jurisdição. Conseqüentemente, não há de se negar que "seria de todo arbitrário, caracterizando absoluta falta de motivação, indicar globalmente uma situação que autorize a prisão de vários acusados, sem consignar os dados individuais que indicam a necessidade da segregação".[829]

### 3.2.3. A dosimetria da pena criminal

Como é de conhecimento geral, o Código Penal, a partir da reforma operada pela Lei n° 7.209/84, optou pelo método trifásico de arbitramento da sanção criminal. Depreende-se isso pela simples leitura do *caput* do seu artigo 68, *in verbis*: "a pena-base será fixada atendendo-se ao critério do art. 59 deste Código; em seguida serão consideradas as circunstâncias atenuantes e agravantes; por último, as causas de diminuição e de aumento".

Com efeito, uma vez condenado o réu (e, com isso, individualizado o tipo penal em que seu comportamento se mostrou amoldável), o magistrado deve iniciar o procedimento de fixação da pena, tendo-se de cumprir, em campo inicial, a valoração das circunstâncias judiciais do artigo 59 do Código Penal (culpabilidade, antecedentes, conduta social, personalidade do agente, motivos, circunstâncias e conseqüências do crime), a fim de estabelecer a pena-base. Logo em seguida, o juiz passará a arbitrar a pena provisória, momento em que se deterá ao estudo da incidência (ou não) das agravantes e atenuantes. É, nessa fase, que o magistrado se depara com a análise da agravante legal da reincidência. Por último, serão ponderadas as causas de aumento e de diminuição da pena (denominadas, em ordem, majorantes e minorantes), como, por exemplo, apenas para citar, o "concurso formal"[830] e o "arrependimento posterior".[831]

---

contestar em juízo" (STF; 1ª Turma; HC-81148/MS; Relator Min. Sepúlveda Pertence). Nessa linha, veja-se que também o Tribunal Regional Federal da Quarta Região, ao julgar o *habeas corpus* n° 2001.04.01.084143-3/RS (Oitava Turma, Rel. Des. Fed. Amir José Finocchiaro Sarti), considerou absolutamente ilegal o decreto de prisão preventiva vazado tão-só no argumento da fuga do réu.

[828] GRINOVER, Ada Pellegrini *et al. As nulidades no processo penal.* 8.ed. São Paulo: RT, 2004, p. 359.

[829] Idem, ibidem, p. 358.

[830] Artigo 70 do Código Penal: "Quando o agente, mediante uma só ação ou omissão, pratica dois ou mais crimes, idênticos ou não, aplica-se-lhe a mais grave das penas cabíveis ou, se iguais, somente uma delas, mas aumentada, em qualquer caso, de um sexto até metade".

[831] Artigo 16 do Código Penal: "Nos crimes cometidos sem violência ou grave ameaça à pessoa, reparado o dano ou restituída a coisa, até o recebimento da denúncia ou da queixa, por ato voluntário do agente, a pena será reduzida de 1 (um) a 2/3 (dois terços)".

Em linhas gerais, essas são as formas pelas quais a pena criminal se vai tornar definitiva. Para o escopo dessa dissertação, entretanto, não releva enfocar esses momentos com agudez, detalhando os passos do cálculo da pena.[832] Tampouco se irá frisar a imperiosidade de que todas as fases da pena sejam motivadas, com o destaque de existir a garantia da individualização da reprimenda de índole criminal.[833] Até porque se realçou, alhures, que qualquer decisão judicial constritiva da liberdade deve ser fundamentada, entendimento esse que, obviamente, abarca as operações de fixação da pena, inclusive as suas substituições por reprimendas alternativas.[834] Afinal, não tem como ser diferente, pois a pena é que limita o direito de liberdade do cidadão.

De tal arte, objetiva-se, na verdade, enfocar, apenas, a necessidade de essa operação passar pelo filtro constitucional, o que ocorre, especificamente, na (e pela) motivação judicial, quando o juiz se coloca a pensar sobre a validade das normas postas à sua frente. É dentro desse prisma, portanto, que esse estudo irá abordar a matéria e se desenvolver.

Como já se destacou antes (ao se trabalhar o papel do juiz no Estado democrático de direito e os juízos de vigência e de validade das normas), a sujeição do magistrado à Constituição se coloca como o principal fundamento da jurisdição,[835] na medida em que o texto constitucional tem caráter dirigente e vinculativo, devendo, nessa linha, ser observado, portanto, o processo de contaminação constitucional das normas.[836] De quebra, o juiz, na perspectiva garantista, deve, apenas e tão-somente, aplicar as leis que se coloquem coerentes com a Constituição, é dizer, aquelas que se apresentam (materialmente) válidas[837]. Tem-se como correto que "sólo una ley (que el juez considere) válida comporta para él la obligación de aplicarla".[838]

Veja-se que o princípio da secularização – trabalhado no primeiro capítulo e que está "instrumentalizado por toda cadeia normativa constitucional"[839] – veda

---

[832] Conforme: BOSCHI, José Antonio Paganella. *Das penas e seus critérios de aplicação.* Porto Alegre: Livraria do Advogado, 2000.

[833] Conforme: GIACOMOLLI, Nereu José. Aproximação à garantia da motivação das decisões criminais. *Revista Ibero-Americana de Ciências Penais.* Ano 6. n.11. Porto Alegre: ESMP, 2005, p. 89/94.

[834] Assim, aliás, vem decidindo o Superior Tribunal de Justiça: "O princípio do livre convencimento exige fundamentação concreta, vinculada, do ato decisório. A escolha das penas restritivas de direitos dentre as previstas no art. 43 do CP, sem apontar qualquer fundamento, não preenche as exigências constitucionais e infra-constitucionais (art. 93, inciso IX, 2ª parte da Carta Magna e arts. 157, 381 e 387 do CPP). Não se pode confundir livre convencimento com convicção íntima (Precedentes). *Writ concedido*" (HC 14.894/RS; Rel. Min. FÉLIX FISCHER; j. 22.05.2001; DJU, 13.08.2001. Nesse sentido, vejam-se também: STJ; HC 18.281/RS; Rel. Min. JOSÉ ARNALDO DA FONSECA; j. 27.11.2001; DJU, 25.02.2002; e STJ; HC 18.284/RS; Rel. Min. GILSON DIPP; j. 11.12.2001; DJU, 25.02.2002).

[835] Conforme: FERRAJOLI, Luigi. *Derechos y garantías: la ley del más débil.* 4.ed. Madrid: Editorial Trotta, 2002, p. 26.

[836] Conforme: STRECK, Lenio Luiz. *Hermenêutica Jurídica e(m) Crise*: uma exploração hermenêutica da construção do Direito. Porto Alegre: Livraria do Advogado, 1999, p. 218.

[837] Conforme: FERRAJOLI, Luigi. Op. cit., p. 26.

[838] Idem. *Derecho y razón.* Madrid: Trotta, 2000, p. 876.

[839] CARVALHO, Salo de; CARVALHO, Amilton Bueno de. *Aplicação da pena e garantismo.* 3.ed. Rio de Janeiro: Lumen Juris, 2004, p. 30. Para os referidos autores, o princípio da secularização, ainda, "está incorporado

incriminações de meros estados pessoais, bem como a valoração judicial sobre aspectos da interioridade do réu.[840] Está-se, nos dias que se seguem e por força constitucional, diante de um Direito penal do fato, no qual não se deve punir o agente por aquilo que ele é em sua essência, mas, sim, em face do episódio delituoso por ele perfectibilizado.[841]

Sucede, entretanto, que, na esfera infraconstitucional, há, especialmente no artigo 59 do Código Penal, a previsão de circunstâncias de difícil possibilidade de averiguação probatória, e, de efeito, isentas de viabilidade de refutação empírica. Surgem, pois, juízos valorativos concretizados a partir de moduladoras judiciais (como, por exemplo, a personalidade do agente, antecedentes e conduta social) geradoras de mecanismos retóricos incontroláveis, as quais são de cunho inquisitivo (e, por isso, antigarantista), pesando contra o réu quase sempre.[842]

Na base disso, evidencia-se que as circunstâncias judiciais relativas aos antecedentes, à conduta social, à personalidade, assim como a agravante da reincidência se apresentam, materialmente, contrárias à Constituição Federal, porquanto estão ligadas, às inteiras, ao "ser" do réu, constituindo-se, por isso, em (impertinente) resquício de um Direito penal do autor.

Realmente, os antecedentes, a conduta social, a personalidade e a reincidência são elementos que reforçam uma reprovação do *autor* do episódio digno de repercussão penal. Trata-se de circunstâncias que em nada se relacionam com o comportamento criminoso desenvolvido. Na verdade, elas representam o histórico de *vida* e de *moral* do acusado. E o mais importante é que esse histórico resta avaliado na dosagem da reprimenda criminal. Por isso, esses aspectos violam o princípio da secularização e são inconstitucionais.[843] Também esses pontos ferem o princípio da dignidade da pessoa, na medida em que podem rotular o réu como perigoso, lhe gerando uma idéia de "inferior" como ser humano.[844]

---

em nossa realidade constitucional, não sendo dedutível dos demais valores e princípios, mas sendo 'o' princípio do qual aqueles são dedutíveis. Nesse sentido, a categoria corresponde a um dos núcleos substanciais do ordenamento jurídico, juntamente com os preceitos preambulares da Constituição (o pluralismo, a fraternidade, o pacifismo e a igualdade) e os 'fundamentos' estabelecidos no art. 1º (soberania, cidadania, dignidade da pessoa humana, pluralismo político). Tais princípios, ou valores constitucionais, sedimentam os pilares axiológicos sob os quais está fundada a república, conformando a estrutura jurídica basilar do estado, diluindo e contaminando sua carga valorativa às demais esferas normativas" (Idem, ibidem, p. 15/16).

[840] Idem, p. 30/31.

[841] A fim de resguardar os direitos humanos, "el sistema penal deba rodearse de requisitos mínimos, tanto formales como materiales, que constituyen los límites al poder punitivo, pasados los cuales tal poder se torna represivo. Algunos de estos requisitos de contenido material se derivan directamente del carácter de persona de todo ser humano. El *nullum crimen sine conducta*, en el sentido de que no puede fundar ninguna pena una característica del hombre, sino únicamente una acción, conducta o acto del mismo" (ZAFFARONI, Eugenio. Sistemas penales y derechos humanos en América Latina. *Primer Informe*. Buenos Aires: Depalma, 1984, p. 27).

[842] Conforme: CARVALHO, Salo de; CARVALHO, Amilton Bueno de. *Aplicação da pena e garantismo*. 3.ed. Rio de Janeiro: Lumen Juris, 2004, p. 48/61.

[843] Idem, p. 48/70.

[844] "La dignidad de persona que es inherente a cualquier ser humano se viola cuando se lo considera un 'inferior' como ser humano, sea por 'peligroso', por 'enfermo', por 'criminal', etc. La idea de la 'peligrosidad' de un ser humano tiñe en el fondo cualquier actitud que lleve a tratar a una persona como 'inferior'. Una persona es 'peligrosa' para el sistema penal, cuando se sospecha que pueda infringir una norma. Esta ideología lleva a que se la

Além do mais, no que tange à reincidência, aponta Copetti, oportunamente, que, "ao aumentar-se a pena do delito posterior pela existência da circunstância agravante da reincidência, em realidade se está punindo novamente a situação anterior já sentenciada".[845] Há, a toda evidência, uma dupla (e indevida) punição, a qual se apresenta, sob todos os títulos, como antigarantista, conforme argumenta Streck, ao dizer que:

> (...) a reincidência, além de agravar a pena do (novo) delito, constitui-se em fator obstaculizante de uma série de benefícios legais, tais como a suspensão condicional da pena, o alongamento do prazo para o deferimento da liberdade condicional, a concessão do privilégio do furto de pequeno valor, só para citar alguns. Esse duplo gravame da reincidência é antigarantista, sendo, à evidência, incompatível com o Estado Democrático de Direito, mormente pelo seu componente estigmatizante, que divide os indivíduos em "aqueles-que-apreendem-a-conviver-em-sociedade" e "aqueles-que-não-aprenderam-e-insistem-em-continuar-delinqüindo.[846]

Percebe-se, assim, que a reincidência é antigarantista e inconstitucional, pois, além de estar vinculada ao "ser" do réu, punindo-o por seu histórico "amoral", espelha uma nítida penalidade em dobro, ferindo, assim, o princípio do *ne bis in idem*.

Diante disso, indaga-se: qual o papel da motivação em face desse contexto? E, ainda: como a motivação deve se apresentar no enfrentamento dessa questão? A resposta, pensa-se, soa simples. É por intermédio da motivação que se pode reconhecer e tornar pública a incompatibilidade desses institutos com a Constituição Federal, exercendo o magistrado um controle difuso de constitucionalidade. Nesses termos, portanto, é que a motivação judicial se coloca, no particular de que se cuida, de toda garantista e fiel à Constituição Federal de 1988, podendo, nesse passo, evidenciar, às partes e à sociedade como um todo, a efetividade do pacto social, função através da qual a atividade jurisdicional encontra sua base de legitimação.

## 3.3. COMO ALCANÇAR UMA MOTIVAÇÃO VÁLIDA À LUZ DO ARTIGO 93, INCISO IX, DA CONSTITUIÇÃO FEDERAL?

Com o escopo de responder essa questão, pensa-se que o caminho a ser trilhado passa, inicialmente, pelo reconhecimento da necessidade de se assentar

---

considere como una 'cosa' contra la que es necesario precaverse y, por ende, neutralizar-la. En último extremo, esta idea lleva a violar el nullum crimen sine conducta (no se impone pena – 'medida' – por lo que el sujeto hace, sino por lo que es, por su 'estado peligroso sin delito')" (ZAFFARONI, Eugenio. *Sistemas penales y derechos humanos en América Latina*. Primer Informe. Buenos Aires: Depalma, 1984, p. 39).

[845] COPETTI, André. *Direito penal e Estado Democrático de Direito*. Porto Alegre: Livraria do Advogado, 2000, p. 194.

[846] STRECK, Lenio Luiz. *Tribunal do júri: símbolos e rituais*. 4.ed. Livraria do Advogado: Porto Alegre, 2001, p. 71.

a independência do Judiciário em relação a qualquer outro poder do Estado. É indubitável que "la independencia de los jueces es garantía de una justicia no subordinada a las razones de estado o a intereses políticos contingentes".[847] Por outro lado, a independência dos juízes também é crucial para garantir a sua imparcialidade e, por via própria de conseqüência, a igualdade entre os cidadãos.[848] Em vista disso, é mister assegurar-se a independência da magistratura como ordem (ou seja: frente aos poderes externos a ela, em especial ao Executivo), assim como a do magistrado enquanto indivíduo (com especial ênfase no que pese aos poderes de hierarquia interna da própria organização, os quais podem influenciar de algum modo na autonomia do juízo).[849]

Tão-somente resguardando-se a independência dos juízes poder-se-ão garantir as bases fundamentais para uma motivação vazia das influências diretas de outros órgãos do Estado, de organizações políticas e da própria magistratura, reforçando-se, assim, a imparcialidade do Poder Judiciário e a igualdade entre os cidadãos. Indispensável soa, pois, a independência do Judiciário para o fim de se construir uma motivação válida constitucionalmente.

Nesse lanço, há de apontar-se, ainda, a imperiosidade de a ação penal estar fundada em bases constitucional e acusatória, seguindo sua marcha à luz do devido processo legal, com o que se retiram os poderes de instrução do juiz, para que ele não estiole a participação do Ministério Público e da defesa ao longo da marcha processual, o que poderia se tornar realidade caso o magistrado tivesse a faculdade de colher elementos capazes de confirmar a sua própria versão sobre o acontecimento digno de censura penal posto em julgamento. Tal necessidade decorre do fato de ser impensável uma motivação válida sem que as partes (principalmente a defesa) tenham a possibilidade efetiva de influenciar a decisão, observando a avaliação e valoração dos seus argumentos e de suas provas. Isso porque, como já se disse antes, a motivação deve ser concebida como uma garantia por intermédio da qual as outras garantias se vão efetivar (dito de outra forma: como a garantia das garantias), razão pela qual não se pode admitir uma decisão judicial detentora de motivação incapaz de ser influenciada pela ampla defesa e pelo contraditório constitucional.

Seguindo-se por essa senda, chega-se ao valor fundamental da motivação (o qual se coloca como requisito essencial à validez da decisão judicial), vale dizer: ser uma garantia processual cognoscitiva, entrelaçando o juízo à prova sobre a matéria fática concretizadora da hipótese acusatória, assim como à estrita legalidade quanto à matéria de direito.

Indubitavelmente, a motivação, para ser válida sob a ótica constitucional, deve esboçar um discurso racional sobre o acontecimento fático que se encontra em julgamento na seara da justiça criminal. Em plano inicial, essa racionalidade

---

[847] FERRAJOLI, Luigi. *Derecho y razón*. Madrid: Editorial Trotta, 2000, p. 584.

[848] Idem, ibidem.

[849] idem, ibidem.

encontra-se ligada à cognição fática sobre todos os aspectos desenvolvidos a partir da propositura da hipótese acusatória (denúncia). Com isso, será racional (e, de feito, digna de validez constitucional) a motivação que demonstrar a análise frontal da integralidade dos argumentos das partes, bem como de todas as provas produzidas a partir do contraditório.

É que, sendo assim, poder-se-á perceber que a decisão judicial se colocou como o resultado de uma ponderada reflexão sobre todos os pontos debatidos e produzidos no processo, não se constituindo em um ato de puro subjetivismo do julgador, o que viabiliza um controle objetivo (isto é: verificável à base de dados reais, como provas e argumentos textualizados) sobre a atividade jurisdicional, o qual é levado a efeito pelas partes e pela sociedade. Pretende-se dizer, nesse passo, que uma motivação válida e racional é aquela que se apresenta vinculada ao caso *sub judice*, ou seja, é aquele discurso justificativo que se coloca de todo casuístico, entrelaçando-se, apenas e tão-somente, aos pontos debatidos na causa criminal.

Portanto, é aquela motivação que serve precisamente aos fatos e argumentos inclusos no processo-crime instaurado por força de um determinado episódio. Para nenhum outro mais! Não se admitem "fórmulas prontas", "discursos amoldáveis a várias outras decisões" e quaisquer outros subterfúgios do gênero. Nessas hipóteses, ocorre verdadeira ausência de motivação. Por isso, pensa-se ser inviável qualquer tentativa de tarifamento da prova, mormente porque procedimentos tais escondem as particularidades do caso. De igual sorte, colocam-se como inválidas as motivações contraditórias, implícitas e *per relationem*, pois, ao não serem coerentes e explícitas, deixam de representar uma verdadeira motivação na seara constitucional.

Ainda, a motivação, para ser válida, deve observar o princípio da presunção de inocência, fazendo do cidadão o beneficiário em todas as situações duvidosas que se apresentem no processo,[850] evitando-se, assim, a condenação de um inocente e a conseqüente quebra da confiança pública na certeza das decisões exaradas pela justiça criminal.

Sob a perspectiva da cognição jurídica, exsurge o fato de o juiz, ao interpretar/aplicar a lei, cumprir, na expressão de Figueiredo Dias, uma *criação jurídica* destinada ao caso *sub judice*.[851] Advertiu-se, entretanto, ao longo dessa dissertação, que essa *criação jurídica*, para ter validez, jamais poderá dar azo a arbitrariedades no processo de interpretação, porquanto texto e norma não devem ser vistos

---

[850] Sobre a decisão final, identificada com encerramento do processo, pondera Andrés Ibáñez que, nesse instante, "deve estar presente uma regra de ouro, de nível constitucional: o princípio da presunção de inocência. Se, diante do resultado da atividade probatória, subsistir uma dúvida não resolvida acerca da produção do fato como tal ou de sua autoria, impõe-se a absolvição, que será incondicionada, livre. Isto é, quando a hipótese da acusação não é confirmada pela prova, haverá de prevalecer sem reservas, frente à pretensão de se declarar a culpabilidade, a afirmação constitucional prévia de inocência do acusado" (ANDRÉS IBÁÑEZ, Perfecto. Sentença penal: formação dos fatos, análise de um caso e indicações práticas de redação. In: *Revista de Estudos Criminais*. Ano 4, n.14. Porto Alegre: Notadez, 2004, p. 15).

[851] Conforme: FIGUEIREDO DIAS, Jorge de. *Direito processual penal*. Coimbra: Coimbra, 2004, p. 48.

como coisas separadas. Sob todos os ângulos, veja-se que, antes que o juiz realize a interpretação do texto (construindo o sentido da norma), é indispensável que o magistrado deixe o texto lhe dizer o seu sentido. Isso evita, sobremaneira, a atribuição de sentidos arbitrários aos textos, pois, como se volta a reforçar, inexiste uma separação entre texto e norma.

Nesse cenário interpretativo de incindibilidade entre texto e norma, não há resposta correta, mas a possibilidade de "que se encontre sempre a resposta: nem única, nem uma entre várias possíveis",[852] ou seja, "apenas "a resposta", que surge como síntese hermenêutica, ponto de estofo em que se manifesta a coisa mesma".[853] É inequívoco que essa resposta deva ser adequada à Constituição, na medida em que uma norma, enquanto produto de interpretação de um texto, apenas se torna válida se encontrar conformidade constitucional.[854]

De tal arte, a motivação jurídica, que pesa sobre a interpretação/aplicação da norma ao caso fático, deve, para obstruir arbitrariedades, observar a impossibilidade da qualquer divisão entre texto e norma, bem como ter amparo na Constituição, sendo conforme, ainda, ao princípio da legalidade, segundo o qual não existe crime sem lei anterior que o defina.

Ao se falar na efetividade da cognição jurídica, realça-se a necessidade de a motivação de direito estar ligada, às inteiras, ao debate travado no processo, superando-se os conceitos prévios fixados pela dogmática, os quais tendem a ser aplicados independentemente da "coisa", impedindo o acontecer da singularidade do caso.[855] A efetividade da cognição jurídica depende de deixar a singularidade do caso vir à presença, ultrapassando-se as barreiras da dogmática jurídica.

Finalizando, é de se ver que a decisão judicial criminal, ao impor restrições aos direitos fundamentais do cidadão, representa uma nítida manifestação de poder, a qual, por sua natureza constritiva, deve ser objeto de controle por parte da sociedade e das partes envolvidas no processo. É esse controle levado a efeito por meio da análise da motivação judicial, momento em que se estudará a validade do discurso judicial à luz da Constituição Federal. Desse modo, para se encontrar a validez constitucional, a motivação deve observar todos os aspectos acima apresentados, com o que, e só com o que, o Poder Judiciário encontrará sua base de legitimação.

---

[852] STRECK, Lenio Luiz. *Verdade e consenso*: constituição, hermenêutica e teorias discursivas. Rio de Janeiro: Lúmen Juris, 2006, p. 215.

[853] Idem, ibidem, p. 215.

[854] Idem, ibidem, p. 229/230.

[855] Conforme: STRECK, Lenio Luiz. *Verdade e consenso*: constituição, hermenêutica e teorias discursivas. Rio de Janeiro: Lúmen Juris, 2006, p. 239.

# Considerações finais

Ao fim dessa dissertação, mostra-se indicado reunir as respostas encontradas ao longo do estudo, pondo-se, nas linhas que se seguirão, as considerações compreendidas como mais importantes.

1. No Estado democrático de direito, a motivação das decisões judiciais justifica-se a partir de dois planos de análise: *(i)* em "caráter endoprocessual", porque se cuida de garantia constitucional e processual constituída para que as partes (acusação e defesa) possam conhecer as razões da decisão judicial, permitindo, ainda, que o órgão jurisdicional de segundo grau tenha a possibilidade de controlar a atividade jurisdicional da instância inferior; e, *(ii)* em "caráter extraprocessual", pois a motivação permite o controle social sobre a atividade jurisdicional, tornando possível, assim, a legitimação da função judicial por meio de uma atividade democrática.

Importa anotar-se que o valor fundamental da motivação consiste em ser uma garantia processual cognoscitiva, vinculando o juízo à estrita legalidade no que pese à matéria de direito, bem como à prova no que tange à matéria fática concretizadora da hipótese acusatória. Por intermédio da motivação, é possível avaliar as decisões judiciais, legitimando-as por meio de asserções, as quais, de modo aproximativo, são verificáveis e refutáveis. Veja-se que o processo penal, na concepção garantista, deve ser concebido como um modelo de cognição ou de comprovação.

Tem-se como correto, nesse passo, que o núcleo garantista e político da motivação aparece como instrumento para o controle particular e público do Poder Judiciário, visando-se a evitar a concretização de qualquer arbítrio jurídico. Por isso, mister se faz que a motivação assegure o real respeito ao princípio da legalidade, estando vinculada à lei. Isso porque a decisão criminal, por apresentar a possibilidade de produzir restrições aos direitos fundamentais individuais, espelha, a toda evidência, um exercício de poder, o qual deve, portanto, estar submetido à lei, tal qual se exige em um Estado de direito.

Deve-se assinalar a relevância da motivação (das decisões judiciais) como veículo encampador da efetividade dos direitos fundamentais, assim como o meio por intermédio do qual os direitos fundamentais coletivos adquirem capacidade de transformar a realidade social. Nessa perspectiva, a motivação constitui-se no veículo pelo qual os direitos fundamentais coletivos adquirem capacidade transformadora da realidade social brasileira. É que a motivação retrata o momento no qual o juiz deve confrontar a Constituição com a sociedade para qual ela é projetada, fazendo incidir a justiça social estabelecida no texto constitucional. A motivação, portanto, dá vida aos direitos fundamentais sociais. Ela demonstra se as decisões judiciais submetem-se ao dirigismo constitucional. É por intermédio dela, ainda, que a sociedade brasileira pode fiscalizar se o Judiciário, no plano concreto/prático, se rendeu à Constituição Federal de 1988, exercendo o seu papel de garantidor (dos direitos fundamentais individuais e coletivos), tal qual se exige em um Estado democrático de direito.

Verifica-se que a motivação é importante por demonstrar a existência (ou inexistência) de um efetivo controle de constitucionalidade (com especial ênfase na modalidade difusa), porque o Judiciário, no curso dos processos criminais, deve verificar a validade (ou invalidade) material e formal das leis infraconstitucionais (dispostas nos Códigos Penal e de Processo Penal, assim como em leis penais e processuais extravagantes), o que ocorre na motivação das decisões judiciais, quando todos os pontos (de direito e de fato) são objeto de análise e valoração pelo magistrado.

2. Na estrutura de um Estado de direito, há a submissão de todo o poder à legalidade (motivação de direito), o que vale às decisões judiciais, as quais devem demonstrar o seu apoio nas regras do ordenamento jurídico. Por esse prisma, vê-se que a observância da lei é uma forma de controlar o excesso, ou seja, o uso não regulado do poder. Nesse modelo estatal, não se coloca adequado, destarte, posicionar-se contra a legalidade.

Por outro lado, a motivação sobre os fatos é necessária como uma garantia de racionalidade e de controle da valoração das provas. Trata-se da exposição de um arrazoamento justificativo por meio do qual o juiz demonstra que sua decisão se funda em alicerces racionais idôneos, devendo, por isso, fazer-se aceitável. Nesse quadro, as provas são uma forma de provocar a convicção do juiz, motivo pelo qual elas se colocam como bases sobre as quais se desenvolverão os argumentos desenvolvidos pelo juiz para evidenciar o acerto da sua decisão. Daí por que o magistrado deve justificar a admissibilidade e a relevância dos dados probatórios à causa. O juiz deve se manifestar sobre a prova. Os fatos não se explicam por si mesmos. O juízo de fato poderá ser mais ou menos elementar, mas, de qualquer forma, deverá ser produzido.

Nesse quadrante, verifica-se que dizer sobre os fatos é individualizar a melhor narração possível para o caso particular. A narrativa dos fatos, que se coloca à base da decisão, deve ser persuasiva, fundada na prova e dotada de um lastro adequado de verossimilhança. Na base disso, motivar os fatos significa explicitar, em uma argumentação justificativa, as razões permissíveis de atribuição de uma eficácia determinada a cada meio de prova, e que, sobre essa estrutura, fundamenta a eleição a favor da hipótese sobre os fatos que, com provas disponíveis, tem um grau de confirmação lógica mais elevado.

Portanto, o livre convencimento deve ser fundado em bases racionais, não existindo mais espaço para um sistema de prova legal, o qual teve vigência durante o marco do processo inquisitivo, quando somente determinadas provas serviam para comprovar a "veracidade" dos fatos imputados. A par dessa perspectiva, o livre convencimento motivado nada mais é que uma liberdade de seleção e de valoração das provas angariadas, sendo indispensável a presença de controles de racionalidade sobre a introdução do material probatório no processo, assim como acerca da sua utilização pelo magistrado. O juiz é livre para obter o seu convencimento, porquanto não está vinculado a regras legais sobre o peso de cada prova. Contudo, essa liberdade não significa que o poder de valoração seja ilimitado. Para se ter um discurso justificativo controlável, o magistrado deve estar vinculado às leis da lógica, da experiência e dos conhecimentos científicos.

3. Uma decisão judicial falta de qualquer motivação é integralmente não-garantista, porque, ao não indicar os motivos de fato e de direito que embasaram a decisão, o magistrado deixa de decidir com critérios que podem ser conhecidos e controlados pelas partes. Tem-se como certo que a ausência de motivação impossibilita qualquer controle sobre a atividade judicial, a qual, ao deliberar sobre aspectos de um processo criminal, representa um ato de poder por impor restrições ao direito de liberdade, reclamando, desse modo, supervisão para não se cair em arbitrariedades. Decisões dessa estirpe são antigarantista, porque, além de impossibilitarem a fiscalização sobre a atividade judicial, retiram a garantia cognoscitiva da motivação. Inquestionavelmente, o réu e sua defesa técnica, ao se depararem com uma motivação não-motivada, não têm possibilidade de perceber se os seus argumentos e se suas provas foram avaliadas pelo juiz, o que frustra sobremaneira a ampla defesa e o contraditório.

Realmente, em um processo penal de índole garantista, o réu tem o direito de conhecer todos os aspectos que conduziram o juiz a tomar a decisão condenatória ou absolutória. O requisito da integridade se justifica como uma opção garantista, na medida em que o réu e sua defesa técnica, ao analisarem todos os caminhos trilhados para se chegar à decisão, podem aferir se o provimento judicial embasou-se em critérios racionais e, por conseqüência, capazes de serem contraditados à luz de argumentos e confrontados a partir da própria prova colhida ao processo.

Tem-se como correto, de outro lado, que uma decisão não-dialética significa uma nódoa revestida de assaz gravidade, porque revela a falta de uma cognição adequada e a violação do contraditório. Também uma decisão desse tipo representa um meio de garantir a verdade formal do episódio em julgamento, porque o juízo penal se constitui em um saber-poder, isto é, na combinação entre conhecimento (verdade formal) e decisão (poder). Nesse cenário, o contraditório representa uma garantia da verdade. Caso exista um respeito efetivo ao contraditório constitucional, o juiz terá mais condições de avaliar a veracidade de uma tese, ou seja, se ela deve (ou não) ser refutada.

De um ponto de vista mais estrito – e, tendo-se claro que o grande valor da decisão é a sua clareza de raciocínio – é possível, ademais, sustentar-se que, em ocorrendo um discurso justificativo contraditório (é dizer: com preposições inconciliáveis entre si), inexiste um pronunciamento jurisdicional motivado, sendo correto, portanto, que uma motivação contraditória não é verdadeira motivação.

Mister se faz anotar que a motivação implícita se apresenta antigarantista em razão de negar que o valor fundamental do princípio da motivação reside na sua garantia cognoscitiva (ou seja: na fundamentação ou na falta de fundamentação das hipóteses acusatórias formuladas à luz das provas e contraprovas).

Na motivação *per relationem* levada a efeito pelo órgão jurisdicional de instância superior, deve-se observar estes três requisitos: *(i)* a análise, pela decisão colegiada, de todos os argumentos novos impulsionadores da impugnação, para que seja garantida a efetiva cognição judicial sobre a integralidade dos aspectos trazidos ao debate, evitando-se, assim, que o duplo grau de jurisdição se apresente como mero rito de passagem, o que lhe retiraria a função que lhe recai de controle da instância inferior; *(ii)* na indicação do *porquê* se confirma as razões da decisão atacada, o que visualizará a existência de uma valoração crítica dos motivos desenvolvidos pelo ato impugnado; e *(iii)* a transcrição do texto da decisão cuja motivação é aderida pelo Tribunal, o que servirá para possibilitar o controle da sociedade e das partes acerca da atividade judicial.

Finalmente, tem-se de registrar, nesse tópico, que, para a validade constitucional da motivação, se deve ponderar sobre a sua "correção". A motivação deve guardar relação de pertinência com os elementos existentes no processo, porque ela deve ser concebida como uma garantia da cognição efetiva. Portanto, mesmo que o discurso justificativo se apresente coerente, a motivação será considerada inválida se não se logrou justificar a decisão a partir do conteúdo do conjunto de provas encartado no processo criminal. É a análise do discurso justificativo à luz desse conteúdo que viabiliza o controle da decisão judicial, dado esse que é, indubitavelmente, uma das principais funções da motivação.

4. Observando-se o processo penal através da lente constitucional, pensa-se ser exigível que a decisão de recebimento da denúncia (ou queixa) seja motivada, máxime porque o inquérito policial é um sistema de investigação antigarantista em que há uma subcultura policial que apresenta modelos próprios preconcebidos e antinormativos, os quais representam uma discricionariedade de fato da autoridade policial, que desenvolve seus trabalhos de acordo com critérios próprios. É com base nesse material que o órgão acusador pretende modificar o *status* jurídico do cidadão para processado criminalmente. Em face disso, pensa-se que, ao analisar a viabilidade da proposta acusatória, o juiz deve sopesar se os dados colhidos

por esse modelo de investigação preliminar são suficientes para impor ao cidadão o peso e as amarguras de um processo criminal. O discurso justificativo, contudo, não necessita ser extremamente profundo, uma vez que, como existe apenas um juízo provisório de culpabilidade nesse instante, a fundamentação há de se vincular aos requisitos dos artigos 41 e 43 do Código de Processo Penal.

No que tange à prisão preventiva, nota-se que o aspecto a ser observado se vincula, especificamente, com a "necessidade (restrita e ampla)" dessa modalidade de segregação cautelar, sob pena de tornar a liberdade a exceção e a prisão a regra. Tem-se como certo que a necessidade, desse modo, norteia a adoção (ou não) da prisão preventiva, com o que o juiz, em sua decisão, deve abordá-la e enfrentá-la, para que, só assim, possa justificar validamente o recolhimento antecipado ao estabelecimento prisional.

Ao se discorrer sobre a dosimetria da pena criminal, registrou-se que as circunstâncias judiciais relativas aos antecedentes, à conduta social, à personalidade, assim como a agravante da reincidência se apresentam, materialmente, contrárias à Constituição Federal, porquanto estão ligadas, às inteiras, ao "ser" do réu, constituindo-se, por isso, em (impertinente) resquício de um Direito penal do autor. Cuida-se de elementos que reforçam uma reprovação do *autor* do episódio digno de repercussão penal. Trata-se de circunstâncias que em nada se relacionam com o comportamento criminoso desenvolvido. Na verdade, elas representam o histórico de *vida* e de *moral* do acusado. Por isso, esses aspectos violam o princípio da secularização e são inconstitucionais. Também esses pontos ferem o princípio da dignidade da pessoa, na medida em que podem rotular o réu como perigoso, lhe gerando uma idéia de "inferior" como ser humano.

5. Para se construir uma motivação válida à luz do artigo 93, inciso IX, da Constituição Federal, reconheceu-se que o caminho a ser trilhado deve passar, inicialmente, pelo reconhecimento da necessidade de se assentar a independência do Judiciário em relação a qualquer outro poder do Estado. Tão-somente resguardando-se a independência dos juízes poder-se-á garantir as bases fundamentais para uma motivação vazia das influências diretas de outros órgãos do Estado, de organizações políticas e da própria magistratura, reforçando-se, assim, a imparcialidade do Poder Judiciário e a igualdade entre os cidadãos. Indispensável soa, pois, a independência do Judiciário para o fim de se construir uma motivação válida constitucionalmente.

Nesse lanço, há de se apontar, ainda, a imperiosidade de a ação penal estar fundada em bases constitucional e acusatória, seguindo sua marcha à luz do devido processo legal, com o que se retiram os poderes de instrução do juiz, para que ele não estiole a participação do Ministério Público e da defesa ao longo da marcha processual, o que se poderia tornar realidade caso o magistrado tivesse a faculdade de colher elementos capazes de confirmar a sua própria versão sobre o acontecimento digno de censura penal posto em julgamento. Tal necessidade decorre do fato de ser impensável uma motivação válida sem que as partes (principalmente a defesa) tenham a possibilidade efetiva de influenciar a decisão, observando a avaliação e valoração dos seus argumentos e de suas provas, porque a motivação deve ser concebida como uma garantia por intermédio da qual as outras garantias se vão efetivar, razão pela qual não se pode admitir uma decisão com motivação incapaz de ser influenciada pela ampla defesa e pelo contraditório constitucional.

Seguindo-se por essa senda, chega-se ao valor fundamental da motivação (o qual se coloca como requisito essencial à validez da decisão judicial), vale dizer: ser uma garantia processual cognoscitiva, entrelaçando o juízo à prova sobre a matéria fática concretizadora da hipótese acusatória, assim como à estrita legalidade quanto à matéria de direito. Para ser válida sob a ótica constitucional, a motivação deve esboçar um discurso racional sobre o acontecimento fático que se encontra em julgamento. Inicialmente, essa racionalidade encontra-se ligada à cognição fática sobre todos os aspectos desenvolvidos a partir da propositura da hipótese acusatória (denúncia). Com isso, será racional (e, de feito, digna de validez constitucional) a motivação que demonstrar a análise frontal da integralidade dos argumentos das partes, bem como de todas as provas produzidas a partir do contraditório.

Sem dúvida, uma motivação válida e racional é aquela que se apresenta vinculada ao caso *sub judice*, ou seja, é aquele discurso justificativo que se coloca de todo casuístico, entrelaçando-se, apenas e tão-somente, aos pontos debatidos na causa criminal. É aquela motivação que serve precisamente aos fatos e argumentos inclusos no processo-crime instaurado por força de um determinado episódio. Como já se disse, não se admitem "fórmulas prontas", "discursos amoldáveis a várias outras decisões" e quaisquer outros subterfúgios do gênero. Nessas hipóteses, ocorre verdadeira ausência de motivação. Também é inviável qualquer tentativa de tarifamento da prova, mormente porque esses procedimentos escondem as particularidades do caso. De igual sorte, colocam-se como inválidas as motivações contraditórias, implícitas e *per relationem*, pois, ao não serem coerentes e explícitas, deixam de representar uma verdadeira motivação.

Digno de nota, ainda, que a motivação deve observar o princípio da presunção de inocência, fazendo do cidadão o beneficiário em todas as situações duvidosas que se apresentem no processo, evitando-se, assim, a condenação de um inocente e a conseqüente quebra da confiança pública na certeza das decisões exaradas pela justiça criminal.

Impende frisar-se que a motivação jurídica (versada sobre a interpretação/aplicação da norma ao caso fático) deve observar a impossibilidade da qualquer divisão entre texto e norma, bem como ter amparo na Constituição, sendo conforme, ainda, ao princípio constitucional da legalidade, segundo o qual não existe crime sem lei anterior que o defina. Dentro desse cenário de incindibilidade entre texto e norma, inexiste resposta correta. Há, em verdade, a possibilidade de se encontrar sempre "a resposta", a qual surge adequada à Constituição e como síntese hermenêutica em que se manifesta a coisa mesma. Nesse particular, veja-se que a motivação de direito deve estar ligada, integralmente, ao debate travado no processo, superando-se os conceitos prévios fixados pela dogmática, os quais tendem a ser aplicados independentemente da "coisa", impedindo o acontecer da singularidade do caso. A efetividade da cognição jurídica depende de deixar a singularidade de o caso vir à presença, ultrapassando-se as barreiras da dogmática jurídica.

Por derradeiro, é de rigor realçar-se, ainda uma vez, que a decisão judicial criminal, ao impor restrições aos direitos fundamentais do cidadão, representa uma nítida manifestação de poder, a qual, por sua natureza constritiva, deve ser objeto de controle por parte da sociedade e das partes envolvidas no processo. Advirta-se que esse controle deve ser levado a efeito por meio da análise da motivação judicial, momento em que se estudará a validade do discurso judicial à luz da Constituição Federal, a fim de elucidar-se a legitimidade do Poder Judiciário.

# Referências

ALMEIDA JÚNIOR, João Mendes de. *Processo Criminal.* v.1. 3.ed. Rio de Janeiro: Francisco Alves, 1920.

AMODIO, Ennio. Motivazione della sentenza penale. In: *Enciclopedia del diritto.* v.XXVII. Roma: Giuffrè Editore, 1977.

ANDERSON, Perry. *Linhagens do Estado Absolutista.* Traduzido por: João Roberto Martins Filho. 3.ed. São Paulo: Brasiliense, 1995.

ANDRADE, Vera Regina Pereira de. *A ilusão de segurança jurídica:* do controle da violência à violência do controle penal. Porto Alegre: Livraria do Advogado, 1997.

ANDRÉS IBÁÑEZ, Perfecto. "Carpintaria" da sentença penal (em matéria de "fatos"). Traduzido por: Lédio Rosa de Andrade. In: *Valoração da prova e sentença penal.* Rio de Janeiro: Lumen Juris, 2006.

ANDRÉS IBÁÑEZ, Perfecto. A argumentação probatória e sua expressão na sentença. Traduzido por: Lédio Rosa de Andrade. In: *Valoração da prova e sentença penal.* Rio de Janeiro: Lumen Juris, 2006.

——. Garantia judicial dos direitos humanos. In: *Revista do Ministério Público.* Ano 20. Abril-Junho de 1999. n.78. Porto Alegre: Ministério Público, 1999.

——. Sentença penal: formação dos fatos, análise de um caso e indicações práticas de redação. In: *Revista de Estudos Criminais.* Ano 4, n.14. Porto Alegre: Notadez, 2004.

——. Sobre a motivação dos fatos na sentença penal. Traduzido por: Lédio Rosa de Andrade. In: *Valoração da prova e sentença penal.* Rio de Janeiro: Lumen Juris, 2006.

——. Valoração da prova e sentença penal. Traduzido por: Lédio Rosa de Andrade. In: *Valoração da prova e sentença penal.* Rio de Janeiro: Lumen Juris, 2006.

ASSIS, Araken de. *Eficácia civil da sentença penal.* 2.ed. São Paulo: Revista dos Tribunais, 2000.

ÁVILA, Humberto. *Teoria dos Princípios:* da definição à aplicação dos princípios jurídicos. 4.ed. São Paulo: Malheiros, 2004.

BADARÓ, Gustavo Henrique Righi Ivahy. Vícios de Motivação da Sentença Penal: ausência de motivação, motivação contraditória, motivação implícita e motivação per relationem. *Revista Brasileira de Ciências Criminais.* n.38, abril-junho de 2002. São Paulo: Revista dos Tribunais, 2002.

BALTAZAR JÚNIOR, José Paulo. *Sentença penal.* Porto Alegre: Verbo Jurídico, 2004.

BARATTA, Alessandro. *Criminologia crítica e crítica do direito penal.* Traduzido por: Juarez Cirino dos Santos. 2.ed. Rio de Janeiro: Freitas Bastos, 1999.

——. *Criminologia y sistema penal.* Buenos Aires: Editorial B de F, 2004.

BARROSO, Luís Roberto. *O controle de constitucionalidade no direito brasileiro.* São Paulo: Saraiva, 2004.

BASTOS, Aurélio Wander. In: Sieyès, Emmanuel Joseph. *A Constituinte Burguesa:* Qu' est-ce que le Tiers État? Traduzido por: Norma Azeredo. Rio de Janeiro: Líber Júris, 1986.

BASTOS, Celso Ribeiro. *Curso de teoria política do Estado e ciência política.* São Paulo: Saraiva, 1986.

BATISTA, Nilo. *Introdução crítica ao direito penal brasileiro.* 4.ed. Rio de Janeiro: Revan, 2001.

BECCARIA, Cesare. *Dos delitos e das penas.* Traduzido por: Lúcia Guidicini e Alessandro Berti Contessa. São Paulo: Martins Fontes, 1991.

BENTHAM, Jeremías. *Tratado de las pruebas judiciales.* Traduzido por: Manuel Ossorio Florit. Vol. I. Buenos Aires: Europa-América, 1971.

BENTHAM, Jeremy. Uma introdução aos princípios da moral e da legislação. Traduzido por: Luiz João Baraúna. *Os pensadores.* São Paulo: Abril, 1984.

BETHENCOURT, Francisco. *História das Inquisições: Portugal, Espanha e Itália séculos XV-XIX. São Paulo: Companhia das Letras, 2000.*

BETTIOL, Giuseppe. *Istituzioni di diritto e procedura penale.* Padova: Cedam, 1966.

BOBBIO, Norberto. *A era dos direitos.* Rio de Janeiro: Campus, 2002.

——. *O positivismo jurídico:* lições de filosofia do direito. Traduzido por: Márcio Pugliesi, Edson Bini e Carlos Rodrigues. São Paulo: Ícone, 1995.

BOFF, Leonardo. Inquisição: um espírito que continua a existir. In: EYMERICH, Nicolau. *Manual dos Inquisidores.* Rio de Janeiro: Rosa dos Ventos, 1993.

BOLZAN DE MORAIS, José Luis. *As crises do Estado e da Constituição e a transformação espacial dos Direitos Humanos.* Porto Alegre: Livraria do Advogado, 2002.

——. Revisitando o Estado! Da crise conceitual à crise institucional (constitucional). In: *Anuário do Programa de Pós-Graduação em Direito Mestrado e Doutorado.* São Leopoldo: Unisinos, 2000.

BONAVIDES, Paulo. *Curso de direito constitucional.* 7.ed., 2.Tiragem. São Paulo: Malheiros, 1998.

BORNHEIM, Gerd. Natureza do Estado moderno. In: NOVAES, Adauto (org.). *A crise do estado-nação.* Rio de Janeiro: Civilização Brasileira, 2003.

BOSCHI, José Antonio Paganella. A Sentença Penal. *Revista de Estudos Criminais.* n.5. Porto Alegre: Notadez, 2002.

BOSCHI, José Antonio Paganella. *Das penas e seus critérios de aplicação.* Porto Alegre: Livraria do Advogado, 2000.

BRUM, Nilo Barros de. *Requisitos Retóricos da Sentença Penal.* São Paulo: Revista dos Tribunais, 1980.

BRUNO, Aníbal. *Direito Penal.* Tomo 1. 3.ed. Rio de Janeiro: Forense, 1967.

BUSSI, Nilton. Os antecedentes da Declaração dos direitos de 1789 e sua evolução. In: *Revista da Faculdade de Direito da Universidade Federal do Paraná.* n.24. Curitiba: Universidade Federal do Paraná, 1987-1988.

CADEMARTORI, Sérgio. *Estado de Direito e Legitimidade.* Porto Alegre: Livraria do Advogado, 1999.

——; XAVIER, Marcelo Coral. Apontamentos iniciais acerca do garantismo. In: *Revista de Estudos Criminais.* n.1. Porto Alegre: Notadez, 2001.

CALLEGARI, André Luís. *Imputação objetiva:* lavagem de dinheiro e outros temas do Direito Penal. Porto Alegre: Livraria do Advogado, 2001.

CANOTILHO, J. J. Gomes. *Direito Constitucional e teoria da Constituição.* 7.ed. Coimbra: Almedina, 2003.

CAPELLA, Juan Ramón. *Fruto proibido: uma aproximação histórico-teórica ao estudo do Direito e do Estado.* Traduzido por: Gresiela Nunes da Rosa e Lédio Rosa de Andrade. Porto Alegre: Livraria do Advogado, 2002.

CARNELUTTI, Francesco. *Cuestiones sobre el proceso penal.* Traduzido por: Santiago Sentís Melendo. Buenos Aires, 1961.

——. *Derecho procesal civil y penal.* Traduzido por: Santiago Sentis Melendo. Buenos Aires: Europa-América, 1971.

——. *La prueba civil.* Traduzido por: Niceto Alcalá-Zamora y Castillo. 2.ed. Buenos Aires: Depalma, 2000.

CARRARA, Francesco. *Programa del curso de derecho criminal dictado en la Real Universidad de Pisa.* Buenos Aires: Depalma, 1944.

CARRIÓ, Genaro. Sentencia arbitraria por falta de fundamentacion normativa. *Revista Jurídica de Buenos Aires.* n.IV. Buenos Aires: Facultad de Derecho y Ciências Sociales, 1959.

CARVALHO, Salo de. Da reconstrução do modelo jurídico inquisitorial. In: WOLKMER, Antonio Carlos. *Fundamentos de história do direito.* 2.ed. Belo Horizonte: Del Rey, 2002.

——. *Pena e Garantias.* 2.ed. Rio de Janeiro: Lúmen Júris, 2003.

——; CARVALHO, Amilton Bueno de. *Aplicação da pena e garantismo.* 3.ed. Rio de janeiro: Lúmen Júris, 2004.

CAVALLO, Vincenzo. *La sentenza penale.* Nápoli: Casa Editrice Dott Eugenio Jovene, 1936.

CHÂTELET, François; DUHAMEL, Oliver; PISIER-KOUCHNER, Évelyne. *História das idéias políticas.* Traduzido por: Carlos Nelson Coutinho. Rio de Janeiro: Jorge Zahar, 1985.

CHOUKR, Fauzi Hassan. *Processo Penal à luz da Constituição.* São Paulo: EDIPRO, 1999.

COPETTI, André. *Direito penal e Estado Democrático de Direito.* Porto Alegre: Livraria do Advogado, 2000.

——. Os direitos humanos como fundamento epistemológico das reformas penais no Estado democrático de direito. In: *Criminalidade Moderna e Reformas Penais:* estudos em homenagem ao Professor Luiz Luisi. Porto Alegre: Livraria do Advogado, 2001.

CORDERO, Franco. *Procedimiento penal.* Traduzido por: Jorge Guerrero. Sta Fe de Bogotá: Temis, 2000.

CORDÓN MORENO, Faustino. *Las garantias constitucionales del proceso penal.* 2.ed. Navarra: Aranzadi, 2002.

CORTÊS, António Ulisses. A fundamentação das decisões no processo penal. *Revista Direito e Justiça.* v.XI, tomo 1. Lisboa: Universidade Católica, 1997.

COUTINHO, Jacinto Miranda. *A lide e o conteúdo do processo penal.* Curitiba: Juruá, 1998.

——. Introdução aos princípios gerais do direito processual penal brasileiro. In: *Revista de Estudos Criminais.* Ano 1, n.1. Porto Alegre: Notadez, 2001.

——. O papel da jurisdição constitucional na realização do Estado social. In: *Revista de Estudos Criminais.* n.10. Porto Alegre: Notadez, 2003.

——. O papel do novo juiz no processo penal. In: COUTINHO, Jacinto Nelson de Miranda (org.). *Crítica à teoria do direito processual penal.* Rio de Janeiro: Renovar, 2001.

COUTURE, Eduardo. *Fundamentos do direito processual civil.* Traduzido por: Rubens Gomes de Sousa. São Paulo: Saraiva, 1946.

DALIA, Andrea Antonio; FERRAIOLI, Marzia. *Corso di diritto processuale penale.* Milão: Cedam, 1992.

DINAMARCO, Cândido Rangel. *A instrumentalidade do processo.* 5.ed. São Paulo: Malheiros, 1996.

——. Escopos políticos do processo. In: *Participação e processo.* São Paulo: Revista dos Tribunais, 1988.

DUSO, Giuseppe. Revolução e constituição do poder. In: DUSO, Giuseppe (org.). *O Poder – História da Filosofia Política Moderna.* Traduzido por: A. Ciacchi, L. Silva e G. Tosi. Petrópolis: Vozes, 2005.

DUSSEL, Enrico. *Caminhos para a libertação latino-americana.* v.II. São Paulo: Paulinas, 1984.

DWORKIN, Ronald. *Levando os direitos a sério*. Traduzido por: Nelson Boeira. São Paulo: Martins Fontes, 2002.

DWORKIN, Ronald. *O império do direito*. Traduzido por: Jefferson Luiz Camargo. São Paulo: Martins Fontes, 2003.

——. *Uma questão de princípio*. Traduzido por: Luís Carlos Borges. 2.ed. São Paulo: Martins Fontes, 2005.

ECO, Umberto. *Os limites da interpretação*. São Paulo: Perspectiva, 1995.

EDELMAN, Bernard. Universalidade e direitos do homem: rumo à consciência européia. In: DELMAS-MARTY, Mireille (org.). *Processo Penal e Direitos do Homem*. Traduzido por: Fernando de Freitas Franco. São Paulo: Manole, 2004

EGELMANN, Wilson. *Direito natural, ética e hermenêutica*. Porto Alegre: Livraria do Advogado, 2007.

ELBERT, Carlos Alberto. *Manual Básico de Criminologia*. Porto Alegre: Ricardo Lenz, 2003.

FALCON, Francisco José Calazans. *Iluminismo*. 3. ed. São Paulo: Ática, 1991.

FARIA COSTA, José de. *Direito Penal Económico*. Coimbra: Quarteto, 2003.

——. Ler Beccaria hoje. In: *Boletim da Faculdade de Direito*. v.LXXIV. Coimbra: Coimbra, 1998.

FARIA, Bento. *Código de Processo Penal*. v.I. Rio de Janeiro: Jacintho, 1942.

FAYET, Ney. *A sentença criminal e suas nulidades*. 3.ed. Porto Alegre: Síntese, 1979.

FAYET JÚNIOR, Ney. *Da racionalização do sistema punitivo:* sentido e limites do direito penal nos domínios da criminalidade econômica frente ao paradigma do Estado democrático (e social) de direito. São Leopoldo: UNISINOS, 2005. Tese (Doutorado em Direito). Universidade do Vale do Rio dos Sinos: São Leopoldo, nov. 2005.

FAZZALARI, Elio. *Instituições de Direito Processual*. Traduzido por: Elaine Nassif. São Paulo: Bookseller, 2006.

FELDENS, Luciano. *A Constituição Penal:* a dupla face da proporcionalidade no controle de normas penais. Porto Alegre, Livraria do Advogado, 2005.

FERNANDES, Antonio Scarance. *Processo penal constitucional*. 3.ed. São Paulo: Revista dos Tribunais, 2002.

FERNANDEZ, Eusebio. *Teoria de la justicia y derechos humanos*. Madri: Debate, 1987.

FERRAJOLI, Luigi. *Derecho y razón*: teoría del garantismo penal. 5.ed, Madrid: Editorial Trotta, 2001.

——. *Derechos y garantías*: la ley del más débil. 4.ed. Madrid: Editorial Trotta, 2002.

——. *El garantismo y la filosofía del derecho*. Traduzido por: Gerardo Pisarello *et alli*. Serie de Teoría Jurídica y Filosofia del Derecho. Bogotá: Universidad Externado de Colombia, 2001.

——. O direito como sistema de garantias. In Oliveira Júnior, José Alcebíades de (org). *O novo em direito e política*. Porto Alegre: Livraria do Advogado, 1996.

FIGUEIREDO DIAS, Jorge de. *Direito processual penal*. Coimbra: Coimbra, 2004.

—— COSTA ANDRADE, Manuel da. *Criminologia*. 2.ed. Coimbra: Coimbra, 1997.

FLEINER-GERSTER, Thomas. *Teoria geral do Estado*. Traduzido por: Marlene Holzhausen. São Paulo: Martins Fontes, 2006.

FLORIAN, Eugenio. *Elementos de derecho procesal penal*. Traduzido por: Prietro Castro. Barcelona: Bosch, 1934.

FOUCAULT, Michel. *La verdad y las formas jurídicas*. 5.ed. Traduzido por: Enrique Lynch. Barcelona: Gedisa, 1998.

FRANCO, Alberto Silva. E o juiz? In: *Boletim do Instituto Brasileiro de Ciências Criminais*. n.144. São Paulo: Revista dos Tribunais, 2004.

GADAMER, Hans-Georg. *En conversación con Hans-Georg Gadamer*: hermenêutica-estética-filosofia prática. Madrid: Carsten Dutt, 1998.

——. *O problema da consciência histórica*. Traduzido por: Paulo César Duque Estrada. 2.ed. Rio de Janeiro: FGV, 2003.

——. *Verdade e Método I*. Traduzido por: Flávio Paulo Meurer. Revisão de: Enio Paulo Giachini. 6.ed. São Paulo: Vozes, 2004.

GASCÓN ABELLÁN, Marina. *Los hechos en el derecho*: bases argumentales de la prueba. Madri: Marcial Pons, 1999.

GHIGGI, Gomercindo; OLIVEIRA, Avelino da Rosa. *O Conceito de Disciplina em John Locke*. Porto Alegre: EDIPUCRS, 1995.

GIACOMOLLI, Nereu José. Aproximação à garantia da motivação das decisões criminais. *Revista Ibero-Americana de Ciências Penais*. Ano 6. n.11. Porto Alegre: ESMP, 2005.

——. Função Garantista do Princípio da Legalidade. In: *Revista Ibero-Americana de Ciências Penais*. n.0 (maio-agosto). Porto Alegre: Cultural, 2000.

——. *Legalidade, oportunidade e consenso no processo penal*: na perspectiva das garantias constitucionais. Porto Alegre: Livraria do Advogado, 2006.

——. O princípio da legalidade como limite do *ius puniendi* e proteção dos direitos fundamentais. In: STRECK, Lenio Luiz (org.). *Direito penal em tempos de crise*. Porto Alegre: Livraria do Advogado, 2007.

GIMENO SENDRA, Vicente; MORENO CATENA, Victor; CORTÉS DOMÍNGUEZ, Valentin. *Derecho procesal penal*. 3.ed. Madri: Colex, 1999.

GOLDSCHMIDT, James. *Principios generales del proceso II*: problemas jurídicos y políticos del proceso penal. Buenos Aires: Europa-América.

——. *Princípios gerais do processo penal*. Traduzido por: Hiltomar Martins Oliveira. Belo Horizonte: Líder, 2002.

GOMES FILHO, Antonio Magalhães. *A motivação das decisões penais*. São Paulo: Revista dos Tribunais, 2001.

GRAU, Eros Robert. *Ensaio e discurso sobre a interpretação/aplicação do Direito*. 3.ed. São Paulo: Malheiros, 2005.

GRINOVER, Ada Pellegrini *et al*. *As nulidades no processo penal*. 8.ed. São Paulo: Revista dos Tribunais, 2004.

—— *et al*. *Teoria Geral do Processo*. 20.ed. São Paulo: Malheiros, 2003.

HOBSBAWN, Eric. *A era das revoluções*: Europa 1789-1848. Rio de Janeiro: Paz e Terra, 1996.

ILHA DA SILVA, Ângelo Roberto. *Dos crimes de perigo abstrato em face da Constituição*. São Paulo: Revista dos Tribunais, 2003.

JAÉN VALLEJO, Manuel. *La prueba en el proceso penal*. Buenos Aires: Ad-Hoc, 2000.

——. *Los principios superiores del derecho penal*. Madri: Dykinson, 1999.

KELSEN, Hans. *Teoria pura do direito*. Traduzido por: João Baptista Machado. 5.ed. Coimbra: Arménio Amado, 1979.

LE GOFF, Jacques; SCHMITT, Jean-Claude. *Dicionário Temático do Ocidente Medieval*. v.I. Traduzido por: Hilário Franco Júnior. São Paulo: Edusc, 2002.

LEONE, Giovanni. *Tratado de Derecho procesal penal*. Traduzido por: Santiago Sentís Melendo. v.I. Buenos Aires: Ediciones Jurídicas Europa-America, 1963.

LIEBMAN, Enrico Tullio. Do arbítrio à razão: reflexões sobre a motivação da sentença. In: *Revista de Processo*. n.29. jan.-março de 1983. São Paulo, 1983.

——. *Eficácia e autoridade da sentença*. Traduzido por: Alfredo Buzaid e Benvindo Aires. 2.ed. Rio de Janeiro: Forense, 1981.

LOCKE, John. *Ensayo sobre el gobierno civil*. Traduzido por: Amando Lazaro Ros. Madri: Aguilar, 1976.

LOPES JÚNIOR, Aury. *Introdução crítica ao processo penal*. Rio de Janeiro: Lúmen Júris, 2004.

——. Juízes inquisidores? E paranóicos. Uma crítica à prevenção a partir da jurisprudência do Tribunal Europeu de direitos humanos. In: *Revista de Estudos Criminais*. n.10. Porto Alegre : Notadez, 2003.

——. O fundamento da existência do processo penal: instrumentalidade garantista. In: *Revista da AJURIS*. n.76. Porto Alegre: dezembro de 1999.

——. *Sistemas de Investigação Preliminar no Processo Penal*. 2.ed. Rio de Janeiro: Lúmen Júris, 2003.

LUISI, Luiz. *Os princípios constitucionais penais*. 2.ed. Porto Alegre: Sergio Antonio Fabris, 2003.

LYRA, Roberto. Introdução ao estudo do direito penal adjetivo. In: *Revista Interamericana de Direito Processual Penal*. ano II. v.6. n.5. Porto Alegre: Revista Jurídica, 1977.

——. *Novo Direito Penal*. v.1. Rio de Janeiro: Borsoi, 1971.

MAIER, Julio. *Derecho procesal penal*. v.I. 2.ed. Buenos Aires: Editores del Puerto, 2004.

MALATESTA, Nicola Framarino Dei. *A lógica das provas em matéria criminal*. Traduzido por: Paolo Capitanio. São Paulo: Bookseller, 1996.

MANZINI, Vicenzo. *Instituzioni di diritto processuale penale*. Roma: Fratelli Bocca, 1917.

MARCHEIS, Chiara Besso. Probabilità e prova: considerazioni sulla struttura del giudizio di fatto. In: *Rivista Trimestrale di Diritto e Procedura Civilei*. Ano XLV. Milão: Giuffrè, 1991.

MARÍA CARCOVA, Carlos. Qué hacen los jueces cuando juzgan? In: *Revista da faculdade de Direito da Universidade Federal do Paraná*. v.35. Porto Alegre: Síntese, 2001.

MARÍA RICO, José. *Justicia penal y transición democrática en América latina*. México: Siglo Veintiuno, 1997.

MATTEUCCI, Nicola. *Organización del poder y libertad*. Traduzido por: Francisco Javier Roig e Manuel Martínez Neira. Madri: Trotta, 1998.

MERLO, Maurizio. Poder Natural, Propriedade e Poder Político em John Locke. In: DUSO, Giuseppe (org.). *O Poder – História da Filosofia Política Moderna*. Traduzido por: A. Ciacchi, L. Silva e G. Tosi. Petrópolis: Vozes, 2005.

MILL, John Stuart. *Bentham*. Traduzido por: Carlos Mellizo. Madri: Tecnos, 1993.

——. *Sobre a liberdade*. 2.ed. Traduzido por: Alberto da Rocha Barros. Rio de Janeiro: Vozes, 1991.

MILL, John Stuart. *Utilitarismo*. Traduzido por: Eduardo Rogado Dias. Coimbra: Coimbra, 1961.

MONTESQUIEU, Charles de Secondat. *O espírito das leis*. Traduzido por: Cristina Muracho. São Paulo: Martins Fontes, 1996.

MOREIRA, Alexandre Mussoi. *A transformação do Estado*: neoliberalismo, globalização e conceitos jurídicos. Porto Alegre: Livraria do Advogado, 2002.

MOREIRA, José Carlos Barbosa. A motivação das decisões judiciais como garantia inerente ao Estado de direito. In: *Temas de direito processual*. 2.série. São Paulo: Saraiva, 1980.

MOREIRA, Vital. O Futuro da Constituição. In: GRAU, Eros Roberto; GUERRA FILHO, Willis Santiago. *Direito Constitucional:* estudos em homenagem a Paulo Bonavides. São Paulo: Malheiros, 2003.

MORRISON, Wayne. *Filosofia do direito*: dos gregos ao pós-modernismo. Traduzido por: Jefferson Luiz Camargo. São Paulo: Martins Fontes, 2006.

NASPOLINI, Samyra Haydêe. Aspectos históricos, políticos e legais da inquisição. In: WOLKMER, Antonio Carlos. *Fundamentos de história do direito*. 2.ed. Belo Horizonte: Del Rey, 2002.

NEVES, Castanheira. O princípio da legalidade criminal: o seu problema jurídico e o seu critério dogmático. In: *Boletim da faculdade de Direito de Coimbra*. Número especial. Estudos em homenagem ao Professor Doutor Eduardo Correia. Coimbra: Coimbra, 1984.

NORONHA, Magalhães. *Curso de Direito Processual Penal*. São Paulo: Saraiva, 1964.

PERRY, Marvin *et al. Civilização Ocidental*: uma história concisa. Traduzido por: W. Dutra. São Paulo: Martins Fontes, 1985.

PORTANOVA, Rui. *Motivações ideológicas da sentença*. Porto Alegre: Livraria do Advogado, 1992.

PRADO, Geraldo. *Sistema acusatório*. 2.ed. Rio de Janeiro: Lúmen Júris, 2001.

PRADO, Luiz Regis. *Curso de Direito Penal Brasileiro*. v.I, 4.ed. São Paulo: Revista dos Tribunais, 2004.

PRITTWITZ, Cornelius. El derecho penal alemán: fragmentario? subsidiario? *ultima ratio*? In: CASABONA, Carlos Maria Romeo. *La insostenible situación del derecho penal*. Frankfurt: Editorial COMARES.

RADBRUCH, Gustav. *Filosofia do direito*. Coimbra: Armênio Editor, 1974.

RAMOS MENDEZ, Francisco. *La creacion judicial del derecho*. Barcelona: Bosch, 1979.

RANGEL, Rui Manuel de Freitas. *Registro da Prova*: a motivação das sentenças civis no âmbito da reforma do processo civil e as garantias fundamentais do cidadão. Lisboa: Lex, 1996.

RIVES SEVA, Antonio Pablo. *La Prueba en el Proceso Penal – Doctrina de la Sala Segunda del Tribunal Supremo*. 3.ed. Navarra: Aranzadi, 1999.

ROCHA, Francisco de Assis do Rêgo Monteiro. *Curso de Direito Processual Penal*. Rio de Janeiro: Forense, 1999.

ROCHA, Manuel António Lopes. A função de garantia da lei penal e a técnica legislativa. In: *Cadernos de Ciência de Legislação*. n.6, jan.-mar. 1993. Portugal: INA, 1993.

RODRÍGUEZ, César. *La decisión judicial*: el debate Hart-Dworkin. Bogotá: Siglo del Hombre, 1997.

RODRÍGUEZ MANZANERA, Luis. *Criminología*. México: Porrúa, 1999.

RODRÍGUEZ-AGUILERA, Cesáreo. *La sentencia*. Barcelona: Bosch, 1974.

ROUANET, Sergio Paulo. *As razões do iluminismo*. São Paulo: Companhia das Letras, 1987.

ROUSSEAU, Jean Jacques. *El contrato social*. Traduzido por: Enrique López Castellón. Madri: Edimat.

ROXIN, Claus. *Derecho Penal parte general*. Tomo I. Traduzido por: Diego-Manuel Luzón Peña; Miguel Díaz y García Conlledo; Javier de Vicente Remesal. Madri: Civitas, 1997.

RUSSELL, Bertrand. *História do Pensamento Ocidental – a aventura das idéias dos pré-socráticos a Wittgenstein*. Traduzido por: L. Alves e A. Rebello. 6.ed. Rio de Janeiro: Ediouro, 2002.

SANTOS, Rogério Dultra dos. A institucionalização da dogmática jurídico-canônica medieval. In: WOLKMER, Antonio Carlos. *Fundamentos de história do direito*. 2.ed. Belo Horizonte: Del Rey, 2002.

SARLET, Ingo Wolfgang. *A eficácia dos direitos fundamentais*. 6.ed. Porto Alegre: Livraria do Advogado, 2006.

——. *Dignidade da Pessoa Humana e Direitos Fundamentais*. Porto Alegre : Livraria do Advogado, 2006.

SIEYÈS, Emmanuel Joseph. "*A Constituinte Burguesa*: Qu' est-ce que le Tiers État?" Traduzido por: Norma Azeredo. Rio de Janeiro: Líber Júris, 1986.

SILVA SÁNCHEZ, Jesús-María. *A expansão do direito penal*: aspectos da política criminal nas sociedades pós-industriais. São Paulo: Revista dos Tribunais, 2002.

SILVA, Germano Marques da. *Curso de Processo Penal*. v.I, 3.ed. Lisboa: Verbo, 1996.

SODRÉ, Miniz. *As três escolas penais*. Rio de Janeiro: Freitas Bastos, 1955.

STRECK, Lenio Luiz. A hermenêutica filosófica e as possibilidades de superação do positivismo pelo (neo)constitucionalismo. In: *Anuário do Programa de Pós-Graduação em Direito mestrado e doutorado da Unidade Ciências Jurídicas da Unisinos*. São Leopoldo: Unisinos, 2004.

——. Hermenêutica (jurídica): compreendemos porque interpretamos ou interpretamos porque compreendemos? Uma resposta a partir do *Ontological Turn*. In: *Anuário do Programa de Pós-Graduação em Direito Mestrado e Doutorado*. São Leopoldo: Unisinos, 2000.

——. *Hermenêutica Jurídica e(m) Crise*: uma exploração hermenêutica da construção do Direito. Porto Alegre: Livraria do Advogado, 1999.

——. *Jurisdição Constitucional e Hermenêutica*: Uma Nova Crítica do Direito. Porto Alegre: Livraria do Advogado, 2002.

——. *Tribunal do Júri*: símbolos e rituais. 4.ed. Porto Alegre: Livraria do Advogado, 2001.

——. *Verdade e consenso*: constituição, hermenêutica e teorias discursivas. Rio de Janeiro: Lúmen Juris, 2006.

——; BOLZAN DE MORAIS, José Luis. *Ciência política e teoria geral do Estado*. 5.ed. Porto Alegre: Livraria do Advogado, 2006.

——; COPETTI, André. O direito penal e os influxos legislativos pós-constituição de 1988: um modelo normativo eclético consolidado ou em fase de transição? In: FAYET JÚNIOR Ney (org.). *Ensaios Penais em Homenagem ao Professor Alberto Rufino Rodrigues de Souza*. Porto Alegre: Ricardo Lenz, 2003.

TARUFFO, Michele. Funzione della prova: la funzione dimostrativa. In: *Rivista trimestrale di diritto e procedura civile*. Ano LI. n.3. Milão: Giuffrè, 1997.

——. La fisionomia della sentenza in Itália. In: *Rivista Trimestrale di diritto e procedura civile*. Milão: Dott. A. Giuffrè, 1986 (ano XL).

——. *La motivazione della sentenza civile*. Pádova: Cedam, 1975.

——. *La prueba de los hechos*. Traduzido por: Jordi Ferrer Beltrán. Madri: Trotta, 2002.

——. Note sulla garanzia costituzionale della motivazione. In: *Boletim da Faculdade de Direito*. v. LV. Coimbra: Coimbra, 1979.

TUCCI, Rogério Lauria. *Direitos e garantias individuais no processo penal brasileiro*. 2.ed. São Paulo: Revista dos Tribunais, 2004.

——. *Princípio e regras orientadoras do novo processo penal brasileiro*. Rio de Janeiro: Forense, 1986.

——. *Teoria do direito processual penal*. São Paulo: Revista dos Tribunais, 2002.

——; CRUZ E TUCCI, José Rogério. *Devido processo legal e tutela jurisdicional*. São Paulo: Revista dos Tribunais, 1993.

VARGAS, José Cirilo de. *Processo penal e direitos fundamentais*. Belo Horizonte: Del Rey, 1992.

VILELA, Alexandre. *Considerações acerca da presunção de inocência em direito processual penal*. Coimbra: Coimbra, 2000.

WACQUANT, Loïc. *Punir os Pobres*: a nova gestão da miséria nos Estados Unidos. Rio de Janeiro: Instituto Carioca de Criminologia: Freitas Bastos, 2001.

WATANABE, Kazuo. Acesso à justiça e sociedade moderna. In: *Participação e processo*. São Paulo: Revista dos Tribunais, 1988.

WOLKMER, Antonio Carlos. *Fundamentos de história do direito*. 2.ed. Belo Horizonte: Del Rey, 2002.

WOLKMER. *Elementos para uma crítica do Estado*. Porto Alegre: Fabris, 1990.

. WUNDERLICH, Alexandre. Por um sistema de impugnações no processo penal constitucional brasileiro: fundamentos para (re)discussão. In: WUNDERLICH, Alexandre. *Escrito de direito e processo penal em homenagem ao Professor Paulo Cláudio Tovo*. Rio de Janeiro: Lumen Juris, 2002.

ZAFFARONI, Eugenio Raúl. *Sistemas penales y derechos humanos en América Latina*. Primer Informe. Buenos Aires: Depalma, 1984.

——; PIERANGELI, José Henrique. *Manual de Direito Penal Brasileiro*. 2.ed. São Paulo: Revista dos Tribunais, 1999.

ZAGREBELSKY, Gustavo. *El derecho dúctil: ley, derechos, justicia*. 3.ed. Traduzido por: Marina Gascón. Madri: Trotta, 1999.

*Impressão:*
**Evangraf**
Rua Waldomiro Schapke, 77 - P. Alegre, RS
Fone: (51) 3336.2466 - Fax: (51) 3336.0422
E-mail: evangraf.adm@terra.com.br